단재 정훈모의 업적과 환단고기 진위 문제

근대 단군 운동의 재발견

유영인 · 이근철 · 조준희 지음

목 차

◇ 간행사_정달영

Ⅰ. 민족 경전의 비밀

1. 단재 정훈모의 생애와 활동_조준희 ················· 11
2. 『천부경』과 정훈모의 단군교_이근철 ················ 51
3. 『삼일신고』 독경 연구_조준희 ····················· 85
4. 『성경팔리』의 기원과 전개_유영인 ················· 111

Ⅱ. 재야사서의 비밀

1. 대종교 경전으로 본 『환단고기』 진위 문제_이근철 ········ 155
2. 이관구의 사학연구협회 조직과 『단기고사』 초고 검토_조준희
   ·· 185
3. 단군교의 누명과 대종교의 친일 문제_조준희 ············ 217

◇ 단재 정훈모 연보 ······························· 237

근대 단군 운동의 재발견

초판 1쇄 인쇄 2016년 11월 1일
초판 1쇄 발행 2016년 11월 5일
지은이 유영인·이근철·조준희
발행인 강형욱
발행처 도서출판 아라
주소 서울시 중랑구 용마공원로 5길 28번지 3층
전화 02) 953-8332 팩스 02) 6008-5923
등록 2016년 06월 3일 제399-2016-000026호
이메일 radiology75@nate.com
ISBN 979-11-958683-2-2 *03910
정가 15,000원

잘못 만들어진 책은 교환해 드립니다.
저자와 출판사의 허락 없이 책의 전부 또는 일부 내용을 사용할 수 없습니다.

이 도서의 국립중앙도서관 출판예정도서목록(CIP)은 서지정보유통지원시스템 홈페이지(http://seoji.nl.go.kr)와 국가자료공동목록시스템(http://www.nl.go.kr/kolisnet)에서 이용하실 수 있습니다.(CIP제어번호: CIP2016024917)

간 행 사

　국경일인 개천절의 주역 중 한사람이자 민족 경전 천부경을 전한 장본인이 단재 정훈모 선생이라는 사실을 아는 이는 많지 않습니다. 조부 단재 선생은 충남 홍성 출신의 종교지도자셨고, 증조부 정인희 공은 홍주 의병 선봉장이셨습니다. 조부님 초상화를 보면서 어려서 서예를 배웠던 기억이 떠오르고 여러모로 감회가 새롭습니다.
　올해는 국학인물연구소 조준희 소장이 조부의 행적을 찾아나서 종친회, 고향 홍성 등지를 수소문한 끝에 2005년 7월 저와 인연이 닿은 지 11년째가 되는 해입니다. 2010년 우리 일가에 소장된 유품의 박물관 기증을 도와주었지만, 그 뒤로 다른 연구에 분주하여 단재 연구가 진도를 나가지 못하고 잊히게 되었다고 들었습니다.
　2013년 말, 서울시에서 표석 정비 사업의 일환 가운데 조부의 행적지인 금천구 소재 단군전 터 표석을 철거대상에 올렸다는 소식을 듣게 되었습니다. 조 소장과 다시 만나 단군전 터 소식과 더불어 조부의 자료를 한데 모아 단행본으로 펴낼 것이 논의되었습니다. 2015년 5월 1일, 저의 물심양면 지원과 저자들의 오랜 노고로 단재 정훈모 전집이 완간되었습니다. 이는 1936년 단군교가 와해된 이후 79년, 단재 선생 서거 70여 년 만에 이루어지는 첫 복원 성과였습니다. 조부께서 이루어놓은 천부경·삼일신고·성경팔리를 한글로 완역한 성과 또한 최초입니다. 성경팔리는 참전계경이라는 그릇된 이름으로 세간에 알려졌었고, 후대에 고쳐진 원문으로써 다뤄진 번역서들이 유통되었으니 실로 심각한 상황이라 아니할 수 없었습니다.
　2015년 6월 5일, 메르스 사태로 어려운 여건 속에서도 단재 정훈모 전집 출판기념회 및 학술강연회를 성공적으로 개최하였고, 그 뒤 단군을 주제로 강연을 계속하면서 강연용 교재가 필요하다고 느끼게 되었습니다. 조부께서 이끄셨던 단군교가 일제에 의해 강제 폐교되었고, 광복 이후 대종교 중심의 역사가 보편화되면서 상대적으로 단재 선생의 업적이 폄하되는 것을 바로 잡아야 한다는데 뜻을 모았습니다. 그리하여 정훈모의 생애와 사상, 민족경전 천부경·삼일신고·성경팔리 연구, 재야사서 비판 논문을 한데 묶을 방안이 논의되었습니다. 본서는 단군교와 대종교, 그리고 재야사서에 관해 왜곡되고 감춰진 역사를 바로잡는 신호탄이 될 것으로 기대됩니다.

작년 12월에는 서울시에 의해 단재 선생의 행적지인 대종교 중광터 및 개천절터 표석이 설치 완료되었습니다. 앞으로 지속적인 연구를 통해 금천구에서 단군전이 복원되고, 홍성군에서 의병이셨던 증조부에 대한 선양도 이루어지기를 바랍니다.

끝으로 자료 제공에 협조해 준 국립중앙도서관, 연세대 도서관, 서울역사박물관 김문택 박사, 단재 선생 차운시를 번역해 준 한국고전번역원 노성두 연구원, 단재 선생과 선친의 사진을 복원해 준 디지털 컴픽스, 아라출판사 한창남 사장과 임직원 여러분, 그리고 세 분 전문가―유영인 소장, 이근철 교수, 조준희 소장께도 다시 한번 감사의 뜻을 전합니다.

2016년 10월 3일

단재정훈모기념사업회 대표 정 달 영

일러두기

1. 본서는 정달영 대표의 출판비 지원으로 간행됨.
2. 자료 소장처 : 『광화김처사법언록』-연세대 도서관, 『김선생염백기』-국립중앙도서관, 『단군교부흥경략』-서울역사박물관, 「단군교시교문」-조준희, 『단재만묵』-조준희, 『단탁』-국회도서관, 『성경팔리』-조준희, 『정문익공유고』-정상학, 「정훈모 차운시」-서울역사박물관, 『주천향약』-조준희, 『진리문답』-숙명여대도서관, 『(정훈모 친필) 천부경』-서울역사박물관, 『천을선학경』-국립중앙도서관.
3. 정진홍 선생 부부 사진 : 정상학(손자) 제공.

I. 민족 경전의 비밀

단재 정훈모의 생애와 활동

조 준 희

Ⅰ. 머리말
Ⅱ. 유학자에서 애국계몽운동 참가
Ⅲ. 단군교 중광과 개천절 행사 주도
   1. 단군교 도맥 전수와 활동
   2. 단군교 분립 사건
Ⅳ. 단군교 교주로서 경전의 체계화
   1. 1910년대 활동
   2. 1920년대 활동
   3. 1930년대 활동
   4. 단성전 폐쇄 이후 자취
Ⅴ. 맺음말

I. 머리말

지금으로부터 100여 년 전 국운이 기운 무렵, 일제로부터 국조 단군과 그 정신을 수호하기 위해 기치를 든 대표적인 인물은 홍암 나철과 단재 정훈모(鄭薰謨, 1868~1943)다.

정훈모는 충남 홍성 출신으로 충북 영춘군수 등을 지내며 관료의 길을 걸었다. 애국계몽과 종교사상에도 관심이 많아 1909년 음력 1월 15일 나철과 함께 민족종교인 단군교(檀君敎)를 중광(重光)하고 포교 활동을 하였다. 그는 현재의 국경일인 개천절 행사를 최초 개최할 당시 주도적으로 참여했었다. 그러나 1910년 9월 단군교가 대종교(大倧敎)로 개칭될 때 대종교의 '종(倧)'자가 인조 임금의 휘자라는 논쟁이 일어났고, 단군교명 고수를 명분으로 나철과 노선을 달리하고 말았다.

1920년대 말에 이르러 초라한 초가집에서 교단을 유지하고 있던 정훈모에게 식도원 주인 안순환(安淳煥, 1871~1942)이 찾아와 조선유교회와 단군교의 유대를 하고자 단군전 설립을 제안하였고 이어 사재를 출연함으로써 1930년 10월 경기도 시흥군 동면 시흥리(지금의 서울시 금천구 시흥4동)에 단성전(檀聖殿)을 건립하였다. 정훈모는 이곳에서 1936년 일제에 의해 강제 폐교될 때까지 활발한 활동을 전개하였다. 특히 저술 활동에 주력하여 어느 종교와도 부딪침이 없는 민족경전-천부경·삼일신고·성경팔리(후에 이유립에 의해 참전계경으로 고쳐짐-필자 주)의 3대 체계를 세운 장본인으로서 한국종교사에 있어서 큰 업적을 남겼다. 유교의 전병훈, 불교의 탄허스님, 기독교의 유영모 등 여러 사상가들이 종교의 벽을 넘어서 천부경을 언급한 바 있었다.

국조 단군과 개천절, 천부경은 민족사에서 빼놓을 수 없는 역사이지만 오늘날 나철과 대종교의 역사만 부각되면서, 정훈모와 단군교는 역사의 뒤안길로 묻히게 되었다. 이에 본고에서는 정훈모의 생애와 활동을 조명해 보고자 한다.

II. 유학자에서 애국계몽운동 참가

정훈모는 1868년 11월 19일 충남 홍성군 결성면 성남리 600번지에서 부친 정인희(鄭寅羲, 1849.1.17~1917.1.2)와 모친 경주이씨(1850.11.4~1919.12.28) 사이에서 3남 1녀 중 장남으로 태어났다.[1] 자는 우현(虞絃), 호는 단재(檀齋, 亶齋), 일재(一齋)라 하였고, 동래정씨 문익공파(익암파) 30세손이다. 증손의 말을 빌면, 키가 크고 기골이 장대하며 외모도 준수했다고 한다.

증조부 정기선(鄭基善, 1784~1839)은 함경도암행어사로서 문란한 지방행정을 바로잡았고, 또한 경상도관찰사로서 조정에 왜인에 대한 강경책을 건의하고, 도내 기민(飢民)을 해결하였다. 1833년 예조판서, 1834년 대사헌에 오른 인물이다. 조부 정익조(鄭翊朝, 1813~1864)는 병조참판, 부제학, 대사헌을 지냈고,[2] 부친 정인희는 청양군수를 지냈다.

정훈모의 장인은 조선말 문신 서공순(徐公淳, 1842~1911)으로 그의 딸(1866~?)과 혼례를 치렀으나 불행히도 사별하였고, 옥구 장씨와 재

---

1) 『동래정씨문익공파대동보』4, 동래정씨문익공파종친회, 1992, 318~319쪽. 정훈모의 가계도: 시조 鄭繪文…20세 萬和(호 益菴)…24세 致儉(1710~1788)-25세 東倫(1742~1760)-26세 持容(1758~1824)-27세 基善(1784~1839)-28세 翊祖(1813~1864)-29세 寅羲(1849~1917)-30세 薰謨(1868~1943)-31세 鎭洪・鎭漢(출계)・鎭澈. 참고로 정훈모의 6대조인 정치검부터 부친 정인희까지 1756년도~1892년도 敎旨 70여 점이 집안에 전해온다.
2) 정익조의 작고 연도는 족보에 나와 있지 않고 정인희가 1866년 10월 28일에 적은 친필 편지에만 기록돼 있다. 그리고 정익조의 부인은 족보에 풍산홍씨로 잘못되어 있는데, 정인희 편지에는 "남영(남양의 오기-필자 주)홍씨"(1811~1870)로 적혀 있어서 추후 바로 잡을 필요가 있다.

혼하였으나 또 한 차례 사별하였다. 공주 이씨와 재혼해 1894년에 비로소 첫아들 진홍을 낳았다.

1899년이 되어 늦은 나이인 32세에 희릉(禧陵) 참봉에 첫 임명되었는데, 곧바로 의원면관(依願免官)되고, 2년 뒤인 1901년에서야 천릉도감 감조관(遷陵都監造官)[3]에 임명되어 약 1개월 간 천릉 현장을 감독하는 일을 시작하였다.

1902년에는 충남 유생 이창서(李彰緖, 1841~1911) 등이 학문과 예에 힘쓰는 모습이 쇠퇴하고 있음을 개탄하며 올린「헌의서(獻議書)」에 연서하였는데, 이창서에 대해 주목할 필요가 있다. 이창서는 1895년 음력 12월 홍주의병에 가담해서 활동한 인물로, 1895년 12월 3일 홍주 부내에 창의소(倡義所)가 설치되자, 의병대장으로 추대된 김복한을 주축으로 홍주의병이 봉기했을 때 청양군수 정인희(鄭寅羲)와 함께 수백 명의 의병을 모집하여 합류하였다. 1896년 홍주의병이 해산되는 상황에서 정인희는 청양군 내에 창의소를 별도로 설치하고 선봉장으로서 이세진 등과 공주부 공격을 감행하였다.[4] 비록 패하여 해산되고 말았으나, 현직 관료로서 을미 홍주 의병에서 중추적 역할을 하였다는 점에서 역사적 의의가 있다. 정인희는 바로 정훈모의 부친으로, 부친의 명을 따랐던 이창서와 연대할 수 있었던 연고를 찾을 수 있다. 양원(陽園) 신기선(申箕善, 1851~1909)의『봉사일기(奉使日記)』 1896(丙申)년 4월 19일자에 "청양(靑陽)의 전 군수 정인희(鄭寅羲)는 비록 창의(倡義) 때문에 낭패를 당했지만 그 충의(忠義)와 재기(才氣)는 위 네 사람[5]에게 뒤지지 않습니다"라는 기록이 남아 있다.[6]

---

3) 왕이나 왕비의 능인 산릉(山陵)을 옮겨 모시는 일을 맡아보던 임시 관아의 벼슬아치.
4) 이은숙,『1905~10년 홍주 의병운동의 연구』, 숙명여대 박사학위논문, 2004, 18~19쪽.
5) 고부(古阜) 군수 윤병재(尹秉才), 무주(茂朱) 군수 조병유(曺秉瑜), 상주(尙州) 전 군수 조원식(祖元植), 옥천(玉川) 전 군수 김명수(金命洙).
6) 신기선,「봉사일기(奉使日記)」,『한국문집총간』348, 민족문화추진회, 2005, 383쪽.

정인희 묘비(홍성 광천읍 가정리 시곡마을) ⓒ 조준희

 나아가 1902년 10월 30일 명성황후 감모비가 정인호(鄭寅琥) 가에서 추진되자 정훈모는 경무관 김홍제(金弘濟)와 함께 참가하여 「감모비 통문」을 발송하는데 앞장섰다.[7]

 1903년 3월 일본에 대한 적개심과 명성황후 추모 운동이 전국으로 확산됐는데, 호남 지역에서는 6월에 정읍 무성서원이 각 향교에 사발

---

[7] 『황성신문』, 1902.11.1일자, 「感慕發通」, "京鄉紳士가 靑石洞 鄭寅琥氏家에 齊會ᄒ야 明成皇后 永世感慕碑를 竪立ᄒ다더니 再昨日 該事務所에서 前叅奉鄭薰謨 前警務官 金弘濟 兩氏가 感慕碑通文을 各大官家와 各府部院廳에 輪通ᄒ얏더라"; 『황성신문』, 1903.1.19일자, 「感慕碑事務所通文」.

통문을 돌려 7월 15일 정읍 내장산에서 호남유림대회를 열었다. 27개 향교 54명의 유림들이 내장산 벽련암에 모여 단을 쌓고 명성황후를 추모하고 일본에 대한 복수를 맹세하여 이 단을 '서보단(또는 영모단)' 이라 한다.

정훈모도 당시 벽련암에 답사하였고, 호남 유생들과 뜻을 같이하여 아래 차운시(次韻詩)를 남겼다.

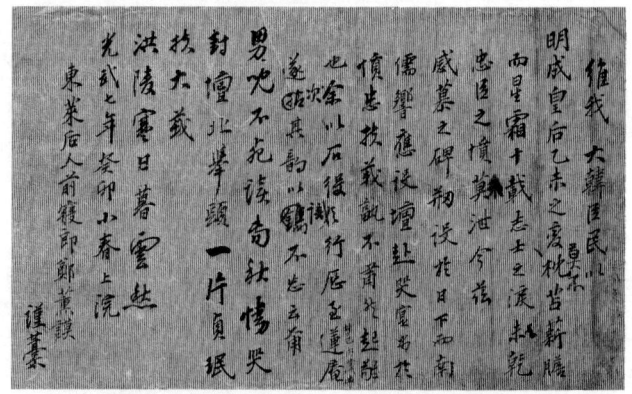

정훈모 친필 차운시(1903.10) ⓒ 서울역사박물관 소장본

維我 大韓臣民以 明成皇后乙未之變 莫不枕苫薪膽 而星霜十載 志士之淚未乾 忠臣之憤莫泄 今玆感慕之碑 創設於日下 而南儒響應 設壇赴哭 寔出於憤忠扶義 孰不肅然起敬也 余以石役之行 歷至井邑內藏山蓮庵 遂次其韻以識不忘云爾

男兒不死讀春秋 慟哭封壇北擧頭 一片貞珉扶大義 洪陵寒日暮雲愁

光武七年癸卯小春上浣 東萊后人前寢郎鄭薰謨 謹藁

우리 대한의 신민으로써 명성황후의 을미사변을 두고 거적에서 자고 흙덩이를 베며 와신상담하지 않는 사람이 없어서 십 년이 되도록 지사의 눈물은 마르지 않고 충신의 분노는 사라지지 않았다. 그러던 차에 이제 감모비를 서울에 세우게 되자 남쪽 유생들이 호응하여 단을 설치하고 달려가 곡을 하였다. 이것은 충의를 붙들어 일으키는 마음에서 나온 것이니 누군들 숙연히 공경하는 마음이 일어나지 않겠는가. 내가 비석 관련 일로 정읍 내장산 연암에 왔다가 마침내 그 시에 차운하여 써

서 잊지 않으려 한다.
男兒不死讀春秋 춘추를 읽어보면 죽지 않는 남아 있으니
慟哭封壇北擧頭 봉단에 통곡하며 머리들어 북쪽보네
一片貞珉扶大義 한 조각 비석으로 대의를 붙들어 보는데
洪陵寒日暮雲愁 홍릉 찬 날씨에 저문 구름만 쓸쓸하네

광무 7년 계묘년 10월 상순에 동래 후인 전침랑 정훈모 삼가 씀.[8]

1904년 5월 15일에는 「배일의거 통유문(排日義擧通諭文)」을 평리원 판사 허위(許蔿)·전 의관 이상천(李相天)·농상공부 상공국장 박규병(朴圭秉)·한성재판소 수반판사 김연식(金璉植)과 연서해 수원관찰사 앞으로 발송하였다. 정훈모가 「명성황후 감모비 통문」 발송이나 「배일의거 통유문」에 함께한 배경에는 배일의식이 강했던 가풍이 있었던 것이다.

1905년에는 해주 주필당(駐蹕堂)과 승첩비각(勝捷碑閣) 수리에 참여해 감독관 이하 시상을 받게 되어 정삼품에 올랐다.

1906년 5월 평북 용천(龍川)군수에 임명되었다가 9월부터 1년여 간 충북 영춘(永春, 지금의 단양)군수를 지냈다. 용천군수 재임 시기는 짧았지만 현명한 관리로 칭송이 자자하였고,[9] '교육'을 권장하였으며,[10] 영춘군수 재임시절에도 또한 행정을 소상히 하여 백성을 편안케 했던 공적으로 포상되기도 하였다.[11] 12월에는 애국계몽운동에 뜻을 두게 되어 대한자강회에 입회하였고, 한편 군수로서 "국가의 흥왕은 인재배양에 있고, 인재배양은 학교 설립에 있다"고 하여 계속해서

---

8) 한국고전번역원 노성두 연구원께서 원문 입력 및 번역을 해주었음에 사의를 표한다.
9) 『황성신문』, 1906.10.21일자, 「良吏와 善人」.;『대한매일신보』, 1906.10.11일자, 「官民相愛」.
10) 『황성신문』, 1906.9.20일자, 「崔氏美擧」.
11) 『황성신문』, 1906.12.26일자, 「三氏請褒」, "堤川郡守 李瓚永氏는 仁愛爲政에 人人稱禱ㅎ며, 永春郡守鄭薰謨氏는 行政綜詳ㅎ야 吏民賴安ㅎ고, 本道主事 睦源學氏도 三載奉公에 一府咸頌ㅎ니, 似此郡守及主事는 合有褒賞이라고 該道觀察使 尹吉炳氏가 內部에 報告ㅎ얏더라"

교육을 강조하였다.[12] 그렇지만 1907년 1월경 영춘군 내 신덕근(申德根)이라는 자의 간통 사건을 취조했다가 도리어 신덕근의 무고로 인해 평리원에 수감되는 횡액을 겪기도 했다.[13]

1907년 3월에는 이종일, 이준, 주시경 등과 함께 광무사(光武社) 결성에 발기인으로 참여하여 본격적인 애국계몽운동에 투신하고자 하였다. 광무사는 제국주의 열강이 침탈해간 철도 이권을 회수하려는 운동 목적의 모임이었다.[14]

11월에 군수 직을 떠나고, 이듬해인 1908년에는 기호흥학회의 찬무원(贊務員)으로 활동한 이력이 확인된다. 당시 찬무원에는 나철의 스승인 김윤식, 그리고 훗날 나철의 도맥을 잇게 되는 김교헌도 있었다.

---

12) 『황성신문』, 1906.12.11일자, 「永春郡守 鄭薰謨氏 設學校文」, "夫時有古今之殊ᄒᆞ고 道有時措之宜ᄒᆞ니 當今之時ᄒᆞ야 爲今之計컨ᄃᆡ 莫若設校而敎育이니 何者오. 現今時代가 生存競爭ᄒᆞᄂᆞ 時代로 以强淩弱ᄒᆞ며 以衆暴寡라. 所以로 印度·波蘭 等國이 盡劉於列强國ᄒᆞ엿스니 豈不可畏也리오. 我國이 與列强으로 締結聯好가 已爲幾年에 抹守舊規ᄒᆞ고 但恃公法에 仰賴他人之力타가 一朝에 主權이 蔑如ᄒᆞ고 慘狀을 被ᄒᆞ엿스니 曷故焉고 無他라. 學校 不設ᄒᆞ고 人材不敎而然也라. 到此時代ᄒᆞ야도 不悵舊習ᄒᆞ며 不務敎育ᄒᆞ야 他人에 鼻息이나 一向依仰ᄒᆞ면 決코 奴隸를 脫免ᄒᆞᆯ 日이 無ᄒᆞᆯ지라. 今雖强鄰에 壓制와 箝勒을 當ᄒᆞ야슬지라도 其覊絆을 脫去ᄒᆞ며 獨立地位에 超登코져ᄒᆞ면 惟我全國人民이 個個奮發心과 忍耐性으로 國力을 養成ᄒᆞ며, 敎育에 一心進就ᄒᆞ여야 獨立를 可復에 國權를 可回요, 不然이면 印波之禍가 迫在ᄒᆞ야 殷鑑이 不遠라리. 然則國家之興旺은 莫先於人材培養이요, 人材培養은 莫先於學校擴設이요, 學校擴設은 亦莫先於財力故로 郡守到莅之日에 廣詢僉謀ᄒᆞ고 另櫛文薄하야 鄕校田畓之逐年收賭者와 民庫本錢之春秋取殖者와 講學錢之兩次立本者을 幷附學校ᄒᆞ고 募集學童ᄒᆞ야 俾責硏究講習之方이나 其在預算에 十分不贍ᄒᆞ야 恐未免有始無終之歎일싀 不獲已玆에 求助於鄕中有志之士ᄒᆞ오니 惟願僉君子은 各捐義金ᄒᆞ야 悵贊圖成ᄒᆞ며 勉勵於敎育ᄒᆞ야 以扶大廈之將傾이면 爲國幸甚爲民幸甚."
13) 『대한매일신보』, 1907.1.31일자, 「永슈拿囚」; 『황성신문』, 1907.2.22일자, 「幸賴廣蕩」.
14) 김도형, 「한말 계몽운동과 東儂 李海朝」, 『학림』31, 연세대 사학연구회, 2010, 54~55쪽.

Ⅲ. 단군교 중광과 개천절 행사 주도

1. 단군교 도맥 전수와 활동

1908년 11월 9일 정훈모는 나인영이 대일외교차 4차 도일할 때 오기호·이건과 함께 갔고, 11월 12일 오후 도쿄에 도착했다.[15]

그런데 나인영은 끝내 대일외교에 실패를 하고 말았다. 설상가상 경비부족으로 인해 12월 1일 오기호와 이건이 먼저 귀국하였다. 나인영은 신병(당뇨병) 문제로 1908년 12월 7일 일본의 대학병원에서 진찰을 받고 3주간 입원하였고, 정훈모와 일본 유학생 이영석은 나인영이 병원 가는 길에 동행하였다.

도쿄 가이헤이칸(현 다이에이칸) ⓒ 유영인

---

15) 「을비제1257호 한인 일본 방문의 건:나인영·오기호·이건·정훈모의 동정」, 『요시찰한국인거동』3, 『한국근대사자료집성』3, 국사편찬위원회, 2002, 274쪽, "한국 전 주사 나인영·전 주사 오기호·전 주사 이건·정3품 정훈모 4명은 12일 오후 도쿄에 왔다. 고지마치구(麴町區) 후지미초(富士見町) 1정목 7번지 마쓰바칸(松葉館)에 투숙하였다."

12월 31일 나인영은 퇴원한 뒤 일본 정객 마쓰무라(松村雄之進)의 도움을 받아 홍고구(本鄕區) 모리가와마치(森川町) 1번지 가이헤이칸(蓋平館)[16]에 숙소를 마련하였다.

백두산 도인 두일백은 12월 31일(음력 12월 9일)에 나인영의 새 거처인 가이헤이칸을 찾아온다. 때마침 정훈모가 문안차 와 있었는데, 두일백이 문을 열고 들어왔다. 정훈모는 두일백의 풍모가 속세사람이 아닌듯한 창백한 얼굴에 푸른 눈을 하고 수려한 눈썹과 흰머리를 한 신선의 모습이었다고 회고했다.

당시 상황을 재연해 보면, 백발 도인이 방문을 열고 들어와 "그대는 조선인으로서 이곳에 왜 왔는고?" 말하니, 안에 있던 정훈모가 노인의 이름을 되물었다. 이에 두일백은 자신과 백봉신형을 소개했는데, 정훈모가 또다시 "백봉이 뉘시오?"하고 물었다. 두일백은 단군교의 유래와 백봉에 대해 설명하고, "(백봉 신형이) 그대의 정성과 뜻을 아는 까닭에 오로지 이를 전하고자 왔으니 이곳에 오래 머물지 말고 즉시 본국으로 돌아가 본교를 다시 일으켜 동포를 구하시오"하고 명하였다. 이에 정훈모는 "본교 교리가 있다는 것을 이미 들은 바 있어서 교문을 세우고자 하지만 현재 서적이 없어서 정성을 펼치지 못하고 있으니 바라옵건대 선생님께서 가르침을 주십시오"하고 청하자, 두일백은 가지고 온 '단군 영정'과 『성경팔리』, 『삼일신고』, 『포명서』, 역사·예식서 각 1책을 주면서 말하기를 "이것만 가지면 가히 교문을 일으킬 수 있으니 즉시 귀국하시오!"하였다.

정훈모가 두일백이 주는 자료들을 일어나 삼가 절하며 받는 장면은 역사적으로 매우 중요하다.

---

16) 가이헤이칸은 도쿄대학 정문에서 3분 거리로 주소는 분쿄구(文京區) 홍고(本鄕)6-10-12이며, 하쿠산도(白山通)역과 도쿄대학 정문의 중간 지점이다. 1935년에 다이에이칸(太榮館)으로 개명하였고 1954년 화재로 전소된 뒤 다시 지었다. 그러나 애석하게도 2016년 여름에 철거되었다(『통일뉴스(tongilnews.com)』, 2016.8.11일자, 「일본 황궁 앞에서 단식투쟁 벌인 조선 선비」. 김치관 기자 현지 확인).

노인은 품 속에 있던 「단군 영정」과 『성경』, 『삼일신고』, 『포명서』, 역사·예식 등 각 1책을 주면서 말하기를, "이것만 가지면 가히 교문을 일으킬 수 있으니 즉시 귀국하시오" 하였다. <u>나는 일어나 삼가 절하며 받고서</u>, 앞으로 일이 어떻게 진행될 것인지를 물으려는 찰라에 두(杜) 노인은 소매를 떨치며 바람처럼 훌쩍 떠나버려 만류하지 못했다. 한편으로 놀라고 또 한편으로 탄식하면서 허공을 바라보며 절을 올렸다.[17]

나인영의 증언에 의하면, 당일 정훈모와 함께 두일백으로부터 영계(靈戒)를 받았다고 한다. 정훈모는 이날의 감회를 "기뻐서 잠을 이루지 못하다가 다음날 새벽에 사명을 띠고 귀국 길에 올라 밤낮으로 종교를 일으킬 연구에 전념하였다"고 술회하였다. 그는 평소 종교와 수행에 관심이 많아 선가(仙家) 서적들을 탐독하였고, 고향 오성산(五星山, 현 오서산, 해발 791m)의 정결한 곳에 터를 잡고 단군 위패를 세워 분향 예배를 올리며 수도를 해왔다.

두일백으로부터 단군교 자료를 전수받은 정훈모는 곧바로 귀국했으나, 나인영은 일본에서 20여 일 더 머물다가 1월 26일에서야 귀국하였다. 단군교의 중광이 2월 5일에 이루어진 사실을 놓고 보면, 나인영보다 정훈모가 단군교 중광을 준비하는 데 더 많은 노력을 기울였던 것임을 알 수 있다.

1909년 2월 5일(음력 1.15) 자시를 기하여 나인영, 오기호, 강석화, 최동식, 유근, 정훈모, 이기, 김인식, 김춘식, 김윤식 등 십여 명이 취운정 아래 북부 재동 8통 10호 6칸 초가집(지금의 가회동 14번지) 북벽에 '단군대황조 신위'를 모시고 「단군교포명서」를 공포함으로써 한민족 고유 종교의 문이 고려 이후 7백년 만에 환히 열렸다. 이 날을 '중광절(重光節)'로 기렸는데, 중광(重光)은 "거듭 빛내다", "부활"이란 뜻으로, 민족의 맥이 고려 시대에 끊겼던 것을 다시 잇는다는 취지를

---

17) 鄭薰謨, 「檀君敎復興經略緒言」, 『檀君敎復興經略』, 啓新堂, 1937, 5쪽.

담은 용어다.

중광식 참가자의 출신지와 연령을 분석해 보면 다음과 같다.

<표1> 중광식 참가자의 출신지

지역	이름(출신지)	비율
서울·경기도	김윤식, 유근(용인)	20%
호남(전라도)	나인영(전남 낙안[현 보성]), 오기호(전남 강진), 최동식(전남 순천), 김인식(전북 임실), 이기(전북 김제)	50%
호서(충청도)	강석화(충남 부여), 정훈모(충남 홍성)	20%
미상	김춘식	10%

<표2> 중광식 참가자의 연령(1909년 기준)

연령대	이름	나이/생년
60대 이상	김윤식	75 / 1835
	이 기	62 / 1848
40~50대	최동식	56 / 1854*
	유 근	49 / 1861
	나인영	47 / 1863
	강석화	48 / 1862
	오기호	45 / 1865
	정훈모	42 / 1868
20~30대	김인식	31 / 1879

* 전주최씨 최종만 씨 제보. ** 평균연령은 50.6세.

<표1>과 <표2>에서 보듯이 단군교 중광의 주도세력은 호남 출신이며, 전체 참가자의 연령평균은 50.6세, 주도 세력(호남 출신자)의 평균 연령은 48.2세 나타났다. 또한 1910년대 한국인의 평균수명이 23.5세인 점을 감안할 때, 단군교 중광의 주도세력은 50세 전후로 연령이 높았다.

단군교는 단군을 교조(教祖)로 받들고 한민족 구심점으로서의 기

치로 내걸었다. 정훈모는 단군교 포교의 사명을 띠고 솔선하여 이름도 '정선(鄭選)'으로 개명하고서[18] 밤낮으로 단군교를 일으킬 연구에 전념하여 당시『대한매일신보』에 소개된 바 있다.

> "吳基鎬·鄭選 諸氏가 主唱ᄒ야 檀君宗敎를 傳布ᄒᄂᆫ대 檀君 神牌를 中部 泥洞 羅寅永시家에 奉安ᄒ고, 入道時에 焚香再拜ᄒ며 誓辭를 朗讀ᄒ고 佈明書를 無代金 分給ᄒ며 白頭山 古經閣에셔 修道ᄒᄂᆫ 白峯神兄大宗師에 印章을 捺紙ᄒ야 入道證書를 給與ᄒ다더라"[19]

나인영은 1909년 한 해 동안 단군교 교옥을 원동(苑洞), 니동(泥洞), 자문동(紫門洞), 상마동(上麻洞)으로 총 4회 이사하였다.[20] 10월 28일(음력 9·15)에는 '자문동(紫門洞)'에서 2개월간의 포교를 새로 시작한다. 잦은 이사는 교세 확장과 관련 있다.

<표3> 1909년 단군교 교옥 이전 현황

한성부 행정지명 및 교옥 주소		이전 일자(음력)
북부 가회방(嘉會坊)	재동(齋洞) 8통·10호	2. 5(1.15)
북부 광화방(廣化坊)	원동(苑洞) 16통·3호	3.20(2.29)
중부 정선방(貞善坊)	니동(泥洞) 77통·5호	8.28(7.13)
북부 광화방(廣化坊)	자문동(紫門洞) 9통·6호	10.28(9.15)
중부 정선방(貞善坊)	상마동(上麻洞) 30통·10호	12.29(11.17)

표면상 드러나는 포교 활동이 크게 두드러지지 않으나, 개극절(開極節 - 개천절의 원래 이름) 기념제(紀念際) 행사를 1909년 11월 15일(음

---

18) 단군교 주도 인사는 정훈모가 1909년 10월에 먼저 외자로 개명하였고 이를 뒤따라서 1909년 12월 11일 나인영은 羅喆로, 오기호는 吳赫으로 고쳤다. 강석기는 姜錫華로 개명하였다가 나중에 姜虞로 바꾸었다. 이후에도 대종교인들은 입교 후 마치 세례명처럼 외자 개명을 하였는데, 尹世福은 나철이 직접 본명인 尹世麟에서 개명해주었음에도 불구하고 3자 이름인 경우다. 외자 개명에 대한 대종교 측의 설명이 없어서 종교적 이유를 알기 어렵다.
19) 『대한매일신보』, 1909.10.19일자, '檀君敎傳布'
20) 대종교종경종사편수위원회, 『大倧敎重光六十年史』, 대종교총본사, 1971, 155쪽.

력 10월 3일) 자문동 교옥에서 개최했다.[21] 이는 민족사적으로 큰 의의를 갖는다.

백봉 교단이 주창한 10월 3일 개극절은 본래 강세일(降世日)로 환인의 명을 받은 환웅이 태백산 아래 인간 세상에 내려와 백성들의 삶을 구제하고 인도한 날이며, 무진년 10월 3일에 단군대황조가 '나라를 세우고 하늘의 법도를 열었다(建邦開極)'는 데서 유래한다. 환웅이 천명을 따라 강림하여 한민족 최초의 공동체인 신시 시대를 연 '강세'와 단군이 고조선을 세운 '개극'의 개념이 분리되어 있었으나, 나철이 1910년에 이를 '개천절'로 합쳐 불렀다.

당시 기록이 담긴 『종보』를 살펴보면 새벽 3시에 개극절 대제례를 열었으며 운양 김윤식이 후원하였고, 교인 100여 명이 참석했다. 당시 개극절 기념행사를 원동에서 치렀다는 『황성신문』의 기사[22]가 있지만 1911년판 「경성부시가도」를 살펴보면 자문동은 지금의 현대원서공원(서울시 종로구 원서동 206-4번지) 북단 뒤편이다.[23]

1909년 12월 11일에는 본사에서 선거를 통해 나철(나인영)이 도사교로 추거되었고, 정선(정훈모), 오혁(오기호), 최전(최동식) 등은 이날 참교(參敎)로 올랐다. 1년 간 포교한 결과 서울 교인만 형제 730명, 자매 149명으로 늘었다. 교세가 나날이 확장됨에 따라 1910년 음력 7월

---

21) 『황성신문』, 1909.11.21일자, 1면 4단 '開極節紀念'; 『황성신문』, 1909.11.21일자, 2면 1단 '檀君聖祖祭日'
22) "本月十五日(舊曆十月初三日)은 檀君大皇祖의 四千二百四十一回 開極節인 故로 北部 苑洞 本敎人 羅寅永氏 家에서 敎中 兄弟姉妹들이 慶祝禮式을 行ᄒᆞᄂᆞᆫᄃᆡ 中樞院議長 金允植 氏ᄂᆞᆫ 祭物을 進奉獻誠ᄒᆞ고 大韓醫學校에셔ᄂᆞᆫ 當日 休學ᄒᆞ야 紀念하얏더라"(『황성신문』, 1909.11.21일자, 「잡보」, '開極節紀念')
23) 필자가 2013년 12월 28일자로 서울시 문화재위원회에 현대원서공원 내 개천절 행사 발상지 표석 신설 요청 공문을 보냈고, 2014년 10월 16일 표석설치 심의 결과 가결되었다. 서울시의 적극적인 협조로 2015년 12월 마침내 원서공원 옆 창경궁 사이 보도 블록에 '개천절 행사터' 표석이 설치되었다. 본래 위치는 원서공원 북단 골목 끝에 접한 건물 가운데 하나로 추정되나 통행로까지 사유지에다 외진 곳이고, 최적지인 원서공원은 소유주 측에서 설치를 거부하여 결국 현재 위치로 변경된 것이다. 국경일인 개천절 터의 표석 설치조차도 외면 받고 개인 연구자가 나서서 겨우 설치된 것이 한국의 현실이다.

12일 본사는 간동 31통 5호로 다시 이전되었다. 음력 8월 15일에는 서울을 남부지사와 북부지사로 구분하여 남부지사교(南部支司敎)에 오기호, 북부지사교(北部支司敎)에 정선, 북부지사감교(北部支司監敎)에 이유형(李裕馨)이 임명되었다.[24]

2. 단군교 분립 사건

그러나 그에 앞서 7월 30일(양력 9.3) 나철이 교명을 단군교에서 대종교로 바꾸었고, 8월 1일(양력 9.4)자로 교명 변경을 언론에 공표하였다.[25] 정훈모는 이에 대해 "경술년 가을에 나철이 갑자기 교규를 개정하고 교명을 대종교로 개칭하여 절대불가하다하고 단군교의 명의를 고수하였다"고 술회하였다.[26] 정훈모의 명분은 개칭된 대종교의 '종(倧)'자가 임금의 휘자라는 주장이었다.

> 그 해 구월에 대종교(大倧敎)라고 개칭할 째에 종(倧)자는 님금의 휘(諱)자라하야 분쟁이 나서 정훈모(鄭薰模-謨의 오기, 필자 주)씨와 유진구(柳鎭九)씨 등이 각기 단군교를 설립하게 되어 세 파로 논히게 되엇습니다.[27]

주(周)나라 때 생긴 피휘(避諱)의 관습은 신라에 전해지고 고려, 조선을 거치면서 보편화되었다. 피휘란 임금, 성인, 존경받는 사람, 부모 등의 이름을 함부로 부르거나 쓰는 것을 피하는 것으로, 이로 인

---

24) 『매일신보』, 1910.9.20일자, 「南北司敎」.
25) 『황성신문』, 1910.9.8일자, 9.9일자 「광고」에 "古經閣 敎命을 奉承ᄒ와 本 檀君敎ᄂᆞᆫ 本名 倧敎로, 紀年 開極立道ᄂᆞᆫ 本紀 天神降世로 發表ᄒ오니, 兄弟姊妹ᄂᆞᆫ 諒悉ᄒ심. 天神降世四千二百四十三年 庚戌 八月 初一日 大倧敎白"이라는 내용이 있다.
26) 『단군교부흥경략』, 64쪽.
27) 『동아일보』, 1928.1.6일자, 「倍達族의 淵源 한배檀君 敬拜」.

해 관명·땅이름·사물이름 등을 개폐한 일도 많았다. 피휘의 관습이 지배적이었던 시기에 인조(仁祖)의 이름인 종(倧)을 그대로 사용하여 '대종교(大倧敎)'를 바꾼 점만 해도 당시로선 파격적이었던 것이다. 물론 경술국치 이후에 일어난 일이라서 나철도 명분이 생기긴 하였지만, 교명 변경에 대해 정훈모와 일체 논의가 없었던 것으로 보이는 대목이다.

단군교의 교명이 대종교로 바뀌자 정훈모는 음력 9월 10일(양력 10.12)에 단군교총본부를 만들어 기존 단군교를 유지하고자 하였다.[28] 1910년 10월 20일자 『매일신보』 종교계 소식란에는,

> 北部 泥洞居 鄭薰謨氏家에서 檀君大宗敎를 佈施ᄒᆞᄂᆞᄃᆡ 去日曜日에 敎兄弟姉妹가 齊參ᄒᆞ야 本敎에 關ᄒᆞ 歷史와 覺辭를 講演ᄒᆞ얏다더라.[29]

라는 기사가 공식화되었다. 기사 내용 가운데 '지난 일요일(去日曜日)' 곧 '양력 10월 16일(음력 9.14)'의 상황은 나철과 분립이 성공적이었다는 단면을 보여준다.

음력 9월 21일(양력 10.23)에는 북부지사감교 이유형과 유탁(유진구), 서창보 등이 단군교명 수호를 명분으로 정훈모를 단군교 도교장(都敎長)으로 추대하였다. 정훈모는 음력 10월 10일(양력 11.11)에 참교 교정과 북부지사교 임명장을 반납함으로써 나철과 완전히 결별하였다.

---

28) '10월 12일'의 근거는 북부경찰서에서 단군교 현황을 조사한 내용으로서 『단군교총본부일기』 7월 24일자 기록 "총본부 명칭 명치43년 10월 12일"에 근거한다.
29) 『매일신보』, 1910.10.20일자, 「檀君大宗敎議演」.

Ⅳ. 단군교 교주로서 경전의 체계화

1. 1910년대 활동

<표4> 단군교 교당(정훈모 자택) 이전 현황

연도	서울 주소	건평	근거
1910.10.16.	니동 (이하 미상)	미상	매일신보
1912. 4.18.	박동 (이하 미상)	미상	매일신보
1912. 7.30.	대묘동(이하 미상)	미상	매일신보
1914. 7.24.	와룡동 38번지	150	단군교총본부일기
1914. 8.13.	경운동 4번지	128	단군교총본부일기
1915. 8. 9.			단군교약장
1920.11.12.	서린동	69	매일신보
1920.12. 2.	서린동 103번지		조선일보
1921. 4.24.	충신동 1번지	1,122	조선일보
1921.10.17.			성경팔리
1921.11.12.			단탁 창간호
1923.11.12.	동숭동	16	조선일보
1924. 3.31.	동숭동 130-15번지		김선생염백기
1926.11.19.	필운동 247번지	32	성경팔리
1927. 1.18.	다옥정 3-3번지	120.3	매일신보
1928. 1. 6.	연건동 319번지	24	동아일보
1930.10. 3.	경기도 시흥군 동면 시흥리 17 단성전	8	동아일보
1934. 4. 1.	돈의동 51번지/ 시흥군 동면 송록동	59	정문익공유고
1934. 9.22.			단재만묵
1935. 5.15.			천을선학경
1935. 3.19.			정문익공유고(재판)
1935. 6.13.	충신동 117번지	61	단군교종헌 출판허가서
1936. 5.26.	효제정 184번지	21	천을성경 출판허가서
1937. 6.28.			단군교부흥경략

정훈모는 서울 중부 니동에서 2년 간 포교활동을 하다가 1912년 박동(礡洞)을 거쳐 중부 대묘동30)으로 옮겼다. 대묘동은 종묘 남서쪽으로 지금의 봉익동 남쪽 일대다.

『매일신보』, 1913년 1월 1일자 「檀君敎의 大發展」 기사에 "檀君敎總本部에셔는 檀君影幀 印刷, 聖經八里, 直理問答, 感靈篇, 諺文直理問答의 出版許可를 某處로부터 承ㅎ얏는되"라는 내용이 있다. 정훈모는 1912년도에 단군영정을 비롯하여 『성경팔리』, 『진리문답』, 『감응편』의 출판허가 신청을 냈던 것으로 보인다.

『진리문답』의 주된 요지는 백두산 도인 백봉이 전한 주문인 「각사(覺辭)」 17자에 대한 교리 해설이다. 정훈모의 설명에 따르면, "각사는 일체 중생의 진세를 깨닫게 하는 「성령재상 천시천청 생아활아 만만세강충」의 17자다. '성령재상'은 단군 성령이 하늘 위에 계신다는 뜻이며, '천시천청'은 하늘이 보시는 것을 맡으시며 하늘이 듣는 것을 맡으시어, 사람의 죽고 사는 것과 선악과

『진리문답』(1911)

화복을 주재하신다는 것이다. '생아'는 그 천성을 받아 비로소 나는 것인데, 비로소 나는 것은 강충의 근원인즉, 그 근원이 '은혜'에 있고, '활아'는 그 천성을 거느려 길이 사는 것인데, 길이 사는 것은 진승(육신으로 승천함)의 근본인즉 그 근본이 '믿음'에 있다. '강충'은 처음부터 사람의 천성을 품부하여 주는 것이니, 비단 지금 세상과 오는 세상에 한번 나고 두 번만 날뿐 아니라 곧 만만세의 내생에 강충을 주신다는 의미"라고 하였다.

---

30) 『매일신보』, 1912.7.30일자, 「檀君敎의 祈願」.

『매일신보』 1910년 10월 20일자 「檀君大宗敎 강연」 기사 내용으로 미루어 정훈모는 단군교 분립 직후부터 「각사」를 강연한 점이 확인된다. 또한 1911(명치44)년 2월 22일 '대종교 공주시교당 사건' 관련 일제측 문건(기밀지수 제51호)을 보면,

> 본년 1월 31일 충청남도장관으로부터 전보로 「대종교·단군교를 생도에게 권한 자가 있다. 이 종교는 공인되고 있는가?」라는 문의가 있었습니다. …{중략}…지금 보고서에 덧붙여진 인쇄물을 열람하니, 대종교라 칭하는 것은 단군교의 변명(變名)인 것으로 보이는데, 최근 『단군교 진리문답』이라는 제목의 서적을 출판하는 일을 경무총감부에 신청하였던 적이 있던 것을 보면, 종래의 단군교는 2파로 분열하여 대종교에 속하는 것과 여전히 단군교에 속하는 것 2파로 분립한 것이라고 생각할 수 있습니다. 요컨대 신앙을 기초로 하여 인심의 이합·거취하는 계통적 조사는 후일에 별도로 정밀 조사한 다음에 보여 드리도록 하겠습니다.

라고 하여 『진리문답』 출판허가 신청에 관한 기록이 있다. 일제측 기록을 통해 이 자료는 1910년 말에 집필을 시작하여 1911년 1월 경 출판허가를 받고 1911년 초에 발간하고자 했던 것으로 추정해 볼 수 있다.

그런데 1911년 1월·2월 사이에 일어났던 대종교 공주시교당 사건으로 인해 나철의 대종교는 『단군교포명서』와 『단군교오대종지포명서』를 압수당한 뒤 '오대종지' 중 성지 수호와 관련된 '안고기토(安固基土, 근본 땅을 안전하고 든든히 할 것)' 종지를 부득이 '정구이복(靜求利福, 고요함으로 행복을 구할 것)'으로 변경하게 되었다. 정훈모의 단군교는 대종교와 분립 후에도 '오대종지'를 사용했으나 공주시교당 사건의 여파로 부득이 '안고기토' 종지를 '안거기토(安居基土, 근본 땅에서 아무 탈 없이 평안히 지낼 것)'로 변경하게 되었다.

(1) 이유형의 교단 장악

나철의 대종교가 1911년 친일파 박중양의 공주시교당 밀고로 곤욕을 치르게 된데 비해, 정훈모의 단군교는 1912년 9월 8일 이유형[31]이 전 일진회원 수십 명을 대동해 정훈모를 축출하며 총본부 인장을 빼앗고 교단을 장악한 사건이 일어났다.[32] 계속해서 이유형·유진구·서창보 3인이 교단을 사적으로 이용하려고 하자 시교사 이수봉·임원상이 반대를 하였는데, 3인은 "교주가 임·이 양인을 교사하여 시비를 일으킨다"고 모함하였다. 그러나 정훈모는 이를 통제하지 못하였고 끝내 고향 집으로 낙향하고 말았다.

이듬해인 1913년 7월 이유형은 「단군교총본부종령」을 임의로 제정하여 당국에 신고하였다. 이에 맞서 정훈모는 같은 해 7월 31일자로 「단군교종령」을 제정해 두고 재기를 기약하였다. 이유형이 『단군교총본부종령』에서 교단 조직과 업무에 많은 조항을 할애한 것과 비교해서 정훈모는 『단군교종령』에서 종교 예식을 중시한 차이가 있다.

이유형이 단군교를 이끌자 교세가 점차 기울고 1914년 6월에 이르러 사무소 임대료도 내지 못하여 문을 닫을 지경에 이르렀다.[33] 그러던 차에 그해 8월 10일에 개최된 단군교 총회에서 정훈모는 의장을 맡았고, 부의장이자 대교사였던 이유형이 건강상의 이유로 사의를 표하자 본교사 유진구에 의해 재력가였던 홍갑표가 대교사로 추천되었다. 이후 이유형·유진구·서창보 3인이 모두 서거하자 정훈모는 교단 내 안응선 시교사의 요청을 받고서 다시 상경하였고, 우여곡절 끝에 1915년 7월 7일 대종사(종교사에서 변경)로 추대되고 교주의 지위를 굳건히 하게 되었다.

---

31) 이유형은 일진회 출신으로 정훈모와 나철의 분열을 획책한 인물이다. 더욱이 나철을 무고한 일로 1910년 12월 22일 대종교 본사에 400여 명 교인들이 모여 성토대회까지 열었다.
32) 『매일신보』, 1912.9.11일자, 「무엄한 무리로군」.
33) 『매일신보』, 1914.6.12일자, 「檀君敎會의 悲觀」.

1914년 당시 단군교총본부의 위치는 와룡동 38번지로 돈화문 앞쪽에 위치한 곳이었다. 8월 13일에 총본부를 경운동 4번지로 이전하였고, 정훈모는 10월에 단군교의 교단 내규를 정비한 『단군교교약장』의 출판허가를 받고 1915년에 출간하였다.

(2) 예식 정비

정훈모는 단군교 초기부터 『진리문답』과 『성경팔리』, 『천부경』 등의 경전을 체계화하는데 노력하였다. 그는 『천부경』에 대해 "단군천부경 81자는 최치원이 신지의 전자를 해석한 것이다. 암송하고 제사 드리면 복이 나리고, 재앙을 막고 피할 수 있느니라(檀君天符經八十一字, 崔致遠, 解神志篆. 誦享壽福, 藏退灾殃)"고 하였는데, 교인의 독송수행에 활용코자 했음을 알 수 있다.

또한 예식도 정비하였는데, 1910년대 단군교 예식은 초하루·보름에 행하는 삭다례, 4중월(2·5·8·11월)에 행하는 사중절제, 음력 3월 15일의 승어대제, 음력 10월 3일의 강어대제가 있었다. 매 일요일에 행하는 예배인 단배식(檀拜式)은 1930년대 단성전 시기에 교단이 안정되면서 추가된 것으로 보인다.

단군교의 오대종지와 팔계명은 아래와 같다.

◎오대종지 : ①경봉조신(敬奉祖神, 단제신조[단군]를 공경히 받들 것), ②감통영성(感通靈誠, 신령함과 정성으로써 느끼고 통할 것)'으로, ③애목족우(愛睦族友, 친족과 벗을 사랑하고 화목할 것)'으로, ④안거기토(安居基土, 터전에 편안히 기거할 것), ⑤근무산업(勤務産業, 산업에 부지런히 힘쓸 것)

◎팔계명 : ①불기천(不欺天, 하늘을 속이지 말라), ②불자기(不自棄, 스스로 버리지 말라), ③불망어(不妄語, 망령되이 말하지 말라) ④불망

상(不妄想, 망령되이 생각지 말라), ⑤불사음(不邪淫, 사특하고 음란하지 말라), ⑥불투기(不妬忌, 투기하지 말라), ⑦불투도(不偸盜, 도둑질하지 말라), ⑧불교린(不驕吝, 교만하고 인색하지 말라).

2. 1920년대 활동

(1) 출판 활동

① 『성경팔리』 및 기관지 『단탁』 간행

1920년대에 들어서 정훈모는 본격적인 포교 활동에 나선다. 우선 1910년대 운현궁과 종묘 사이 지역에서만 활동하던 공간에서 벗어나 동쪽의 충신동 1번지로 이사하였는데, 이곳은 구한말 평리원검사, 경기도관찰사 등을 지내고 실업가로 활동하던 이근홍(李根洪, 1872~1922) 소유지로 1천 평이 넘는 넓은 공간이었다.

정훈모는 1921년 10월 17일에 『성경팔리(聖經八理)』를 출간한데 이어[34], 11월 12일 단군교 기관지 『단탁(檀鐸)』 창간호를 발행하였다. 권두사에서 "'단(檀)'은 우리 계림과 인연이 지심한 신단(神檀)이요, '탁'은 우리 중생을 경성시키는 목탁이다"라고 한데서 단군의 정신을 바탕으로 중생구제에 목표를 둔 잡지명의 의미를 알 수 있다. 『매일신보』, 1921년 11월 23일자, 「신간소개 : 단탁」에서는 "특히 단군천조 어진과 배달족의 원류도와 천부경 급 천부경도를 삽화에 대 봉안 편찬하여 배달민족의 모성(慕聖)적 정신을 활여케 하였더라"고 『단탁』의 창간 목적을 소개하고 있다.

『단탁』은 현재 창간호만 현전하는데, 『단탁』 2호는 『매일신보』 1921년 12월 5일자, 「단탁2호 원고압수」에 따르면 원고가 당국의 검열로 불허가처분을 받고 압수당한 사실이 확인된다. 그 다음 호 출

---

34) 1926년 11월 19일에는 『성경팔리』를 출판하였다. 1921년에 순한문 본으로 간행되었던 것을 대중에게 널리 읽히게 해 교세를 확장하려는 목적으로 정훈모가 순 한글로 옮겨 펴낸 것이다.

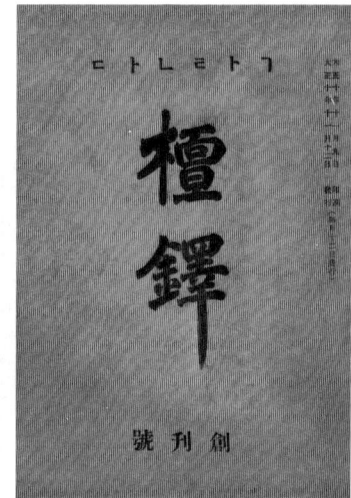

『성경팔리』(1921)　　　　『단탁』창간호(1921)

간은 6년 뒤에서야 재개된 것으로 보인다. 『매일신보』 1928년 3월 31일자 「단탁 발행 : 문예잡지」 기사에는 단탁의 출간이 당국의 검열과 수차례 기휘로 지연되었으나 수속을 마치고 곧 발행된다는 소식이 실려 있다. 본사를 서대문정 2정목(지금의 신문로 2가) 88번지에 설치했다는 이전(移轉) 내용도 담겨 있다. 그러나 『단탁』 제3호는 "단군이 물질문명의 폐해를 극복할 수 있게 할 수 있을 것" 등 본문 구절에 대해 치안방해죄에 저촉되어 검열·삭제된 뒤 출판되었다. 경비 문제로 인해 기관지 발간은 이 3호에 그쳤다.

② 광화 김치인 문인과 교류

앞서 충신동 1번지의 소유자 이근홍이 1922년 타계하고서 상속문제로 집안 송사가 발생하여 다시 이사를 할 수밖에 없었는데, 20년대에는 교당 규모가 축소되고 근근이 유지된다.

충신동의 넓은 교당에서 활동하다가 1923년부터 건평수 16평의 협소한 동숭동 130-15번지로 본부를 이전하고서 정훈모 부자는 특이하게 전북 진안의 남학(南學)계 광화(光華) 김치인(金致寅, 1855~1895)의 문인 김용배(1876~1941)와 손을 잡는다. 김치인이 창시한 교명은 처사교(處士敎)였으며, 후대에 오방불교로도 알려졌다.

유·불·선 삼교 합일의 내용을 담은 김치인의 법언을 김용배가 1923년에 집록하여 1924년 2월 28일 4권 1책의 『광화김처사법언록(光華金處士法言錄)』을 간행하였다.[35] 정훈모는 1923년 8월에 서문을 써주었고, 장남 정진홍(鄭鎭洪, 1894~1951)은 편집 겸 발행자로 집필을 도와준 것으로 확인된다. 정진홍은 부친과 함께 단군교 서적 출판을 담당했던 인물이다.

『광화김처사법언록』(1924)
ⓒ 연세대 도서관

발행소는 "(전북 진안군 마이산) 정명암(正明菴)"으로 되어 있다. 조선 초기 상원사(上院寺)가 숙종 때 터만 남을 것을 누군가 암자를 지어 정명암이라 했다. 20년대에 은수사(銀水寺)가 중건되면서 정명암은 태극전으로 바뀐 뒤 현재에 이른다.

정훈모가 어떤 연고로 처사교와 연락이 닿았는지 알 수 없지만, 첫째 단군교 전라북도지교가 1911년 12월 10일 익산 미륵동에 개설되어 있었고, 정훈모 자신도 1903년에 "내장산 연암" 즉 정읍에 왔다는 기록을 남겨서 전북 지역의 연고는 어렵지 않게 닿았을 것으로 본다. 일제강점기 출판은 반드시 총독부의 인가를 받아야 하기 때문에 김용배 측에서는 출판 절차를 잘 알고 경험이 풍부한 정훈모의 도움

---

35) 박순철·이형성, 「전북 진안 남학계 김치인의 삶과 유불선 상합론 일치」, 『한국철학논집』32, 한국철학사연구회, 2011.

이 필요했을 것이다.

정훈모 부자는 출판을 계속해 1924년 3월 정진홍 명의로 『김선생염백기』를 발간하였는데, 이 책은 19세기 말 평북 영변 출신 종교인 김상렴(1828~1896)(호는 염백)의 일대기다. 그는 26세 때 묘향산에 입산해서 단군께 천일기도를 올려 영통하였고, 서북 지방을 중심으로 정의와 인도로써 '척사부정(斥邪扶正, 사악함을 물리치고 바르고 옳은 것을 세움)'을 주지로 하는 교법을 펴 문도가 수천에 달했으나 불행히도 1896년 69세의 나이에 동학교도로 누명을 쓰고 죽임을 당하여 오래도록 그 신원을 못했다 한다. 김염백을 따르던 신도 송만옥, 이태조 등은 김염백 사후 1917년 겨울에 단군교 평양지부 설립을 승인받고, 1918년 4월 평양지부 설립을 완료한 송만옥의 보고를 듣고[36] 그해 11월 11일 정훈모는 강사 서재극(徐載克)을 대동하고 단군성상봉안식(檀君聖像奉安式)을 거행하고서 김염백의 행적에 관한 진술을 청취하였다. 정훈모는 "김염백은 우리 교의 선각자"라 하면서 "성전 좌벽에 영위를 봉안하고 춘추로 향사를 하게 함이 옳다"하였고, 1924년 정진홍과 평양 단군교지부 명의로 『김선생염백기』를 발간하여 교인들에게 전포하였다.

묘하게도 앞서 처사교 김치인이 종교인으로서 사회 운동을 하다가 동학교도로 오인되어 관군에게 붙잡혀 1895년 교수형에 처해졌다는 대목과 김염백이 종교인으로서 사회 운동을 하다가 동학교도로 오인되어 관군에게 붙잡혀 1896년 총살형에 처해졌다는 대목이 거의 같아 의문을 남긴다.

『김선생염백기』(1924)
ⓒ 국립중앙도서관

---

36) 『매일신보』, 1918.5.4일자, 「平壤의 檀君敎 盛況」.

③ 『주천향약』 간행

『광화김처사법언록(光華金處士法言錄)』 출간 뒤 정진홍은 진안에서 책 한 권을 더 간행한다. 그는 1924년 7월 전북 진안군(옛 용담군) 와룡암에 근거를 둔 지역인사의 『주천향약(朱川鄕約)』을 출간해 주었다. 판권지에는 "조선총독부 인가" 날인이 되어 있다. 와룡암은 조선 효종 5년(1654) 긍구당 김중정(金重鼎, 1602~1700)의 개인 서당으로 건립되어 250여 년 간 많은 문인 학사들을 배출한 학당이었다.[37]

『주천향약』은 목활자본으로 여씨향약(呂氏鄕約)의 4강령 — 덕업상권(德業相勸)·과실상규(過失相規)·예속상교(禮俗相交)·환난상휼(患難相恤)을 따서 절목을 만들어 내규로 규정한 것인데, 긍구당의 7대손인 김기열 등의 서문이 있고 발행소는 전북 원용담군(元龍潭郡) 주자천(朱子川) 와룡암(臥龍庵)에서 간행하였다. 주천은 와룡암의 소재지 주천면을 의미한다. 저작 겸 발행인은 정진홍으로 되어 있다.

『주천향약』(1924)

(2) 예식 활동

단군교 예식은 1년 중 아래 날에 행하였다.

 ─삭제(朔祭) : 매월 길일(초하루)
 ─사시절제(四時節祭) : 중월(2·5·8·11월) 15일
 ─개교식(開敎式) : 음력 정월 15일
 ─어천제(御天祭) : 음력 3월 15일

---

37) 전북 문화재자료 제18호(1984.4.1. 지정). 현재 주소는 전북 진안군 주천면 금평1길 10-8.

- 개천제(開天祭) : 음력 10월 초3일
- 예배일(禮拜日) : 매 일요일 상오 10시

이를 시기별로 살펴보면 1월 초하루 · 보름, 2월 초하루 · 보름, 3월 초하루 · 보름, 4월 초하루, 5월 초하루 · 보름, 6월 초하루, 7월 초하루, 8월 초하루 · 보름, 9월 초하루, 10월 초하루 · 3일 · 보름, 11월 초하루 · 보름, 12월 초하루로 1년 20회 제를 지냈고, 일요 예배는 월 4회~5회로 1년에 52회 지냈다. 중복 일자를 감안해도 1년에 총 70회로 많은 제를 지냈음을 알 수 있다.

단군교의 「진설도」는 다음과 같다.

	신위(神位)	
목기(右豆)/기장(簠稷)		벼(寶刀)/죽기(左籩)
어해(魚醢)/녹해(鹿醢)	소고기(牲)	어포(魚脯)/녹포(鹿脯)
무절임(菁菹)/ 부추절임(菲菹)	폐백광주리 (幣筐)	말린 대추(乾棗)/ 말린 밤(乾栗)
초(燭)		초(燭)
	잔(爵)(爵)(爵)	
	향(香)	

1925년 정훈모는 꿈에 단군상과 그 소재지가 나타난 뒤 황해도 구월산 속에서 단군 석상을 발견해 서울에 가져와 다옥정(지금의 다동) 3-3번지 교당에 봉안하였다. 그는 나아가 단군 성상을 모실 대성전을 세우고자 계획하였다.[38]

"단군의 성상을 차져내인 단군교 대성전을 세우고자 총회를 연다 : 大聖殿期成會發起"…단군(檀君)을 봉양하자는 것으로 교주 정훈모(鄭薰模—謨의 오기, 필자 주)씨가 단군교를 창립한지 임이 이십 성상을

---

38) 『매일신보』, 1927.1.18일자, 「四千年된 檀君像 九月山中서 發見」.

지내는바 예전부터 긔자(箕子)께서 동쪽으로 오신 이릭로 중국의 낙양황토(洛陽黃土)를 가지고 오시어 특히 단군의 성상(聖像)을 만드사 황해도 구월산(九月山)속 석굴에 봉안하엿다는 사적이 잇슴으로 젼긔 교쥬와 교도들이 그것을 봉영코자하던 바 지난 을축(乙丑)년에 이르러 구월산석굴의 지점이 교쥬의 쑴에 보혀서 마참내 그것을 차저내여 시내 다옥졍(茶屋町) 삼번지의 삼 단군교 경성교당에 쥬봉하엿다하며, 이제 교도 등은 경셩에 단군텬조대셩젼긔셩회(檀君天祖大聖殿期成會)를 죠직하야 금 십팔일 오후 두시에 다옥졍본부에서 발긔회를 거힝하야 성상을 영구히 봉안할 곳을 셰우려한다더라.

단군 성상

3. 1930년대 활동

(1) 단성전 신축과 총본부 이전

1929년 12월 26일 식도원 주인으로서 시흥군 송록동에 녹동서원을 세우고자 하는데 뜻을 둔 안순환이 단군교 서무과장 강기원의 소개로 연건동 319번지에 기거하던 정훈모를 찾아와 단군 상을 모실 제대로 된 성전이 없는데 대해 유감을 표하면서 녹동서원 내 단군성전 건축을 제안하였고, 마침내 1930년 3월 2일 식도원에서 성전건축발기회를 개회식을 거행하였다.

심상석의 『녹동일기(鹿洞日記)』(1933)에 따르면 단성전이 속해 있던 녹동서원은 검지산 아래 송록동 깊은 곳에 위치해 있었다.

계유년 3월 5일, 아침 7시 시흥역에 도착하여 곧 차에서 내려 녹동서원을 물었다. 검지산(黔芝山) 아래 송록동(松鹿洞) 깊은 곳에 두루 사방을 돌아보니 구름 산이 푸르게 서 있고 수목이 숲을 이루고 있는데, 그

욱한 아침 연기 골짜기 가득하고 산중의 멋이 저절로 있어 선비가 노닐
만함이 마땅하도다.

검지산은 본래 시흥 향교 및 사직단의 주산으로, 구한말 가물 때 기
우제를 지내는 곳으로서 상징적인 공간이었다.

1930년 10월 3일에 단성전 낙성식 및 단군 소상(塑像) 봉안식이 성
대하게 개최되었다. 단군전은 단성전(檀聖殿, 본전 6칸)과 계신당(啓新
堂, 강당 8칸), 승화문(承化門, 정문 3칸), 재실(5칸)을 갖추었고, 토지와
건물뿐만 아니라 비품류 일체를 녹동서원 측에서 무상 대여하였다.[39]

시흥 단성전 배치도

(2) 출판 활동

1920년대 단군교의 경전 체계는 『천부경(天符經)』・『성경팔리(聖經
八理)』・『각사(覺辭)』였다. 정훈모가 1935년에 『천을선학경(天乙仙學

---

39) 삿사 미츠아키, 『한말・일제시대 檀君信仰運動의 전개』, 서울대 박사학위논문, 2003, 166쪽.

經)』을 출판하고 『삼일신고(三一神誥)』를 수용하면서 1930년대에는 『천부경』·『천을선학경』·『삼일신고』로 체제를 바꾸었다.

『천을선학경』은 유교 사상과 도교 수련법이 합쳐진 성격으로, 전래된 자료를 바탕에 두고 단군교의 기본 경전으로서 편찬된 것으로 보인다. 내용은 단군 즉위 20년(B.C.2314) 봄 대무(大武)장군이 신인(神人)의 선학(仙學)을 책으로 펴내 '천을선서(天乙仙書)'라 하였고, "선학은 일기(一氣)를 호흡하는 것"이라고 정의하면서 1천세의 장수를 누리기 위한 수련법이 언급되었다. 구체적으로 북두칠성의 정기를 이용하면서 정기를 단련하고 선학(仙學)과 성학(聖學)의 병행을 통해 천하에 공을 이룰 수 있고 천하의 대선(大仙)과 대성(大聖)이 될 수 있다는 것이다.

단성전이 자리를 잡고서 정훈모는 동래정씨 15세손으로 조선 중종 때 영의정을 지낸 정광필(1462~1538)의 유고집 『정문익공유고(鄭文翼公遺稿)』(1934)를 펴내고, 정진홍은 부친의 묵서를 모은 『단재만묵(檀齋謾墨)』(1934)을 출간하며 여유로운 시간을 가졌다.

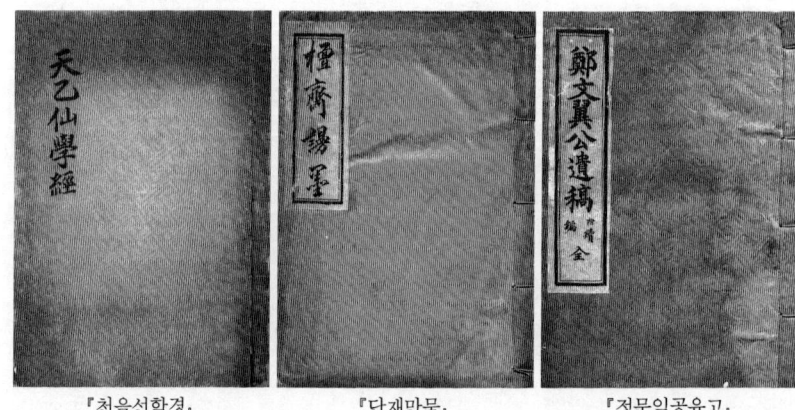

『천을선학경』   『단재만묵』   『정문익공유고』

(3) 강제 폐교

그러나 1936년 7월 단군교는 일제에 의해 해산 명령을 받고 해체 단계에 들어가고 말았다. 일경은 일본의 대본교(大本敎)에서 단군교 교도 획득 운동을 진행했던 사실이 잇는데, "대본교가 해산되었으니, 단군교도 해산하라"는 억지주장으로 탄압을 가했던 것이다.[40]

> 단군교(檀君敎)에 대하여 경찰의 탄압이 개시되어 평양지부에서 문을 닷고 마럿다. 단군교는 포교분부(본부의 오기 – 필자 주)를 소화 오년에 경성에서 경긔도 시홍군 동면 시홍리에 이전한 것으로 삼십년의 짤지 안한 력사를 가지고 잇든 터이나 근년 일본내지의 대본교(大本敎)에서 단군교의 교도를 획득할 운동을 진행햇든 사실이 잇섯다는 점을 리유삼아 대본교가 해산되엿스니 단군교도 해산하라는 것이다. 경찰의 해산명령으로 평양지부에서도 수일전 창전리에 설치햇든 지부포교소의 문을 닷치엇는데 최근의 신자는 평양부내에만 오십 여명이 잇섯다 한다.[41]

교단 해산 이듬해인 1937년 6월 정진홍은 단군교의 역사와 교리, 의례, 조직, 행사 등을 총정리한 『단군교부흥경략(檀君敎復興經略)』을 간행하였다.

그로부터 6년 뒤 1943년 4월 9일 정훈모는 86세로 조천하였고, 경기도 시흥 단성전 뒷산에 안장되었다가 1969년 5월 고향 선산[42]에 이장되면서 세상에서 잊히게 되었다.

---

40) 오모토(大本)교는 일본 신도 계 신흥종교로 1898년에 창시되어 만민평등과 세계평화를 내세워 교세가 급속히 성장하자 일본 정부의 1921년 1차 탄압, 1934년 2차 탄압으로 교단 활동이 중단된 바 있었다.
41) 『조선일보』 1936.8.10일자, 「檀君敎에도 彈壓, 平壤支部 遂閉鎖」.
42) 충남 홍성군 광천읍 가정리 시곡마을 산중에 있다.

附錄

敎人의 義務

一, 信敎人은 心守本하야 勿信浮言訛語하며 勿近淫邪左道巫卜함
一, 恪守官憲하며 賦稅公役을 各盡其務홈
一, 哀慶相問하며 患難相救함
一, 敎人中橫厄에 罹한 事이 有하야 未伸하난 境遇에난 敎中으로 極力救護함
一, 奉敎人은 香燭誠金으로 壹圓獻誠함
一, 春秋大祭時나 各敎人의 特別誠金으로 擧行함
但 特別誠金은 敎人의 誠意에 在함
一, 敎人외 男女婚姻禮式을 聖殿에 告由하고 殿內에서 成婚式을 擧行하되 從前의 煩弊난 除去함
一, 奉敎人은 반다시 敎証과 徽章을 受하야 身邊에 置하고 浚考를 証憑케함
但 徽章의 式樣은 左揭와 如함

徽章

[檀 심볼]

樣式 任員은 金色으로
　　　普通은 銀色으로

一, 每月終에 支敎狀況을 本部에 報告
一, 世論肆誕을 犯하거나 敎則을 違反者난 罰則이 有함

京城府 昌信洞 六七六
編輯兼發行者 鄭 鎭 洪

檀君敎施敎文

大凡人이 生하매 本이 有하고 木이 盛하매 根이 有하며 水가 流하매 源이 有함이다 人이 本을 忘하며 木이 根을 斷하고 水의 源을 塞하면 반다시 枯滅하야 歸함은 理所然矣라 이러한 致를 모르고 지行치 아니할가 오직 檀君은 우리 同胞의 根本이시오

始祖이시다 距今四千二百六十三年(庚午)前 戊辰十月三日에 檀君개읍셔 自天降世하사 우리 朝鮮과 蒙古사이 九千里地方 에人種이 稀少하며 人이 靈覺性이 無하야 如히 裸體로 實巢居穴處하야 숩니다 만廣開한 天地에 草木만 茂盛함으로

檀君개읍셔 臣下 高矢를 命하사 土地를 開拓하야 五穀을 播種하고 家居를 建設하며 衣服을 制定하시고 彭廣를 命하사 山導 水하며 鑿山通路하사 山川을 區別하시며 神志을 命하사 文字을 制定하시고 高仁을 命하사 婚姻을 主하시며 天符와 三印의 造化로 胎法을 行하시며 사람의 靈覺性을 点指하시고 居處와 飮食과 衣服을 便利케 하셨슴니다 이에 난 곳 우리 同胞의 始祖이시오 聖師이시오 大君이시오 自古로 朝鮮사람은 朝鮮風俗에 男女生産할 時 애 三神을 爲祝함도 檀君이시오 家屋을 建築하매 成造神을 爲祝함도 檀君이시오 十月上旬

에 新穀으로 告祝함도 (檀君隆世記念十月三日故也) 檀君이시울 다農家에서 田畝間에 酒와 飯을 對하매다 시 高矢禮를 先呼하며 道路邊城隍堂에 彭虞神을 爲祝함도 檀君이시오 林의 如此한 盛德盛恩을 忘却하고 엇지 우 리 同胞의 始祖이시며 聖師이심을 忘하리요 然則 檀君의 水의 源을 塞함이다 自古로 歷史나 變遷하며 道來 하여 나 다 扶餘에 代하야 高麗에 崇天敎와 故天敎가 有하얏슴니다 朝鮮에 至하여 道文化의 三聖祠와 平 壤에 崇靈殿이 有하야 檀君을 亨祀하엿슴니다 다만 敎名이 沉滯되야 우리 同胞가 檀君의 默佑하심으로 白頭山道人이 逢하야 木敎의 眞理를 復闡케되엿스나 設敎한지 二十餘

年에 事巨力綿하야 檀君聖像을 私室에 權奉하엿도니 天運이 循環하신은者 德學家가 慈善家의 安淳煥號竹濃先生이 本이 出 幸으로 敎主 鄭薰謨檀齋先生이 檀君의 聖像을 奉安할處所가 無함을 慨然憂하고 巨萬의 財를 獨擔하야 本敎의 中興할 機會를 新建築하야

檀君께 推及하시와 檀君聖像奉安處所가 無함이요 本 聖像을 泰安하오며 檀君聖像을 闡明케 하엿이다 大抵 우리 同胞가 苦海에 陷한 幸福의 本하나이요 本敎의 中興할 機會를 主宰하시니 우리 同 本한 罪로 至今 우리 同胞가 苦海에 陷하여 숨니다 檀君聖祖께서 明明하히 하날에게시사 우리 人間禍福을 主宰하시니 우리 同 胞을 반다시 사랑하시사 苦海에 陷한 生靈을 救濟하시며 无窮한 福利를 주실줄 밋음이다

「단군교시교문」(24.0×31.5cm)

『단군교부흥경략』(1937)   정인희-정훈모 부자 묘소(홍성)

4. 단성전 폐쇄 이후 자취

단성전(1940년대)

단성전이 1936년에 폐쇄당한 뒤 일경 고등계 형사 두 사람이 정훈모를 찾아와 "단군 소상을 분쇄하겠다"고 대들어 결국 단군 소상은 정훈모의 타계와 함께 묘소 땅 속 깊이 묻히게 되었다.[43]

단성전은 1948년에 중수되었다가 6·25전쟁 때 다시 폐허가 된 건물을 1961년에 시흥군수와 지역 주민의 노력으로 복구되었다.[44] 중수될 때 본래 '단성전'이었던 현판이 '단군전'으로 바뀐 것으로 보인다.

1950년대 단군전 제향 후 시흥 유지 일동

당시 단군전의 관리 주최는 '단군전 시흥 봉찬회'라고 하였다가 1979년 '단군전 시흥 안양 봉찬회'로 개칭되었다.

그러나 안타깝게도 안순환 후손과 봉찬회 간 법적 분쟁 등으로 끝내

---

43) 김정대, 「特輯Ⅰ-檀君聖祖」, 『안양문화』2, (사)안양문화원, 1983, 25쪽.; 일제강점기 단군교에 모셔져 있던 단군 소상 진본은 1943년 정훈모 선생 묘소 안장 시 함께 땅에 묻혀 사라지게 되었다. 그러던 중 묘소가 1969년 고향으로 이장하게 되어 단군상도 다시 빛을 보았는데, 이에 대해서는 후손 정인영의 증언이 위 『안양문화』2, 25~26쪽에 실려 있다. 필자는 단군 소상이 (사)단군봉찬회 측에 기증된 뒤 봉찬회 이사장이자 재야사가인 송호수 박사 안국동 자택으로 이전한 사실을 알게 되었다. 2012년 4월 20일 송호수 박사 자택 방문 시에 실물을 확인하였다.
44) 안양문화편집위원회, 「特輯Ⅰ-檀君聖祖:檀君祭」, 위의 책, 16쪽.

단군전이 1981년에 철거되고, 1983년 그 자리(지금의 금천구 시흥4동 169
-53번지)에 연립주택 2동(단군빌라)이 들어서고 말았다. 그로 인해 1981
년부터 단군제는 안양시 시민회관에서 거행되다가[45] 맥이 끊겼고, 단
군전 터인 단군빌라 입구에 표석만 설치된 채로 오늘에 이른다.

> **단군전터 檀君殿址**
> 단군전은 명월관의 주인 안순환(安淳煥)이 1930년
> 사재를 털어 세운 단군을 모시는 사당이다. 안순환은
> 이곳에 녹동서원과 단군전을 세운 뒤, 단군의 그림을
> 모시고 매년 봄가을에 제사를 지냈다. 단군전은
> 1936년에 폐쇄당한 이후 1948년에 고쳐 지었다가
> 1981년에 철거되어 안양으로 이전되었다.
>
> **Site of Dangunjeon Shrine**
> A shrine dedicated to Dangun, the legendary
> founder of Korea, used to be located here.
> The shrine was built by An Sunhwan, owner of
> the Myeongwolgwan restaurant, at his own
> expense in 1930.

단군전 터 표석 명판

V. 맺음말

충남 홍성 출신 우국지사이자 종교인이었던 정훈모는 홍주의병
에 앞장섰던 청양군수 정인희의 장남으로서 영춘군수 등을 지내며
관료의 길을 걸었던 인물이다. 그는 군수 재임 시절 애국계몽운동에
도 관심을 보여 교육의 중요성을 강조했고, 대한자강회, 기호흥학회
에도 가입하였다. 1909년 나철의 4차 도일외교 시 동참했다가 일본
의 한 여관에서 우연히 백두산 도인 두일백을 만나 경전류를 전수받

---

45) 위와 같음. 1983년 당시 단군제는 초헌관으로서 안경진(安京鎭) 안양시장이 직접 거행했다.

고 귀국한 뒤 나철과 함께 단군교를 중광하고 포교에 열심히 활동하였다. 국조 단군에 대한 숭모 사상은 조선 말 백두산 도인 백봉이 영도한 단군교 전수 단체에 의해 부활되었고, 백봉 교단의 도맥은 홍암 나철과 단재 정훈모 양인에게 나뉘어진 것이다.

그러나 나철이 유교 형식을 타파하고자 한데 비해, 정훈모는 유교 사상과 의례를 기반에 두었던 차이가 있었다. 결국 두 사람은 사상적 차이로 1910년에 분립한 뒤 각자의 길을 걷게 되었고, 정훈모는 일제강점 치하 국내에서 단군과 그 신앙을 지키기 위해 경전 간행과 교리의 체계화, 예식 정비 등에 주력하였다.

외압과 내분에도 불구하고 오늘날 민족경전으로 알려진 천부경·삼일신고·성경팔리의 3대 경전 체계를 세운 장본인으로서 한국종교사 서술에 있어서 빼놓을 수 없는 인물이다. 정훈모가 이루어놓은 경전 체계는 대종교단에서 70년대부터 그대로 차용하고 있다.

백두산 도인 백봉이 주창하여 나철과 정훈모의 단군교 중광 및 개천절 행사로 명맥이 이어져 오늘날 국경일로 제정되기까지 역사적 배경과 노력은 제대로 평가받아야 한다. 앞으로 정훈모는 나철과 함께 중광의 주역으로서 뿐만 아니라 최초 개천절(개극절) 행사를 함께 했던 동지로서도 반드시 재조명되어야 할 것이다.

정훈모는 일제강점기라는 난세에 한민족 시조 단군의 역사와 의미를 찾기 위해 많은 고민과 실천을 하였고, 민족종교 단군교를 이끌었던 종교지도자였다. 나철이 신앙대상을 보편적 차원의 삼신으로 격상한 것에 비해, 정훈모는 단군교를 고수하며 교명의 명분에 맞게 단군 문화의 보급과 확산에 헌신했다. 이를 위해 그는 교리·교사·의례에 관한 서적을 수집하고 정리해서 출판하는 일에 특히 관심을 기울였다. 더욱이 단군 시대의 인물인 대무장군이 등장하는 수렵법을 담은 경전(『천을선학경』)을 저술하기도 했다. 끝내 단군교가 폐교되자 그는 그간의 단군신앙운동 과정을 집대성한 『단군교부흥경략』을 장남 명의로 출판해 그의 일관된 노력이 단군 문화와 관련 서적의 정리와 보급에 있었음을 실천으로 보여주었다.

아울러 단군을 모신 사당으로 서산 단군전, 충주 단군전, 진도 단군전, 곡성 단군전, 밀양 천진궁 등이 각 지역 기관의 애정과 주민들의 헌신으로 잘 관리되어 오고 있다. 정훈모가 몸 담았던 시흥 단군전은 비록 터만 남았으나 터 자체만으로도 향토자원으로서 가치가 높다. 일제의 탄압과 6·25전쟁, 1981년 철거 등을 거치면서 공간과 예식이 사라졌으나 다행히도 단성전 예식 자료가 모두 전해와서 복원하는데 전혀 문제 없다. 앞으로 단군전 터를 중심으로 정훈모의 국조 숭모 사상과 개천절의 의의를 올바로 조명하고 계승해 나간다면 많은 시민이 민족 문화 의식을 함양하고 또 사회에서 그 역량을 확장해 나라의 발전 동력에도 기여하게 될 것이다. 덧붙여 역사 속에 묻힌 정인희 선생에 대한 공훈도 홍성을 중심으로 선양될 수 있기를 바란다.

【참고문헌】

<원사료>
『대한매일신보』,『동아일보』,『조선일보』,『황성신문』.
신기선,「봉사일기(奉使日記)」,『한국문집총간』348, 민족문화추진회, 2005.
김용배/정진홍 편,『광화김처사법언록(光華金處士法言錄)』, 정명암, 1924.
정진홍 편,『주천향약(朱川鄕約)』, 와룡암, 1924.
심상석,『녹동일기(鹿洞日記)』, 1933(황영례 역, 미출간).
정광필/정훈모 편,『정문익공유고(鄭文翼公遺稿)』, 1934.
정진홍 편,『단재만묵(檀齋謾墨)』, 1934.
정진홍 편,『단군교부흥경략(檀君敎復興經略)』, 계신당, 1937.
대종교종경종사편수위원회,『대종교중광육십년사』, 대종교총본사, 1971.
『동래정씨문익공파대동보』4, 동래정씨문익공파종친회, 1992.
『요시찰한국인거동』3, 국사편찬위원회, 2002.

<논문>
김도형,「한말 계몽운동과 동농 이해조」,『학림』31, 연세대 사학연구회, 2010.
박순철·이형성,「전북 진안 남학계 김치인의 삶과 유불선 상합론 일치」,『한국철학논집』32, 한국철학사연구회, 2011.
이은숙,『1905~10년 홍주 의병운동의 연구』, 숙명여대 박사학위논문, 2004.
삿사 미츠아키(佐佐充昭),『한말·일제시대 단군신앙운동의 전개』, 서울대 박사학위논문, 2003.

<기타>
김정대,「특집Ⅰ-단군성조」,『안양문화』2, (사)안양문화원, 1983.

『천부경』과 정훈모의 단군교

이 근 철

Ⅰ. 서론
Ⅱ. 기존 『천부경』 관련 문헌들의 진위 여부
   1. 『문헌보불』의 『천부경』
   2. 『환단고기』의 『천부경』
   3. 『정신철학통편』의 『천부경』
   4. 소위 갑골문 『천부경』
Ⅲ. 단군교의 『천부경』과 그 가치
   1. 『천부경』의 발굴
   2. 『천부경』의 유통 및 연구
   3. 『천부경』의 가치
Ⅳ. 결론

Ⅰ. 서론

선도 경전이라 불리는 『천부경(天符經)』의 가치에 대해서는 아직 많은 논란이 있는 것으로 보인다. 우리 민족의 상고사를 대변하는 엄청난 문화적 보고(寶庫)라는 견해로부터, 근거가 불확실한 날조된 문서, 또는 특정 종교의 경전일 뿐이라는 차가운 견해까지 극단적 견해들이 공존하고 있다. 이처럼 『천부경』에 대한 논의가 양극단의 시각을 노출시키고 있는 가운데 임승국은 다음과 같이 말하고 있다.

> 『천부경』은 81자로 된 경전으로서 학자에 따라 그 가치평가는 엄청나게 다르다. 민족의 삼대 경전이라 추켜세우는 학자가 있는가 하면, 천부경은 경전이라 볼 수 없고 이를 문장으로 해석할 수 없는 일종의 기호나 부적이라고 혹평하는 한학자들이 있다. 또 일부 주역의 수리학자들은 천부경의 수리학적 가치만을 중시하여 우주 삼라만상의 원리가 과거・현재・미래까지도 훤히 제시된 다시없는 경전이라고 극찬한다. 그러나 팔괘나 역학, 오행 등의 심오한 학문 없이 이를 풀이하려는 것은 하나의 만용이다.[1]

물론 『천부경』에 대해 실증적 근거를 제시하지 않은 채 민족의 고유한 성전으로 보는 것도 문제가 있고, 비록 그 문장이 짧고 내용이 상징적이라 할지라도 어느 정도 드러나는 의미가 있음에도 불구하고 기호나 부적으로만 치부하는 것도 문제가 있으며, 출처에 대한 확신이 부족하다고 내용 전체를 회의적으로 보는 것도 바람직하지 않다. 뿐만 아니라 『천부경』을 한국의 고유 경전이라고 하면서도 중국의 팔괘, 역학, 오행 등과 연결시켜 이해하고자 하는 것도 무리라고 할 수 있을 것이다.

---

1) 임승국 번역・주해, 『한단고기』, 정신세계사, 2006, 233쪽, 주1.

『천부경』이 일반적으로 알려진 것처럼 단군 때부터 내려 온 것인지에 대한 문헌 사학적 측면은 입증하기 어려운 점이 많지만 그 속에 담고 있는 사상적 함의는 결코 적다고 할 수 없다. 사상적 가치는 반드시 오랜 역사를 가지고 전해 내려왔다는 실증 사학적 근거를 바탕으로 해야 인정받는 것이 아닐 뿐만 아니라, 우주와 인간의 근본 문제를 다루는 진리에 대해서는 시대를 초월하여 그 가치를 인정할 수 있기 때문이다.

　이러한 가운데 최근에 단군교 정훈모(鄭薰謨, 단군교 중광 후 鄭遷으로 개명 - 필자 주)의 유품에서 『천부경』 관련 내용들이 발굴되면서 『천부경』 연구에 새로운 전기를 마련하고 있다. 정훈모는 구한말 관료를 지내다 국난을 당하여 구국 운동을 펼치던 중 기존의 방식에 한계를 느끼고 종교를 통한 민족정신 부흥운동을 하고자 나인영(羅寅永, 단군교 중광 후 羅喆로 개명 - 필자 주)과 함께 1909년 음력 1월 15일에 단군교를 중광(重光, 고대부터 내려온 고유의 神敎를 다시 일으켰다는 의미 - 필자 주)했다. 그러나 1910년 9월 단군교가 대종교로 개명할 때 단군교 명칭 고수를 명분으로 나인영과 노선을 달리하게 되었다.[2]

　그 후 단군교를 통해 『천부경』이 세상에 널리 알려지게 되었다. 이에 본 연구에서는 『천부경』과 관련하여 그동안 알려진 문헌들의 진위 여부를 먼저 검토한 뒤 정훈모의 단군교를 통해 유포된 『천부경』의 내용과 그 가치에 대해 분석해 보고자 한다.

---

[2] 나인영을 비롯한 단군교 중광의 핵심 멤버들은 단군교 중광을 순수한 종교적 목적보다는 구국 운동의 일환으로 생각했으며, 또한 핵심 멤버들 대부분이 유학자로서 기자(箕子)로 인해 비교적 인식이 좋았던 '단군'이라는 명칭을 선호했던 것 같다. 이는 후일 안순환이 유교회를 창립하며 그 옆에 단군전을 지은 것으로도 짐작할 수 있다. 그러나 백봉 교단으로부터 전해 받은 경전을 비롯한 여러 문헌을 토대로 볼 때 교리는 단군뿐만 아니라 환인·환웅까지 거슬러 올라가고 있어 단군교라는 명칭이 바람직하지 않아 대종교로 개명한 듯하고, 정훈모는 이에 반발하며 단군교를 고수했던 것으로 보인다.

II. 기존『천부경』관련 문헌들의 진위 여부

지금까지『천부경』을 연구하면서 암각화(岩刻畵)나 고비문(古碑文), 또는 고대 전문(篆文) 등과 연결하여 분석하는 경우가 있었지만 이들과『천부경』을 직접 연결할 수 있는 근거는 매우 부족하다. 또한『환단고기(桓檀古記)』나『최문창후전집(崔文昌候全集)』에 실린『천부경』관련 내용을 바탕으로 고고학적 증거를 찾기 위한 노력도 있었지만 별 성과가 없는 것으로 알려져 있다. 묘향산 석벽본의 진위에 대해서도 북한의 학자들과 묘향산관리유적성원들이 찾아보았으나 찾지 못하였다고 한다.[3] 그 밖에도『천부경』에 대한 별의별 다양한 자료를 제시하고 있지만 신뢰성 있는 것을 찾기가 힘들다. 그러한 가운데 비교적 많이 알려진 문헌들을 중심으로 그 진위 여부를 분석해 보고자 한다.

1.『문헌보불』의『천부경』

남사고((南師古)의『격암유록(格庵遺錄)』이 1960년대에 쓰여진 위서라는 것이 판명난[4] 현재『천부경』과 관련한 문헌 기록 중 신뢰성 있

---

3) 김정섭,「묘향산의 천부경」,『천리마』4호, 2002(조남호,「북한의 천부경 연구」,『선도문화』4, 국학연구원, 2008, 10~11쪽에서 재인용).

4)『격암유록』의「송가전(松家田)」에 "단서용법(丹書用法) 천부경(天符經)에 무궁조화 출현하니 천정명(天井名)은 생명수요, 천부경(天符經)은 진경(眞經)이다"라는 구절과「궁을가(弓乙歌)」에 "맑은 새벽에 꿇어앉아 천부진경(天符眞經)을 독송하길 잊지 말고 명심하라"라는 기록이 있지만 위서로 판명이 난 상태다. 오늘날 역사학계에서는 다음과 같은 근거로 격암유록을 위서로 간주하고 있다. ① 남사고가 직접 쓴 원본이 발견되지 않고 필사본만이 발견되어 1977년이 되어서야 국립중앙도서관에 소장되었다. ② 한자 표기법 일부가 현대어로 되어 있고, 일부 내용에 기독교의 성경을 베낀 흔적이 있다. 한국에 성경이 처음 전래된 것은 남사고가 죽은 지 200년 이상이 지난 19세기 초반이다. ③ 특정 종교인과 종교 단체를 구체적으로 가리키는 표현이 빈번하게 등장한다(네이버-위키백과 참조). 이에 대한 보다 구체적인 내용은, 김하원,『위대한 가짜 예언서 격암유록』(만다라, 1995)과 허춘회의 논픽션「격암유록의 실체를 밝힌다」,『신동아』통권578호, 2007.11월호)와 김하원,『격암유록은 가짜 정감록은 엉터리 송하비결은?』(민중출판사, 2008) 등을 참조하기 바람.

는 가장 오래된 자료는 규장각 소장의 『문헌보불(文苑黼黻)』에 실려 있는 정조(正祖)의 삼성사(三聖寺) 치제문(致祭文)이라 할 수 있다. 삼성사는 조선 성종 3년(1472)에 구월산의 삼성당을 개호하고 환인·환웅·단군의 위판을 모시고 제향을 올렸던 곳이다. 정조 초에 이 삼성사를 중수하고, 정조 5년(1781)에 삼성사에 치제한 일이 있었는데 이때의 치제문 한 대목에 다음과 같은 내용이 나온다.

> 천부보전(天符寶篆)이 비록 사실적인 물증이 없으나, 신성(神聖)이 서로 이로 인해 따른 것이 동국역사(東國歷史)에 일컬어지고 있음이 그 몇 세대이던가.[5]

이는 '천부보전(天符寶篆)'이 소문으로만 전해질뿐 사실적 물증이 없지만 삼성(三聖)에 의해 통치교화의 교훈으로 따르고 가르쳤다는 내용이 오래 동안 동국역사에 일컬어지고 있다는 것이다. 여기서 "천부보전(天符寶篆)"을 『천부경』으로 짐작할 수 있는데, '보(寶)'란 단순히 '보배롭다'라는 의미 이상으로 '부(符)'와 연결시켜 하늘의 보호와 승인을 드러내기 위해 하늘이 내려주신 기적의 물건이란 의미가 있고, '전(篆)'은 『천부경』을 처음 기록했다고 하는 '신지(神誌)의 전(篆)'에서 볼 수 있는 것처럼 글자로 이해할 수 있는데, 이는 1957년에 김형탁(金炯鐸)이 발간한 『단군철학석의(檀君哲學釋義)』에서 『천부경』[6]을 '전비문(篆碑文)'으로 부르고 있다는 사실로도 알 수 있다.[7] "사실적 물증이 없다"는 것으로 보아서 『천부경』은 당시 상황에서 그 전문(全文)이 알려지진 않았지만, "동국역사에 일컬어지고 있다"고 하여 우리의 고대사를 기록한 사료(史料) 속에 그 흔적이 전

---

5) "天符寶篆 事雖無徵 神聖相仍 東史攸稱 世傳幾葉"(「文苑黼黻」).
6) 이는 노사(蘆沙) 기정진(奇正鎭, 1798~1876)이 그 제자에게 전했다고 하는 『천부경』이라 한다 (송호수, 『한민족의 뿌리사상』, 기린원, 1991, 48쪽).
7) 이근철, 『천부경철학 연구』, 모시는사람들, 2011, 21쪽.

해온 것으로 볼 수 있다. 그러나『삼국사기(三國史記)』나『삼국유사
(三國遺事)』등에서는 찾을 수 없는데, 아마 조선 세조와 예종 및 성종
때 단행된 수서령(收書令)[8]에 의해 수거한 단군관련 사료 속에서 그
흔적이 있었던 것 같다. 이와 같은 자료들에 대해 일반인들은 열람할
수 없었지만 학구열이 높은 왕으로 알려진 정조는 이러한 사료들을
왕실 서고에서 열람한 뒤 상고사와 삼성(三聖)에 대한 인식과 함께
『천부경』에 대한 경외심을 치제문에 나타낸 것으로 짐작할 수 있다.
어쨌든 이 기록을 통해서 볼 때 당시에는『천부경』과 관련한 내용의
흔적만 찾을 수 있을 뿐 내용의 전문(全文)은 발견할 수 없었다는 것
이다.

2.『환단고기』의『천부경』

오늘날『천부경』이 널리 알려지고 민족단체들을 중심으로 열광적
인 지지를 얻게 된 것은『환단고기』때문이라 해도 과언이 아니다.
『환단고기』는 계연수(桂延壽)에 의해 1911년에 처음 편찬되었다고
하는데, 그 진위(眞僞)에 관해서는 논쟁이 끝임 없다.[9] 이를 이유립
(李裕岦)이 소장하고 있다가 1979년에 처음 출판한 뒤 1980년 초부터
여러 출판사에서 출판하여 세상에 널리 알려졌다.『환단고기』는 「삼
성기 상(三聖紀上)」, 「삼성기 하(三聖紀下)」, 「단군세기(檀君世紀)」, 「북
부여기(北夫餘紀)」, 「태백일사(太白逸史)」 등 다섯 권의 책으로 엮여
져 있는데, 그 중『천부경』이 나오는 것은 「태백일사」 중 <소도경전

---

8) 수서령이란 조선시대 세조와 예종, 성종 때 8도 관찰사에게 명령해서 옛부터 전해져온 단군조선
(檀君朝鮮) 관련 서적을 비롯하여, 천문(天文)・지리(地理)・음양(陰陽) 관련서적들을 불온서적
으로 간주하여 전국에서 거두어들인 일을 말한다.
9)『환단고기』의 진위에 관한 연구로는 우대석, 「『환단고기』 위서론에 대한 비판적 고찰」, 『선도문
화』9, 국학연구원, 2010)과 이근철, 「대종교 경전으로 본『환단고기』진위 문제」, 『선도문화』16,
국학연구원, 2014)를 참고하기 바람.

본훈(蘇塗經典本訓)>이다. 그 전문은 다음과 같다.

天符經 - 八十一字

一始無始一析三極無盡本
天一一地一二人一三一積十鉅無匱化三
天二三地二三人二三大三合六生七八九運三四成環五七
一妙衍萬往萬來用變不動本
本心本太陽昂明人中天地一
一終無終一

『환단고기』 중 고려시대 이전에 저작되었다는 「삼성기 상」·「삼성기 하」·「단군세기」·「북부여기」 등에는 『천부경』 전문이 나오지 않고 「삼성기 상」과 「단군세기」에 그 흔적이라고 할 수 있는 '천경(天經)'과 '천부경(天符經)'이란 단어만 보이는데[10], 가장 늦은 조선시대에 저작되었다는 「태백일사」에는 위와 같이 전문이 실려 있어 그 진위가 의심이 된다. 특히 「태백일사」는 『환단고기』의 다른 책에 비해 사상들이 많이 실려 있는데 그 기본 틀은 대종교 사상들이라 1960년대 초 대종교 간부를 지낸 이유립이 썼다는 의심이 든다.[11]

또한 『환단고기』의 『천부경』에는 고어가 전혀 없어 최근에 쓰여졌다는 의심이 드는데, 이에 대해서는 이정훈 기자가 쓴 『신동아』의 「환단고기의 진실」이란 기사 속에서 이유립의 부인인 신매녀의 말을 통해 그 이유를 짐작할 수 있다.

---

10) 『환단고기』, 「삼성기 상」, "환웅천왕이 처음으로 하늘을 여시고 백성을 낳아 교화를 베풀고 천경(天經)과 신고(神誥)를 가르치시니 무리들이 잘 따르게 되었다(桓雄天王 肇自開天 生民施化 天經神誥大訓 于衆自是)", 「단군세기」, "거듭하여 누각에 오르서서 천부경(天符經)에 대해서 논하시고 삼일신고(三一神誥)를 강연하시더니(仍登樓殿 論經演誥)
11) 이에 대해 상세한 내용은 이근철, 「대종교 경전으로 본 『환단고기』 진위 문제」를 참고하기 바람.

6·25 전쟁이 났을 때 금산의 산속에 있는 집 헛간을 빌려 피난 살림을 했는데, 그만 불이 나 살던 집이 타버렸다. 그때 남편이 보던 책들도 타버렸는데 그 일로 인해 남편은 석 달을 앓아누웠다. 그러고는 다시 책을 갖고 다녔는데, 아마 다른 곳에 숨겨놓은 것을 가져왔거나 아니면 그의 머릿속에 기억해놓은 것을 꺼내 썼을 것으로 생각했다.[12]

이처럼 이유립은 자신이 소장한 책을 몽땅 잃어버렸으나, 그 전에 월남한 직후인 1949년 그의 제자 오형기에게 『환단고기』를 필사시킨 적이 있다고 하는데,[13] 아마 이를 토대로 이유립이 『환단고기』를 다시 쓴 것으로 추정해 볼 수 있다. 그래서 『환단고기』의 『천부경』에는 고어가 없다고 짐작할 수 있으나 문제는 오형기가 필사한 『환단고기』의 『천부경』도 고어가 없다는 것이다. 뿐만 아니라 『환단고기』의 「태백일사」 중 <소도경전본훈>에는 『삼일신고(三一神誥)』[14] 전문도 실려 있는데, 1949년에 대종교에서 발간한 『역해종경사부합편(譯解倧經四部合編)』 속의 『삼일신고』에 고어로 쓰인 글자가 『환단고기』에는 고어와 현대 한자로 혼재되어 있다. 이유립이 1961년 4월 20일 대종교 상교(尙敎)를 임명받아 대전시 용두동에 위치한 대종교 대전시교당을 이끌기도 했기 때문에,[15] 『역해종경사부합편』의 『삼일신고』를 보았을 것이다. 그러나 『천부경』은 『역해종경사부합편』에 실려 있

---

12) 이정훈, 「환단고기의 진실」, 『신동아』, 통권576호, 동아일보사, 2007.9월호, 642~643쪽. 책을 잃어버린 이유에 대해 필자가 이유립의 수제자인 양종현에게 확인한 결과, 불이 나서가 아니라 집세를 못 내서 주인이 몽땅 팔아먹었기 때문이라고 이유립에게 직접 들었다고 진술하여 차이가 있다.
13) 시중에는 두 가지의 『환단고기』가 있는데, 오형기가 필사한 것과 이유립이 개정한 것이 있다. 오형기가 필사하여 1979년에 출판한 『환단고기』에는 오형기의 발문이 있는데, 여기에 "을축년(1949년) 봄 나는 강화도 마리산(마니산)에 들어가 …정산 이유립씨로부터 환단고기를 정서하라는 부탁을 받고"라고 기술하고 있다.
14) 『환단고기』에서는 『삼일신고』가 신시개천의 시대에 나와서 책으로 이루어진 것으로서 집일함삼(執一含三), 회삼귀일(會三歸一)을 근본으로 삼는다고 기록하고 있다. 그리고 대종교에서는 『삼일신고』가 환웅의 신시시대에 신지(神誌)가 돌에 새겨 전해오다가 발해시대 석실에 묻었던 것을 19세기 말 백두산 도인 백봉이 10년 원도 끝에 얻어 나인영에게 전한 것이라고 한다.
15) 대종교종경종사편수위원회, 『大倧敎重光六十年史』, 대종교총본사, 1971, 1023쪽.

지 않아 단군교가 소장하고 있던 『천부경』 원본을 보지 못했다고 볼 수 있다. 그 밖에도 『환단고기』의 내용에는 대종교 문헌을 인용했다고 볼 수 있는 부분들이 많이 있는데, 대부분 후기 경전과 교리를 인용한 부분들이 많이 보여 진위가 매우 의심스럽다.[16] 어쨌든 계연수가 편찬했다는 『환단고기』의 원본이 발굴되지 않는 한 『환단고기』의 『천부경』은 오형기의 필사를 인정한다고 해도 1949년을 넘지 않고, 그것마저도 인정하지 않는다면 『환단고기』가 최초로 출판된 1979년을 넘지 않는 것이라고 할 수 있다.

3. 『정신철학통편』의 『천부경』

성암 전병훈

---

16) 이에 대해 상세한 내용은 이근철, 「대종교 경전으로 본 『환단고기』 진위 문제」를 참고하기 바람.

현전하는 가장 오래된 『천부경』 전문은 1920년 2월 중국 북경에서 간행된 전병훈(全秉薰, 1857~1927)의 『정신철학통편(精神哲學通編)』에 실려 있는 것으로 간주된다. 전병훈이 『정신철학통편』을 간행하여 세계 29개 나라의 150개 대학에 보냈다고 하니 이와 더불어 『천부경』 도 세계에 알려진 계기가 되었다고 볼 수 있을 것이다. 전병훈은 『천부경』의 입수 경위에 대해 『정신철학통편』의 「동한신성단군천부경 (東韓神聖檀君天符經)」, <주해서언(註解緒言)>에서 다음과 같이 밝히고 있다.

> 이 경문이 작년 정사(丁巳)년에 와서 처음으로 한국의 서쪽 영변(寧邊) 백산(白山)에서 출현하였다. 백산에서 약초를 캐는 한 도인 계연수(桂延壽)가 산에서 약초를 캐려고 깊은 산골짜기로 들어가서 우연히 석벽(石壁)에서 이 글자를 발견하고 조사(照寫)했다고 한다. 나는 이미 정신철학을 편성(編成)하고 바야흐로 인쇄에 맡길 것을 계획하였을 때 홀연 유학자 윤효정(尹孝定)으로부터 이 경(經)을 얻었는데 참으로 하늘이 주신 기이한 일이었다.[17]

즉, 계연수는 1916년 묘향산 석벽에서 『천부경』을 발견하고서 9월 9일에 탁본하여, 1917년 1월에 발견 경위를 쓴 편지와 함께 경성의 단군교 교당으로 보냈다. 이를 윤효정이 중국 북경에 거주하던 유학자이자 도교학자인 전병훈에게 전하자, 그 가치를 인정하고 『정신철학통편』의 앞 부분에 『천부경』의 주해와 함께 전문을 실었던 것이다.

그런데 계연수가 묘향산에서 『천부경』을 발견했다고 하는 것에 대해서는 몇 가지 불투명한 점이 있다. 즉, 계연수가 단군교에 보낸 편지에 밝힌 것처럼 "구하려 해도 얻지 못하였던" 『천부경』을 묘향산

---

17) "此經至昨年丁巳 始出韓西寧邊郡白山 有一道人桂延壽 採藥白山 窮入山根 石壁見得此字 照寫云耳 余旣編成精神哲學 方謀付印之際 忽得此經 (老儒尹孝定來交) 誠天賜之神異也"(『精神哲學通編』, 29쪽).

에서 처음 발견했다고 하는 시기가 1916년이라고 하는데, 계연수가 『환단고기』를 편찬했다고 하는 시기는 1911년으로 5년이나 앞선다. 『천부경』 전문이 실린『환단고기』를 계연수가 편찬했다면 묘향산에서 『천부경』을 처음 발견하기 전에 이미 『천부경』을 알았다고 할 수 있다. 이에 대해 『환단고기』를 발간한 이유립은, 계연수가 『천부경』을 널리 알리기 위해 묘향산 석벽에 새겼다고 전하는 등 석연치 않은 점이 있는 것은 사실이다.[18]

그리고 『정신철학통편』에 실려 있는 『천부경』은 『환단고기』의 『천부경』과 일부 다른 글자가 있다는 것을 알 수 있다. 즉, 『정신철학통편』의 『천부경』에는 "만왕만래(萬往萬來)"가 万迬万來라는 고한자로 쓰여 있다. 전병훈이 『천부경』을 고귀한 자료로 인식하고 있었으므로 임의로 글자를 바꾸었다고 보기 힘들다. 그렇다면 전병훈이 윤효정으로부터 전해 받은 『천부경』은 『환단고기』에 실린 『천부경』과 다른 본(本)이라 할 수 있으며 보다 오래된 것이라고 볼 수 있다.[19]

이와 같은 사실로 볼 때 『천부경』은 『환단고기』와 관계없이 단군교에서 윤효정을 통해 전병훈에게 전하여 이에 대한 해석을 원하였거나 이를 널리 알리고자 했던 것으로 보인다. 단군교 입장에서는 『천부경』을 내세워 대종교와의 차별성과 함께 정통성을 주장하여 널리 교세를 확장하고자 했을 것이다. 이는 단군교의 『천부경』이 대종교의 『삼일신고』와 다른 경로를 통해 전해왔다고 하면서도 모두 신시시대 신지(神誌)가 처음 기록하였다고 하는 사실에서도 유추해 볼 수 있다.[20] 전병훈은 윤효정이 전한 내용에 대해 의심 없이 받아들여, 『천부경』이 계연수에 의해 묘향산 석벽에서 발견한 것으로 믿

---

18) 이근철, 『천부경철학 연구』, 앞의 책, 21쪽.
19) 위의 책, 29쪽.
20) 『천부경』이 신시시대부터 유래했다고 하면서도 전병훈이 단군교의 윤효정으로부터 전달받아 『정신철학통편』에 실은 『천부경』의 원제(原題)가 "동한신성단군천부경(東韓神聖檀君天符經)"이라는 점은 단군교의 단군을 강조하기 위해서라고 볼 수 있다.

었던 것이라 볼 수 있다. 그리고 전병훈이 『천부경』을 전달받고 이를 주해하여 『정신철학통편』에 싣기까지 다른 경로를 통해 『천부경』을 접했다는 흔적은 없다. 그러므로 『정신철학통편』의 『천부경』은 단군교로부터 유래한 원본으로 볼 수 있다.

4. 소위 갑골문 『천부경』

시사주간지인 『일요시사』 2002년 9월 29일자에 「특종 "갑골문자 '천부경(天符經)' 발견"」이란 제목의 기사가 실렸다. 기사에는 고려 말 충신인 농은(農隱) 민안부(閔安富)의 유품 속에서 천부경문(天符經文)이 발견되었는데, 여기에 은허 갑골문과 동일한 글자들이 다수 발견되었다는 것이다. 이번에 발견된 소위 '농은 민안부의 천부경'은 그의 후손인 민홍규씨가 2000년 초 송호수 박사를 찾아가 선보임으로써 공개된 것이라고 한다.[21] 다음 사진과 도표가 바로 『일요시사』에 실렸던 것이다.

『일요시사』 2002.9.29일자 『천부경』 내용

---

21) 송호수가 민홍규로부터 들은 말에 따르면 소위 '농은 민안부의 천부경'은 『농은유집』의 책갈피에 끼어 있었다고 한다.

그런데 지금까지 발견된 갑골문은 위에서 아래로 세로쓰기로 되어 있는데 비해, 소위 갑골문 『천부경』으로 알려진 '농은 민안부의 천부경'은 오른쪽에서 왼쪽으로 가로쓰기로 되어 있다. 그리고 본문의 숫자 중 '일'에서 '사'까지와 '십'자는 갑골문과도 일치하지만, '일'에서 '구'까지의 글자가 『환단고기』, 「태백일사」, <소도경전본훈>에 나오는 신시(神市)의 산목(算木)과 같다.[22] 또한 표에서 볼 수 있는 것처럼 갑골문과 유사한 글자도 있지만 갑골문에도 보이지 않은 글자가 다수 포함되어 있다. 이로 볼 때 소위 '농은 민안부의 천부경'이 정말 신시시대의 글로 쓰여진 것이거나, 아니면 학계에서 위서(僞書)로 판명이 난 『환단고기』에 영향을 받아 조작한 것이라고 볼 수 있다.

그런데 『천부경』이 신시시대에서 유래했다고 할지라도 처음부터 고도의 철학적 내용이 함축된 81자로 전해왔다고 볼 수는 없다. 그 내용 속에는 신시시대의 철학으로 볼 수 없는 후대의 정리된 이론들을 포함하고 있기 때문이다. 중국 홍산에서 발굴된 문명이 신시시대라고 인정한다고 하더라도 고고학적으로 볼 때 석기시대와 청동기시대 중간 단계 정도라고 한다. 이 시대에 현전하는 『천부경』처럼 고도의 철학이 존재했다고 볼 수는 없다. 단군교와 『환단고기』에서도 『천부경』은 신지의 글을 신라 때 최치원(崔致遠)이 다시 쓴 것이라고 하고 있다.

사진에서 볼 수 있는 것처럼 종이에 비해 글씨는 고려 때 쓴 것이라고 볼 수 없을 정도로 매우 선명함을 알 수 있다. 더군다나 종이가 구겨져 하얗게 낡은 부분에도 그 위의 글씨는 선명하다. 그리고 '天符經'이란 제목은 본문의 글자와 서체 및 크기가 달라 다른 시기에

---

22) 임승국 번역·주해, 『한단고기』, 정신세계사, 2006, 244쪽. 산목은 모두 10자이며, 또한 이 책에는 '전목(佃目)'이라는 글자도 있는데 역시 10자다. 그리고 가림다(加臨多)라는 글자도 있는데 모두 38자다. 그러나 이들 모두 그 진위를 확인할 수 없다.

쓴 것으로 보이는데 이와 본문의 글씨가 거의 비슷하게 선명하다. 또한 '天符經'은 붓으로 쓴 듯 글자의 먹물이 약간 번져 있으나 본문의 글자는 금속판에 새겨 찍은 듯 선명하다.

가장 큰 문제는 이를 소장하고 있는 민홍규도, 이를 본 송호수 박사도 그 진본을 지금까지 일반에 공개하지 않고 사진만 공개한 채 침묵하고 있다는 것이다. 더군다나 일본의 전문 감정인으로부터 감정을 받았다고 하는데 감정 내용도 공개하지 않고 있다. 그리고 이를 소장하고 있는 민홍규는 한 때 대한민국 국새 위조범으로 기소되어 3년간 형을 살았던 전문적인 전각장(篆刻匠)으로서, 갑골문을 모방해『천부경』을 새겨 오래된 한지 위에다 찍는 일에는 익숙할 것으로 보여 그 신뢰성에 더욱 의심이 간다.

Ⅲ. 단군교의 『천부경』과 그 가치

1.『천부경』의 발굴

최근에 정훈모(鄭薰謨)의 유품 중 첩으로 된「단군교종령(檀君敎宗令)」이 발굴되었다.[23] 단군교가 대종교로부터 분리된 지 만 2년만인 1912년 9월 이유형이 일진회원 수십 명을 대동해 정훈모를 축출하고 교단을 장악하는 사건이 발생하였다. 이유형은 이듬해인 1913년 7월에「단군교총본부종령(檀君敎總本部宗令)」을 임의로 제정하여 당국에 신고하였는데, 이에 맞서 정훈모는 같은 해 7월「단군교종령」을 제정해 두고 재기를 기약하였던 것이다. 이유형이「단군교총본부종령」에

---

23) 정훈모의 유품은, 국학인물연구소장 조준희와 한국신교연구소장 유영인이 2005년 7월 23일에 정훈모 선생의 손부(孫婦)인 권태영 여사를 통해 확인한 것이다. 확인한 것이다. 현재는 서울역사박물관에 모두 기증되었다.

서 교단 조직과 업무에 많은 조항을 할애한 것과 비교해서, 정훈모는 「단군교종령」에서 종교 예식을 중시한 차이가 있다.[24] 그런데, 이「단군교종령」에 『정신철학통편』보다 앞선 『천부경』 관련 글귀가 발견되었다. 즉 정훈모가 1913년에 제정한 「단군교종령」 제55조에 다음과 같은 기록이 발견된 것이다.

> 천부경(天符經)과 각사(覺辭)의 진리(眞理)를 단전(丹田)에 양정수련(養精修鍊)ᄒ야 심리(心理)에 도력(道力)을 득(得)ᄒ야 감령성(感靈性)을 통(通)ᄒ 교인(敎人)에게는 대종사(大宗師)가 특별(特別)히 신전(神殿)에 고유(告由)ᄒ고 영고장(靈誥狀)을 수여(授與)ᄒ야 포증(褒證)함[25]

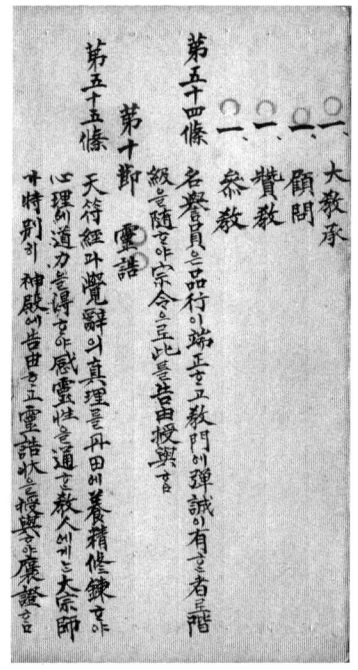

「단군교종령」 중 제55조

---

24) 정훈모/조준희·유영인 옮김, 『단재 정훈모 전집』 I, 아라, 2015, 41~42쪽.
25) 정훈모/조준희·유영인 옮김, 『단재 정훈모 전집』 II, '「단군교종령」 영인본', 아라, 2015, 243쪽.

『천부경』과『각사』로 수련하여 도력을 얻어 영통(靈通)한 교인에게는 대종사가 인가증을 준다는 내용이다. 이와 유사한 내용이 1921년 발간된 단군교의 공식 기관지인『단탁(檀鐸)』창간호에 "본교(本敎)의 진리(眞理)난 천부경(天符經), 성경(聖經), 각사(覺辭)로 단심연성(丹心鍊性)하고 영성감통(靈性感通)하면 필득선과(必得仙果)난 사증(史證)에 초연(昭然)한 바라"[26]라고 하여「단군교종령」은 신빙성 있는 자료로 볼 수 있다.

「단군교종령」의 출판 허가 청원[27] 날짜는 대정(大正) 2년 곧 1913년 7월 31일로 적혀 있다. 이는 비록『천부경』전문은 실려 있지 않지만『정신철학통편』출간 이전 시기에 이미『천부경』이 존재했다는 사실을 밝히는 근거가 될뿐만 아니라, 계연수가 묘향산에서『천부경』을 발견했다는 1916년보다 앞선다. 다시 말해 계연수가 1916년에 묘향산 석벽에서『천부경』을 발견하여 1917년에 단군교로 보내기 전에 이미『천부경』은 단군교에 있었던 것이다.

그런데「단군교종령」뒷면에 다음과 같이 정훈모가 친필로 쓴『천부경』원문이 있다.

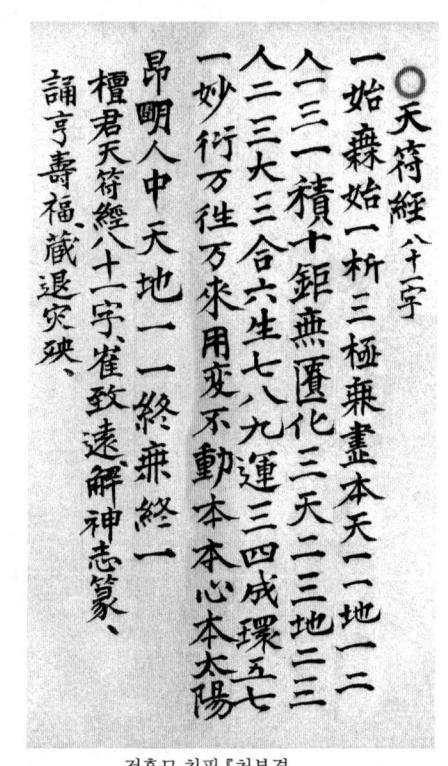

정훈모 친필『천부경』

---

26) 정훈모 편집 겸 발행,『檀鐸』창간호, 단탁사, 1921, 14쪽.
27) 일제강점 하에서 모든 출판물은 당국의 출판 허가를 받은 뒤 출간이 가능했다.

첩 뒷면에 적힌 「단군교예식」 중 '축문(祝文)의 연도가 "紀元 四千二百五十○年"으로 곧 서기 1917년에서 1926년 사이임을 알 수 있지만, 한 글자의 탈자로 정확한 필사 연도는 알기 어렵다. 그리고 "단군천부경 81자는 최치원이 신지의 전자를 해석한 것이다. 암송하면 형통하고 장수하며 복을 받을 수 있으며, 재앙을 막고 피할 수 있느니라(檀君天符經八十一字 崔致遠 解神志篆 誦亨壽福 箴退灾殃)"고 남긴 구절로 보아 「단군교종령」 제55조와 같이 『천부경』을 교인의 수련에 활용코자 했음을 알 수 있다.[28]

여기서 "단군천부경 81자는 최치원이 신지의 전자를 해석한 것"이라는 내용은, 『환단고기』에서 『천부경』의 유래를 말하고 있는 내용과 일치하고 있다. 즉, 『환단고기』에는 『천부경』이 전해 내려온 과정에 대해 다음과 같이 기록하고 있다.

> 『천부경』은 천제의 환국(桓國)에서 입으로 전해 내려온 글이다. 환웅대성존(桓雄 大聖尊)이 하늘에서 내려온 뒤 신지혁덕(神誌赫德)에게 명하여 녹도문(鹿圖文)으로 기록하였는데 고운 최치원(孤雲 崔致遠)이 일찍이 신지의 전서(篆書)로 쓴 옛 비석을 보고 다시 첩(帖)을 만들어 세상에 전한 것이다.[29]

이와 같이 『천부경』의 유래에 대해, 정훈모의 유품에 기록된 내용이 『환단고기』에서는 더욱 상세하게 정리되어 있는 것을 볼 수 있다. 그렇다면 정훈모의 단군교 이전에 『환단고기』가 존재했다는 말인가? 아니면 『환단고기』가 정훈모의 단군교에 영향을 받아 기록되었다는 말인가? 이는 『환단고기』를 세상에 알린 이유립과 정훈모의 단군교와의 관계에서 그 실마리를 찾을 수 있다.

---

28) 정훈모/조준희·유영인 옮김, 『단재 정훈모 전집』I, 앞의 책, 57쪽.
29) "天符經 天帝桓國 口傳之書 桓雄大聖尊 天降後 命神誌赫德 以鹿圖文記之 崔孤雲致遠 亦嘗見 神誌篆古碑 更復作帖 而傳於世者也"(『桓檀古記』, 「太白逸史」, 〈蘇塗經典本訓〉)

이유립은 자신의 주장에 따르면, 1909년 이기(李沂), 계연수가 창립한 단학회에 이른 나이(13세)부터 관여하고[30] 1966년에는 단단학회(태백교)로 개명해 단학회를 계승한 인물이다. 그는 1933년 27세의 나이에 안순환(安淳煥)이 창립한 '조선유교회'에서 설립한 녹동서원(鹿洞書院)의 '명교학원(明敎學院)'[31] 제1회 학생으로 입학한 뒤 특별한 사람으로 꼽힐 정도로 인정을 받았고, 수료 후에는 고향인 평북 삭주에 유교회 지부를 내고 졸업생 중에 가장 활발한 활동을 하였으며, 또한 조선유교회 홍보기관인 일월시보사(日月時報社)의 주필이 되어 활동하기도 하였다.[32]

명교학술강습회 제1회 수료식 사진(2열 맨 왼쪽이 이유립)

---

30) "先考 檀海 先生을 따라 小雅河 또는 紅石拉子로 따라서 3年半 있으면서 檀學會가 주관하는 倍達義塾에서 桂延壽, 崔時興, 吳東振, 諸先烈들의 강의를 듣는 한편 朝鮮獨立少年團 조직활동에 참가 團長이 되었다"(이유립, 『대배달만족사』3, 고려원, 1987, '한암당 이유립 선생 연보: 1913년 13세 10월'). 그러나 지금까지 전해지고 있는 이기와 관련한 기록에는 이와 접맥되는 흔적이 하나도 없어 사실 여부가 의문시 된다.

31) 명교학원의 설립목적은 공자의 인의(仁義)를 소중히 하는 '조선유교회'의 이념을 민중에게 효과 있게 전파하여 대동 태평세상 구현을 선도하는 유교 전교사(傳敎師) 양성에 있다.

32) 황영례, 「安淳煥의 儒敎 宗敎化 運動과 鹿洞書院」, 영남대학교 박사학위논문, 2003, 171쪽.

한편 녹동서원에는 단군교를 유교와 같은 범주의 민족종교로 여긴 안순환의 후원으로 설립된 '단성전'이 함께 있었는데, 이곳은 정훈모가 이끄는 단군교의 중심 거점이 되었고, 강습생들은 한 달에 두 번 초하루와 보름에 참배하였다.[33] 그리고 명교학원의 강사로 김영의(金永毅, 1887~1951)가 있었는데, 그는 유교 경서에 능하였으며 단군교와 한글 보급 등에 관심을 가진 민족사상이 투철한 인물로서 『천부경』을 주해하기도 했다.

이유립은 이곳에서 단군교 본부의 활동상황에 깊은 관심을 보였는데,[34] 이곳에서 민족사상과 단군신앙 및 『천부경』에 대한 인식을 정립했다고 볼 수 있다. 이와 같은 사상적 배경에서 이유립은 『환단고기』에 단군교 및 대종교 교리와 경전들을 실으면서 『천부경』 전문과 그 유래도 함께 정리해 넣은 듯하다.[35]

이상으로 볼 때 『환단고기』에 실린 『천부경』도 단군교에서 유래한 것을 바탕으로 하고 있음을 알 수 있다. 그런데 문제는 단군교에서는 『천부경』을 어떻게 입수했는지가 의문으로 남는다. 「단군교종령」 뒷면에 정훈모의 "최치원이 신지의 전자를 해석한 것"이라는 글만 있을 뿐 어떻게 단군교로 전해졌는지에 대해서는 아무런 기록이 없다. 계연수가 묘향산에서 『천부경』을 발견했다는 설은, 앞에서 언급한 것처럼 단군교가 대종교와 분리된 뒤 『천부경』이 대종교의 『삼일신고』에 버금가는 경전임을 내세워 단군교의 정통성을 주장하고 또한 『천부경』의 신비성을 더해 널리 유포하기 위해 꾸며낸 이야기라고 추측할 수 있다. 그 밖의 『천부경』에 대한 다양한 유래들은 모두 단군교에서 『천부경』을 유포한 뒤에 나온 설들이라 신뢰성에 의문이 가는 것들이다.

---

33) 위의 논문, 85~88쪽.
34) 위의 논문, 173쪽
35) 이근철, 「대종교 경전으로 본 『환단고기』 진위 문제」, 앞의 논문

『천부경』 전문의 유래에 대해서는『천부경』을 해석하면서 많이 활용하고 있는 중국의 하도·낙서(河圖洛書)를 통해 유추해 볼 수 있다. 하도·낙서의 유래에 대해 많이 알려지기는, 복희씨(伏羲氏)가 황하(黃河)의 용마(龍馬)에서 하도(河圖)를 얻었고, 우왕(禹王)이 낙수(洛水)의 신구(神龜)에서 낙서(洛書)를 얻었다고 하는 것이다. 그러나 사실은 여러 문헌에서 그 흔적만 전해졌을 뿐 오늘날 볼 수 있는 하도와 낙서의 그림은 중국의 송(宋)나라 때 진단(陳摶)의 역학을 계승한 유목(劉牧)이『역수구은도(易數鉤隱圖)』에 처음 실었고, 이를 채원정(蔡元定)이 수정한 것을 주희(朱熹)가『주역본의(周易本義)』와『역학계몽(易學啓蒙)』에 실어 널리 유행하게 된 것이다.[36]

마찬가지로『천부경』역시 그 흔적만 전해 오다가 단군교가 대종교와 분리되면서 정통성을 확립하고 교세를 확장하기 위하여 오늘날과 같은『천부경』전문을 만들었거나, 아니면 어느 누군가로부터 입수한 뒤 널리 유통시킨 것으로 추측해 볼 수 있다. 그럼에도 불구하고 그 내용의 심오함은 일반적인 지식으로 만들어진 경전은 분명히 아닌 것으로 볼 수 있어 단군교의 누군가에 의해 특정 목적으로 만들어졌다고 단정하기 어려운 점도 있어 더욱 심도 있는 연구가 필요하다. 어떻든 위의 여러 정황들을 고려해볼 때『천부경』은 단군교에서부터 유래했다는 것이 분명해 보인다.

2.『천부경』의 유통 및 연구

단군교에서『천부경』을 유포한 뒤 현재까지 전하고 있는 최초의 해제는 1920년에 발간한 전병훈(全秉薰)의『정신철학통편(精神哲學通編)』

---

[36] 朱伯崑/김학권 옮김,『주역산책』, 예문서원, 1999, 169~172쪽.;조남호,「천부경과 하도낙서」,『도교문화연구』29, 한국도교문화학회, 2008, 277~282쪽.

에 실려 있는 「천부경 주해(天符經 註解)」다.[37] 이어서 1921년 계명구락부[38]에서 발행한 잡지 『계명(啓明)』 4호에 한별(권덕규 - 필자 주)의 천부경 해제가 실렸다. 그리고 1923년경에 유학자 석곡(石谷) 이규준(李圭晙)의 천부경 해제, 1924년에 역시 유학자인 김택영(金澤榮)의 천부경 해제, 1930년에 대종교 단암(檀菴) 이용태(李容兌)의 「천부경도석주해(天符經圖釋註解)」, 1937년 『단군교부흥경략(檀君敎復興經略)』에 실린 단군교 노주(蘆洲) 김영의(金永毅)의 「천부경 주해」 등이 있다.

그리고 임정(臨政) 주요 인물로 활약했던 이시영(李始榮)이 1934년에 『감시만어(感時漫語)』를 통해 『천부경』 전문을 소개하면서, "최근에 『천부경』에 주석을 달고 이를 해석한 사람이 있다"고 다음과 같은 말을 전하고 있다.

애류 권덕규   단암 이용태   성재 이시영

이 천부경은 처음에 '하나'라는 이치(理致)의 극치(極致)를 첫머리에 서술하고 중간에 가서는 만사만물(萬事萬物)의 설명으로 확산하였다가 말미에 가서는 다시 '하나'의 이치로 통합하였다. 우주의 전체를 빼

---

37) 이유립은 「천부경」(『대배달민족사3』3, 고려가, 1987)에서, 계연수의 『천부경요해(天符經要解)』가 1899년에 발간되었다고 소개하고 있는데 원본의 진위를 확인할 길이 없다.
38) 계명구락부(啓明俱樂部)는 1918년 민족 계몽과 학술 연구를 목적으로 최남선(崔南善), 박승빈(朴勝彬), 오세창(吳世昌), 이능화(李能和) 등 당시 지식인 33인이 발기하여 설립한 친목·사교 단체다.

짐없이 여기에 기재하였다. 즉 삼라만상(森羅萬象)과 우주의 은비(隱秘)를 또 성왕양공(成住壤空)하고 조겁변환(造劫變幻)과 인생 본연의 성명원리(性命原理)를 그리고 도문(道門)의 비장(秘藏)과 원각(圓角)의 묘체(妙諦)에 이르기까지 불비(不備)한 것이 없다 할 것이라고 하였다.[39]

또한 독립운동가 오동진(吳東振), 홍범도(洪範圖), 여운형(呂運亨) 등이「천부경찬(天符經贊)」[40]을 남겼다. 이와 같이 일제 강점기에『천부경』이 알려지고 많은 주해들이 나오게 된 것은,『천부경』의 가치에 대해 민족정신의 원형을 간직한 고유 경전으로 인식하고 독립정신을 고취시키는 민족의 정체성으로 수용하였기 때문일 것이다.[41] 이들 모두 국권을 상실한 당시의 상황에서『천부경』의 유래에 대해서는 별 의의를 가지지 않고 단군교에서 유포한 내용을 그대로 믿었던 듯하다.

신채호(申采浩)는『천부경』에 대해 처음에는 위서로 보았다가 나중에는 민족의 경전으로 수용하는 인식의 변화가 있었다. 즉, 1929년 「조선사연구초」에서 "서적의 진위(眞僞)와 그 내용의 가치를 판정할 안목이 업스면 후인위조(後人僞造)의 천부경(天符經) 등도 단군왕검의 성언(聖言)이 되는 것이다"[42]라고 하면서『천부경』을 위서로 단정했다. 그런데 그 후 1931년『조선상고사』에서는 다음과 같이 인식의

---

39) 이시영,『感時漫語』, 일조각, 1983, 19쪽. 이형래는, 위의 인용문은 단암 이용태의 천부경 해제와 상통하므로 이시영이 이를 인용하였을 가능성이 있다고 보았다(이형래,「천부경 연구사 소고」,『선도문화』2, 선도문화연구원, 2007. 43쪽, 주33).
40) "乾坤正氣創成倍達授符遺往率將而主熊虎願化平等與婚假化之德弘益人間(吳東振), 天施地轉環成五七一積而鉅无匱而三一像之眞根核永生大哉天符萬世寶典(洪範圖), 太極兩間惟氣自盈獨此天符萬世糧識無糧而飢無識而劣桓雄天經足富我民(呂運亨)"(이유립,『대배달민족사』3, 앞의 책, 10쪽). 이외에도『대배달민족사』에는 최시흥(崔時興), 이덕수(李德秀), 이용담(李龍潭), 이유항(李裕沆), 전봉천(全鳳天), 박노철(朴魯澈) 등의「천부경찬」이 실려 있다. 이 역시 이유립의 저서에 실려 있어 그 진위를 확인할 길이 없다.
41) 이형래,「천부경 연구사 소고」, 앞의 논문, 29~62쪽.
42)『동아일보』, 1929.1.26일자,「조선사연구초」,〈삼국지동이열전교정〉4, 結論(이형래, 위의 논문, 45쪽에서 재인용)

단재 신채호

변화가 보인다.

아국(我國)은 고대의 진서(眞書)를 분기(焚棄)한 때(李朝 太宗의 焚徐같은)는 있었으나 위서(僞書)를 조작한 일은 없었다. 근일에 와서 천부경(天符經) 삼일신고(三一神誥) 등이 처음 출현하였으나 누구의 변박(辨駁)이 없이 고서(古書)로 신인(信認)하는 이가 없게 된 것이다. 그러므로 아국 서적은 각 씨의 족보(族譜) 중 그 조선(祖先)의 사(事)를 혹 위조한 것이 있는 이외에는 그리 진위의 변별에 애쓸 것이 없거니와… 그러나 위서(僞書)가 많기로는 지나(支那) 같은 나라가 없을 것이다.[43]

이처럼 신채호가 『천부경』에 대한 인식을 바꾸게 된 계기는 정확히 알 수 없으나, 우리나라는 위서를 조작한 일이 거의 없어 고서에 대해 특별히 믿고 인정할 필요가 없고 진위의 변별에 애쓸 것이 없다는 것이다.[44] 결국 신채호도 『천부경』의 유래에 대해 고증하는 대신 중국과의 차별성을 들면서 위서가 아니라고 말하고 있어 민족주의적 입장에서 판단한 것으로 보인다.

항복 후 1970년대까지도 『천부경』에 관한 주해들이 일부 나왔으나 『천부경』이 널리 알려지고 주해들이 집중적으로 나오게 된 것은, 이유립에 의해 『환단고기』가 출간된 뒤인 1980년대 초부터라고 할 수 있다. 80~90년대에 나온 『천부경』과 관련한 단행본과 주해들만 해도 대략 수십 종에 이른다. 이 중 대부분은 재야학자로 분류되는 인물들에 의해 나온 것이고, 학계에서는 최민홍(『「한」철학』, 성문사, 1984), 박용숙(『한국의 시원사상』, 문예출판사, 1985), 김상일(『한철학』, 온누리,

---

[43] 『조선일보』, 1931.6.18일자, 「조선사」8(위와 같음).
[44] 이형래, 위의 논문, 45~46쪽.

1995), 민영현(『선과 혼』, 세종출판사, 1998) 등의 단행본과 일부 학자들의 논문이 있을 뿐이다. 그러나 이는 대부분 『천부경』 중심의 단행본이나 논문이 아니고 한철학, 한국사상, 또는 한국정치사상을 설명하면서 인용한 것들이다.

2000년 전후해서는 몇몇 대학교에서 『천부경』을 중심으로 다룬 학위논문들이 나오기 시작했다.[45] 또한 2006년에 최민자의 단행본(『천부경·삼일신고·참전계경』, 모시는사람들, 2006)이 나왔으며, 조남호(「천부경 해석의 문제점」, 『선도문화』1, 국학연구원, 2006)와 박병섭(「단군조선과 한국고유철학(2)-천부경」, 『단군학연구』18, 단군학회, 2008)에 의해 연구사가 논문으로 발표되었고, 임태현 등에 의해 다양한 『천부경』 연구물들이 발표되었으며,[46] 2010년에는 본 연구자에 의해 단행본(『천부경 철학 연구』, 모시는사람들, 2010)이 나오는 등 학계 차원의 연구가 비교적 활발해지고 있다.

또한 『천부경』은 국학연구원이 주최한 한중국제학술대회를 통해 몇몇 중국학자들에 의해서도 연구물이 발표되었는데, 鞠曦(「『天符經』的思想與現代意義-以哲學和生命科學的論域」, 『선도문화』4, 국학연구원, 2008)와 劉仲宇(「『天符經』與道教宇宙論的比較研究」, 『선도문화』4, 국학연구원, 2008)와 强昱(「簡論『天符經』的思想內涵」, 『선도문화』13, 국학연구원,

---

45) 송호수(『韓民族의 固有思想에 關한 硏究:天符經과 三一神誥를 中心으로』, South Baylor University 박사논문, 1982), 김창수(『天符經에 대한 政治倫理 分析에 관한 試圖』, 연세대학교 석사논문, 1990), 전승문(『天符經에 나타난 삼재사상과 RAIMON PANIKKAR의 해석학의 비교연구』, 감리교신학대학교, 석사논문, 1997), 김지목(『天符經의 신학적 이해』, 한신대학교 석사논문, 2004), 김수진(『檀君 「天符經」의 초기 주석 연구』, 원광대학교 석사논문, 2005), 이근철(『天符經의 '一'에 관한 硏究』, 국제평화대학원대학교, 석사논문, 2005), 이근철(『天符經에 대한 哲學的 硏究』, 대전대학교 박사논문, 2010)
46) 임태현(「『천부경』의 생명사상」, 『인문학연구』76, 충남대학교 인문학연구소, 2009), 이승호(「한국선도 본체론 연구에 대한 시론(試論):『천부경』과『삼일신고』를 중심으로」, 『선도문화』9, 국학연구원, 2010), 이숙화(「『천부경』 수용과 근대 지식인들의 이해」, 『남북문화예술연구』9, 남북문화예술학회, 2011), 조남호(「권덕규의 단군 천부경 연구」, 『선도문화』13, 국학연구원, 2012), 임채우(「중국철학에 대비되는 천부경의 특수성과 연구방법론에 대해:『천부경』에 나타난 도가도교 사상을 읽고」, 『선도문화』13, 국학연구원, 2012), 황경선(「하이데거와 천부경에서 일자(一者)의 문제」, 『동서철학연구』72, 한국동서철학회, 2014).

2012)과 蕭登福(「『天符經』中所見道家道教思想」, 『선도문화』13, 국학연구원, 2012) 등이 그것이다.

이 밖에도 『천부경』을 연구한 글들이 많이 있지만, 얼핏 그럴듯한 해석들이 상세히 분석해 보면 논리의 모순이 발견되고 독단적 주장에 빠져 있는 경우가 많다. 하도·낙서를 통한 해석, 진법(進法) 내지 분류도식(分類圖式)을 통한 해석, 현대물리학을 동원한 해석, 기독교와 불교 등 종교적 차원의 해석, 북한의 유물론적 해석 등 실로 다양한 해석들이 있다. 그러나 어떠한 관점의 해석이라도 합리적 근거와 논리적 설득력을 바탕으로 해야 한다. 합리적 근거가 없는 주장은 독단적 오류에 빠지기 쉽고, 논리적 설득력이 없는 해석은 임의적이고 자의적인 주장일 뿐이다. 그리고 『천부경』이 한국의 경전이라면 한국의 사상과 문화적 관점에서 이해해야 할 필요가 있다. 한국의 사상과 문화가 오랜 세월 중국과 교류하면서 융합된 부분도 있지만 나름대로의 고유성과 독창성을 무시할 수 없기 때문이다.

이처럼 『천부경』에 대해 다양한 연구들이 있으나 그 유래를 깊이 있게 다룬 것은 아직도 없다. 『천부경』과 함께 민족경전이라고 일컬어지고 있는 『삼일신고』 역시 원문을 고증할 수 있는 자료가 없어 그 유래를 확인할 길이 없지만, 그나마 나인영에게 『삼일신고』를 전달한 백두산 도인들의 실체에 대한 연구[47]가 있어 추측은 가능한 편이다. 그러나 『천부경』은 고증할 수 있는 원문도 없고 전달 경로를 확인할 길도 없어 현재로서는 정훈모의 단군교로부터 유포되었다고만 말할 수 있다.

---

47) 이에 대해서는, 조준희 「白峯神師의 道統傳授에 관한 연구」(『선도문화』1, 선도문화연구원, 2006)와 김탁의 「백봉교단의 실체와 종교사적 의의」(『도교문화연구』33, 한국도교문화학회, 2010)가 있다.

3.『천부경』의 가치

이상에서 본 것처럼『천부경』에 대한 사료적 측면에서의 연구는 매우 어려운 점이 있다. 그럼에도 불구하고『천부경』에는 한국 고유 사상의 정수(精髓)가 담겨 있다.『천부경』의 추상적이고 형이상학적 인 내용은 관점에 따라 다르게 해석할 수 있지만 어느 누구의 것도 정답이라고 할 수는 없다. 오히려 자신의 해석만이 정답이라고 주장 한다면 그 자체가 하나의 독단일 뿐이다. 필자도 감히『천부경』에 대 한 해석을 한다는 것에 심히 두려움을 느끼지만 그동안의 연구를 바 탕으로 부족하지만 나름대로 해석을 하면 다음과 같다.[48]

○ 일시무시(一始無始)

우주만물의 근원이자 주제자(主宰者)인 일(一)은 시작 없이 시작한 다. 일은 우주만물의 생성과 구성 및 변화를 주관하는 근원이자 주재 자이므로 시작도 끝도 없이 스스로 존재하며 일정한 조화와 질서를 통하여 항상(恒常)의 차원에서 순환한다.

○ 일석삼극무진본(一析三極無盡本)

우주만물의 근원인 일은 삼극(三極)으로 나누어 작용하지만 그 근 본은 다함이 없다. 만물의 근원이자 본체로서의 일은 천·지·인의 삼극이란 모습 또는 작용으로 나타나지만 근본은 다함이 없으니, 일 삼일체(一三一體)요 삼일일체(三一一體)다.

○ 천일일지일이인일삼(天一一地一二人一三)

천의 본체가 첫 번째로, 지의 본체가 두 번째로, 인의 본체가 세 번 째로 발생한다. 천의 성격과 기능을 가진 근원 또는 본체가 첫 번째

---

48)『천부경』에 대한 해석은 이근철의『천부경철학 연구』를 인용한 것이다.

로 발생하고, 지의 성격과 기능을 가진 근원 또는 본체가 두 번째로 발생하고, 인의 성격과 기능을 가진 근원 또는 본체가 세 번째로 발생한다.

○ 일적십거무궤화삼(一積十鉅無匱化三)

일부터 쌓이기 시작하여 십으로 완성되지만 다함이 없이 삼극으로 화(化)한다. 일에서 나온 천·지·인이 다시 일·이·삼으로 발생하듯이, 만물이 일에서부터 하나씩 발생하여 십까지 완성이 되지만 모든 만물은 다함이 없이 삼극인 천·지·인으로 돌아간다.

○ 천이삼지이삼인이삼(天二三地二三人二三)

천의 작용이 세 가지, 지의 작용이 세 가지, 인의 작용이 세 가지로 구성되어 있다. 천의 성격과 기능을 가진 모습 또는 작용이 세 가지 요소로 구성되어 있고, 지의 성격과 기능을 가진 모습 또는 작용이 세 가지 요소로 구성되어 있으며, 인의 성격과 기능을 가진 모습 또는 는 작용이 세 가지 요소로 구성되어 있다.

○ 대삼합육생칠팔구운(大三合六生七八九運)

천·지·인 삼극이 크게 합하여 육이 되어 칠팔구로 운행한다. 천·지·인의 근원 또는 본체와 천·지·인의 모습 또는 작용이 크게 합하여 육이 되고, 이 육이 일·이·삼으로 성장해 나가듯이 칠·팔·구로 성장·발전해 나가 천지만물이 운행한다.

○ 삼사성환오칠일(三四成環五七一)

삼·사가 만나 고리를 이루고, 오·칠이 하나가 된다. 천지의 수직인 상중하가 수평인 사방과 만나고, 인체의 수직인 삼단전이 수평인 사지(四肢)와 만나 고리로 조화를 이루면, 수승화강(水昇火降)으로 천지만물이 생장하고 인체의 내단이 이루어지듯이 오와 칠이 하나가

된다.[49]

○ **묘연만왕만래용변부동본**(妙衍萬往萬來用變不動本)

조화로운 기운이 묘하게 퍼져 수만 번을 왕래하고 작용이 변해도 근본은 움직임이 없다. 수승화강이 계속되어 조화로운 기운이 천·지·인에 신묘(神妙)하게 퍼져나가고 수만 번을 왕래하며 여러 모습으로 작용이 변해도 일에서 온 근본 기운은 움직임이 없다.

○ **본심본태양앙명인중천지일**(本心本太陽昂明人中天地一)

마음의 근본이 태양처럼 밝게 빛난 사람의 중심은 천지와 하나가 된다. 일이 삼으로 나누어지고 삼이 다시 일로 돌아가듯이, 원래의 참 본성과 통하여 마음의 근본이 태양처럼 밝게 빛난 사람은 천지와 합일하여 천·지·인이 하나가 되고 인간 완성을 이룬다.

○ **일종무종일**(一終無終一)

우주만물의 근원인 일은 끝이 없이 끝나는 일이다. 우주만물의 근원이자 주재자인 일은 시작 없이 시작하듯이 또한 끝이 없이 끝나는 영원한 존재자 일이다. 또한 그 일을 깨달은 사람은 수양의 끝이 아니라 깨달음의 실천을 향한 새로운 시작이다.

위와 같은 해석은 『천부경』에 대한 철학적 연구를 바탕으로 한 해석이다. 철학 중에서도 우주론과 인간 수양론 중심의 동양 철학을 바탕으로 하고 있다. 그리고 한국 사상을 바탕으로 하고 있다. 그러므로 위와 같은 해석도 『천부경』을 해석하는 여러 방향 중의 하나일 뿐이다.

『천부경』이 한자로 쓰여 있다고 해서 중국 사상을 바탕으로 하고 있다고 보는 것은 잘못이다. 또한 『천부경』이 중국 철학과 상통하는 점

---

49) 이 부분의 해석이 가장 어렵다. 앞에 나온 천·지·인과 연결시켜 삼과 사에 대해서는 위와 같이 유추할 수도 있지만, 그래도 오와 칠은 해석할 길이 없으나 천·지·인의 기운이 수승화강(水昇火降)의 원리에 따라 조화롭게 흐른다는 의미에서 위와 같이 해석해 보았다.

이 많다고 해서 역시 중국 철학이 중심이라고 보는 것도 잘못이다. 하나의 사상이나 문화는 고유성뿐만 아니라 융합성을 지니고 있다. 문제는 고유성보다는 외래성이 앞설 때는 고유 사상이나 문화라 할 수 없고 외래 사상 또는 외래 문화라 해야 할 것이다. 그런데 고유성을 바탕으로 하면서 역사 속에서 주변의 외래성을 수용하여 융합하였다면 이는 고유 사상 또는 고유 문화라 할 수 있을 것이다. 그런 의미에서 『천부경』은 비록 한자로 되어 있고 중국 철학과 상통하는 점이 있지만, 한문 문법과 다른 구조를 하고 있을뿐만 아니라 우리의 고유 사상을 중심으로 하고 있다는 점에서 우리의 고유 문화라 할 수 있다.

일반적으로 경전이 시공을 초월한 진리를 담고 있다고 할지라도 나름대로의 역사성과 문화성을 지니고 있다. 또한 경전 속에는 이와 연결된 공동체의 속성을 지니고 있다. 오늘날 그 가치를 인정받고 있는 대부분의 경전들은 시공을 초월한 보편성과 공동체의 고유성을 함께 지니고 있다고 볼 수 있다. 『천부경』을 해석할 때 중국 사상 중심으로만 해석하는 것은 『천부경』의 고유성을 무시하는 것이 된다. 그렇다고 『천부경』을 이해하면서 외래 사상을 무시하는 것은 『천부경』의 보편성을 무시하는 태도다. 그러므로 『천부경』을 해석하고 이해할 때 우리 고유의 사상을 중심으로 하되, 여러 면에서 상통하는 부분이 있는 중국의 도가 및 도교 사상도 함께 연결하여 해석하고 이해하는 것은 의미가 있다고 본다. 뿐만 아니라 우리의 고유 사상을 중심으로 하면서 다양한 외래 사상과 연결하여 이해하는 것은 『천부경』 속에 함축하고 있는 본래적 의미나 구조를 보다 바르게 밝혀낼 수 있다고 본다. 『천부경』에는 우리 민족의 역사와 문화 및 고유한 속성을 담고 있을뿐만 아니라 시대와 장소를 초월한 보편적 진리가 함께 담겨 있기 때문이다.

그리고 일반적으로 경전(經典)이라 하면 성인(聖人)의 가르침이나 행실, 또는 종교의 교리들을 적은 책이라고 하지만, 『천부경』에는 성인에 대한 내용이나 종교적 교리에 관한 내용은 없고 영원히 변치 않는 우주의 근본진리와 실천적 이념을 담고 있다. 『천부경』이 비록 단군교에서 유래했다고 하더라도 그 내용은 종교를 초월하여, 사상을 초월하여, 그리고 시대와 장소를 초월하여 영원한 진리를 말하고 있다. 『천부경』 속에는 짧은 문장임에도 불구하고 우리 민족의 우주관(宇宙觀), 인생관(人生觀), 가치관(價値觀)이 함축되어 있을 뿐만 아니라, 『사서삼경』·『도덕경』·『불경』·『성경』·『코란』 등에 결코 뒤지지 않는 위대한 정신이 담겨져 있다.

Ⅳ. 결론

『천부경』의 유통과 가치에 대한 논란이 있음에도 불구하고 많은 관심을 보이고 있는 것은 실로 놀라울 정도다. 이는 여러 가지 이유가 있겠지만 우선 『천부경』의 상징성 때문으로 보인다. 81자라는 짧은 문장 속에 함축하고 있는 내용들이 매우 추상적이면서도 심오한 듯한 이미지가 있다. '일(一)'과 '삼(三)'의 관계를 통해 우주의 발생과 변화의 원리를 설명하고 나아가 인간수양의 원리를 설명하고 있다. 시작도 끝도 없는 우주의 근본원리로서의 '일(一)'을 근본으로 한 '천지인(天地人)'이 조화를 이루면서 다양한 우주만물을 생성·변화해 나가 일정한 원리로 순환하는 바 이와 같은 우주의 원리를 터득한 사람은 태양같이 밝아져 천인합일(天人合一)에 이르게 된다는 것이다.

이처럼 이해가 쉽게 될 듯 말 듯한 문장은 음미하면 할수록 더욱 상징성의 심오함에 빠져 들게 된다. 그리고 지금까지 수많은 해석들이 나왔음에도 불구하고 아직 만족할만한 내용이 없고 관점에 따라 더욱 다양한 해석이 가능하기 때문이다. 이러한 가운데 독단적 주장이나 근거가 부족한 자의적 해석들이 계속해서 나오고 있는데 이는 지양되어야 할 점이다. 또한 그 유래에 대해서도 문제가 있는 자료들을 제대로 검토하지도 않은 채 확대 재생산하고 있는 점도 지양되어야 한다. 이러한 태도는 오히려 『천부경』의 가치를 떨어뜨릴 뿐이다.

오늘날 『천부경』을 연구하는 민족학자들은 이와 『삼일신고』를 한 쌍의 경전으로 이해하고 있다. 그런데 『삼일신고』는 「봉장기」의 내용을 통해 볼 때 백두산의 백봉신사에 의해 발굴된 것으로서 단군조선에서부터 고구려와 발해를 거쳐 내려온 한반도의 북방계통의 경전이라면, 『천부경』은 「단군교종령」에 적혀 있는 내용으로 볼 때 신라의 최치원에 의해 전해진 것으로서 한반도의 남방계통의 경전이라고 할 수 있다. 그리고 『삼일신고』는 나인영에 의해 대종교를 통해 전해오고 있고, 『천부경』은 정훈모에 의해 단군교를 통해 전해오고 있다. 그럼에도 불구하고 그 유래나 내용 및 체제면에서는 유사한 면이 많다. 대종교를 통해 전해오는 『삼일신고』도 환웅의 신시시대에 유래하여 신지(神誌)가 처음 기록하였다고 하고 있고, 단군교를 통해 전해오는 『천부경』도 신지가 처음 기록하여 전했다고 한다. 그리고 무엇보다 두 경전 모두 일(一)을 체(體)로 하고 삼(三)을 용(用)으로 하는 체용론(體用論)[50]에 바탕을 둔 삼일철학(三一哲學)으로 이루어진 경전이라는 점이다. 『삼일신고』는 말할 것도 없거니와 『천부경』 역시 "일시무시일석삼극(一始無始一析三極)"으로 시작되어 "일종무종일(一終無終一)"로 마치고 있어 '집일함삼(執一含三)' '회삼귀일(會三歸一)'의 원리를 담고 있다. 그리고 비록 『천부경』이 대종교에서 공

---

50) 일반적으로 체용(體用)이란, 체(體)를 본체(本體) 또는 실체(實體)로 보고 용(用)을 작용(作用) 또는 현상(現象)으로 보는 동양철학적 용어를 말한다.

식 경전으로 편입된 것은 1975년의 일이지만, 단군교가 대종교와 분리된 후 『천부경』이 유포된 초기부터 대종교의 중심 인물들과 일반 교인들 사이에서도 널리 읽혀졌으며 공식 경전으로의 편입에 대해 지속적인 논의가 있었다. 이와 같은 점들은 『천부경』이 처음부터 『삼일신고』와 무관하지 않는 것으로 보이는데, 그렇다면 두 경전이 비록 다른 계통으로 전해왔다고 하지만 그 유래는 동일한 곳이라고 짐작해 볼 수 있어 앞으로 더욱 심도 있는 연구가 필요하다.

정훈모의 단군교는 이미 폐교되었지만 그로부터 유래한 『천부경』은 오늘날까지도 인구에 회자되고 있다. 이처럼 『천부경』에 대한 높은 관심은 무엇보다 한국의 정신을 담고 있는 고유 경전이라는 사실 때문일 것이다. 『천부경』이 신시시대부터 전해 온 것인지, 또는 단군으로부터 전해온 것인지, 아니면 최근에 만들어진 것인지에 대해서는 앞으로 더 많은 사학적 연구가 있어야 하겠지만 『천부경』이 우리나라에 전해오고 있는, 우리의 사상과 문화를 담고 있는 한국의 경전이라는 점은 부인할 수 없다. 중국의 하도·낙서는 음양(陰陽)과 오행(五行)을 나타내고 있어 2와 5가 중심인 반면, 우리의 『천부경』은 일(一)과 '천지인(天地人)'을 담고 있어 1과 3이 중심이라 할 수 있다. 하도·낙서가 복희씨와 우왕으로부터 유래한 것이 아니라 할지라도 그 오묘함을 무시할 수 없는 것처럼, 『천부경』 역시 환웅이나 단군으로부터 유래한 것이 아니라 할지라도 그 속에 함축하고 있는 오묘한 진리는 무시할 수 없는 것이다. 한국 고유의 역사와 문화에 대한 자부심을 가지고 이에 대한 연구를 하고자 해도 이론적으로 정리가 된 자료를 찾기가 쉽지 않은 마당에 『천부경』은 한국의 고유 사상과 문화를 연구하는데 귀중한 자료가 될 수 있다고 본다.

【참고문헌】

<원사료>

『문원보불(文苑黼黻)』(1787), 「단군교종령(檀君敎宗令)」(1913), 『정신철학통편(精神哲學通編)』(1920).
대종교종경종사편수위원회, 『대종교중광육십년사』, 대종교총본사, 1971.
대종교종경편수위원회, 『대종교경전』, 대종교출판사, 2002.
대종교총본사, 『역해종경사부합편(譯解倧經四部合編)』, 대종교총본사, 1949.
신채호, 「조선사연구초」, <삼국지동이열전교정>4(『동아일보』, 1929.1.26.일자).
신채호, 「조선사」8(『조선일보』, 1931.6.18일자).
이시영, 『감시만어(感時漫語)』, 일조각, 1983.
정훈모 편집 겸 발행, 『단탁(檀鐸)』창간호, 단탁사, 1921.
정훈모/조준희·유영인 옮김, 『단재 정훈모 전집』, 아라, 2015.

<단행본/잡지>

김하원, 『위대한 가짜 예언서 격암유록』, 만다라, 1995.
김하원, 『격암유록은 가짜 정감록은 엉터리 송하비결은?』, 민중출판사, 2008.
송호수, 『한민족의 뿌리사상』, 기린원, 1991.
이근철, 『천부경철학 연구』, 모시는사람들, 2011.
이유립, 『대배달만족사』3, 고려가, 1987.
임승국 번역·주해, 『한단고기』, 정신세계사, 2006.
이정훈, 「환단고기의 진실」, 『신동아』 통권576호, 동아일보사, 2007.9월호.
허춘회, 「격암유록의 실체를 밝힌다」, 『신동아』 통권578호, 2007.11월호.
朱伯崑/김학권 옮김, 『주역산책』, 예문서원, 1999.

<논문>

우대석, 「『환단고기』위서론에 대한 비판적 고찰」, 『선도문화』9, 국학연구원, 2010.
이근철, 「대종교 경전으로 본 『환단고기』 진위 문제」, 『선도문화』16, 국학연구원, 2014.
이형래, 「천부경 연구사 소고」, 『선도문화』2, 선도문화연구원, 2007.

조남호, 「북한의 천부경 연구」, 『선도문화』4, 국학연구원, 2008.
조남호, 「천부경과 하도낙서」, 『도교문화연구』29, 한국도교문화학회, 2008.
황영례, 『安淳煥의 儒敎 宗敎化 運動과 鹿洞書院』, 영남대학교 박사학위논문, 2003.

『삼일신고』 독경 연구

조 준 희

Ⅰ. 머리말
Ⅱ. 삼일신고의 서지적 고찰
    1. 삼일신고 전수
    2. 삼일신고 판본
Ⅲ. 삼일신고의 의례적 고찰
    1. 삼일신고 독경 목적
    2. 삼일신고 독경 방법
    3. 삼일신고 발음 문제
    4. 각사와 천부경
Ⅳ. 맺음말

Ⅰ. 머리말

한국 종교사에서 단군교(檀君敎)는 중요한 위치를 차지한다. 한국의 고유 종교인 '신교(神敎)'를 근대에 교단 차원으로 부활시킨 인물은 백두산 도인 '백봉(白峯, ?~?)'이다. 그는 지금으로부터 100여 년 전 『포명본교대지서(佈明本敎大旨書, 일명 단군교포명서)』를 반포한 뒤, 단군신앙의 전통을 한민족의 구심으로 통합하는 종교운동으로 촉발시켰다. 백봉은 백두산에서 10년간 원도한 끝에 묵계를 받아 옛 제단 터에서 고대의 석실에 묻혔던 경전과 사서들을 발굴했다. 백봉과 13인의 도인들은 1904년 음력 10월 3일 개극절을 기하여 대숭전 고경각에서 회합하여 파유원들에게 만주·몽골·일본 등지의 포교를 담당시켰다고 한다. 이후 백봉의 도맥은 홍암 나철(1863~1916)과 단재 정훈모(1868~1943) 양인에게 전수되었다.

백봉의 출현은 민족사에서 중대한 사건임에도 불구하고 역사학계와 종교학계에서 연구대상조차 되지 못했다. 그것은 자료 부족이 가장 큰 원인이라 할 수 있을 것이다. 그런데 대종교 2세 도사교 김교헌(1868~1923), 그리고 3세 도사교 윤세복은 『홍암신형조천기』에서 1916년 8월 21일 나철 선생의 조천소 앞에 세운 표목 앞면에 "대종교 제2세 대종사 홍암 나선생 화신지지(大倧敎第二世大宗師弘巖羅先生化神之地)"라 썼는데, 백봉신사(白峯神師)가 계셨기 때문에 제2세 대종사라 하였다는 기록으로 남긴 바 있다.[1] 최근에는 백봉 자신의 『삼일신고』 발굴 기록이 적힌 『삼일신고』 필사본이 발견되기도 하였다.

『삼일신고』에 관해서는 다수의 연구 논문이 축적되었으나, 기초적인 서지 검토가 전무하였다. 한편 「삼일신고독법」에 언급된 바, 『삼일신고』 독경은 매우 중요한 수행법이기도 하다. 현재 대종교단에서

---

1) 김교헌/윤세복 편, 『弘巖神兄朝天記』, 대종교출판사, 2002, 97쪽.

는 경배식 식순에 '천경신고'[2]라 하여 「각사(覺辭)」·「천부경(天符經)」·『삼일신고』를 차례로 독경한다. 「각사」는 백봉이 전한 17자의 주문(呪文)이다. 「천부경」은 정훈모가 주도했던 단군교에서 전래된 경전인데 대종교단에서 1975년에 공인되고 1983년에서야 『대종교요감』에 수록되었다. 대종교의 주문에는 나철이 계시받은 「밀고(密誥)」가 더 있다. 주문 연구를 심도 있게 진행해 온 천도교에 비해, 대종교 주문 연구는 단 1편의 논문이 있고 이마저도 소개 글에 불과했다.[3]

필자는 주요 경전인 『삼일신고』를 중심으로 독경과 밀접한 「각사」와 「천부경」을 같이 분석해 보고자 한다. 연구 방법은, 음운학적 조사와 더불어 독경 예식의 천고(天鼓, 북) 타고(打鼓) 속도를 계측했다.[4] 『삼일신고』, 『단군교포명서』, 『진리문답』,[5] 『(정훈모 필사)천부경』[6]을 1차 사료로써 활용하고, 나아가 종교적 의의를 도출하였다.

II. 삼일신고의 서지적 고찰

1. 삼일신고 전수

백두산 백봉 교단은 1904년부터 1909년까지 5년에 걸쳐 6단계로 나철에게 도통전수를 진행했다. 전수 1단계는 1904년 음력 10월 3일 개

---

[2] '천경신고(天經神誥)'는 1979년에 처음 간행된 『환단고기』의 「단군세기」, 「태백일사」, '신시본기'·'대진국본기'에 처음 나온 용어다.
[3] 이경우, 「한국의 新宗敎와 呪文」, 『신종교연구』 1, 한국신종교학회, 1999, 233~234쪽.
[4] 대종교 경배식 중 천경신고 예식은 예원의 천고 타고에 맞추어 독경을 한다. 측정 기간은 2009년 4월 말부터 5월까지 매주 일요일 대종교유지재단 천궁에서 5회 시행하였다. 피협자 박화석 교화사(1940년생)는 10여 년 경력의 천경신고 인도 예원이다. 타고 속도에 대해 전자 메트로놈을 사용하여 측정을 시행했다. 향후 첨단 장비를 활용한 정밀 계측을 과제로 남겨 둔다.
[5] 「단군교 진리문답」, 『단재 정훈모 전집』 II, 아라, 2015, 3~62쪽.
[6] 「정훈모 친필 『천부경』 영인본」, 『단재 정훈모 전집』 I, 아라, 2015, 5쪽.

극절을 기하여 백봉을 위시한 13인의 도인이 대숭전에서『단군교포명서』반포 예식으로부터 시작되었다.

> 오늘은 오직 우리 대황조단군성신의 4,237회 개극입도 경절이다. 우형 등 13인이 태백산(지금의 백두산) 대숭전에서 본교 대종사 백봉신형을 배알하고 본교의 심오한 뜻과 역대의 쇠하고 성한 견해를 공경히 받들고서 무릇 우리 동포 형제자매에게 삼가 고하니, 본교 재흥의 크나큰 시운을 당한 오늘 먼저 이 한 말씀을 우리 형제자매에게 예고하신다 (今日은 惟我 大皇祖檀君聖神의 四千二百三十七回 開極立道之慶節也라. 愚兄等 十三人이 太白山(今之白頭山) 大崇殿에셔 本敎 大宗師 白峯神兄을 拜謁ㅎ고 本敎의 深奧흔 義와 歷代의 消長된 論을 敬承ㅎ와 凡我 同胞兄弟姉妹에게 謹告ㅎ노니…{中略}…本敎再興의 洪運을 當흔 今日에 先此一言을 我兄弟姉妹에게 豫告ㅎ노니)(『단군교포명서』중)

『단군교포명서』에 의하면 이후 13인의 도인이 파유원(派遊員) 20인에게 동북아 지역의 포교를 담당시켜 전수자를 물색했다.

2단계는 1905년 음력 12월 30일(양력 1906.1.24) 오후 11시에 백봉 교단의 2인자인 백전(伯佺) 도인이 서대문역에서 나인영에게 『삼일신고』와 『신사기』를 전한 사건이다.

3단계는 파유원 두일백이 각각 1908년 음력 11월 12일(양력 12.5) 외교담판차 일본 도쿄에 머무르고 있는 나인영의 숙소 세이코칸(淸光館)을 찾아 『단군교포명서』 1책을 전하고, 다시 음력 12월 9일(양력 12.31) 새 거처인 가이헤이칸(蓋平館)에 찾아가 동석했던 정훈모에게 경전류인 『성경팔리』, 『삼일신고』, 예식서인 『고본신가집』, 『봉교과규』, 『입교의절』, 『봉교절차』, 단군 영정을 전하고 단군교의 중광(重光)을 독촉한 일이다.

4단계는 백봉 교단의 두일백과 정숭묵(鄭崇黙)이 서울 단군교 교옥

(敎屋)의 나인영에게 각기 편지를 전한 과정이다.

5단계는 1909년 음력 10월 3일에 반포된 『단군교오대종지포명서』를 전한 일이다.[7]

6단계는 『단군교포명서』, 「부백」에 "미처 전해지지 않은 서책들은 시기를 보아 전할 것"이라는 암시가 있었는데, 『역대제철성신록(歷代諸哲誠信錄)』, 『대종교신원경(大倧敎神圓經)』, 『대종교신리(大倧敎神理)』가 추가로 확인되면서 경전 전수 계획이 완결된 것으로 보인다.

2. 삼일신고 판본

『삼일신고』의 옛 판본은 소위 발해 석실본, 신사기본, 태백일사본 3종이 알려져 있다.

첫째, 신사기본은 1949년에 간행된 『역해종경사부합편(譯解倧經四部合編)』의 『신사기』, 「교화기(敎化紀)」편에 수록된 『삼일신고』다. 그러나 1918년에 인쇄된 최고본 『신사기』가 발견되었고,[8] 여기에 『삼일신고』 원문 없음이 드러남에 따라 후대에 가필된 것으로 확인된다.

둘째, 태백일사본은 이유립이 전한 『환단고기(桓檀古記)』, 「태백일사(太白逸史)」를 말하며, '소도경전본훈(蘇塗經典本訓)'편에 『삼일신고』가 있다. 이는 공교롭게도 이유립 자신이 이보다 앞서 펴낸 『환단휘기(桓檀彙記)』의 『삼일신고』와 동일하다. 문제는 『필사본』과 다르게 변작(變作)된 자구가 발견되며,[9] 결정적으로 『사부합편』에서 오기된 착(着)자가 그대로 전재되어 있다. 여러 정황상 태백일사본은 위서다.

---

[7] 白峯大宗師神兄 親閱, 『檀君敎五大宗旨佈明書』, 1909.
[8] 『四冊合附』, 大倧敎東道本司, 1917.
[9] 帝曰元輔彭虞(원문)→帝曰爾五加衆, 無善惡(원문)→善無惡, 無淸濁(원문)→淸無濁, 無厚薄(원문)→厚無薄(이유립, 『桓檀彙記1:弘益四書』, 檀檀學會, 1971, 14, 25쪽).

끝으로, 발해 석실본은 1912년 『삼일신고』 활자인쇄본[10]을 가리킨다. 그런데 인쇄본보다 앞선 『삼일신고』 필사본이 현재 독립기념관에 소장돼 있다. 책의 크기는 가로 18.4cm, 세로 26.2cm이며 총 28면이다. 1910년경에 백봉이 전수한 전사본(傳寫本)을 한번 떠 옮겨 쓴 중사본(重寫本)으로 생각된다. 본 자료는 원본 내지 고사본(古寫本)이 현전하지 않는 현황에서 최고본이기 때문에 사료적 가치가 높다.

백봉이 전한 『삼일신고』는 당시 한문에 익달(능통 - 필자 주)했다는 백련 지운영(1852~1935)에게 전달해 해석을 맡겼던 것으로 보인다.[11] 1912년 4월 7일 김교헌은 편수 겸 발행인으로서 활자본 『삼일신고』를 공식 출간하였다. 발행처는 대종교본사(京城 北部 大安洞 四十九統 七戶)로 적혀 있다.

한편 정훈모가 이끌던 단군교는 1936년에 이르러 해체된 후 이듬해인 1937년에 정훈모와 장남 정진홍이 단군교의 역사와 교리, 의례에 대해 마지막으로 정리한 『단군교부흥경략』을 간행하였다. 여기에는 단군교 교리 편으로 대표적인 『천부경』과 『삼일신고』가 포함되었다. 『천부경』 원문 81자와 계연수 편지, 그리고 경북 영일 출신 유학자 노주 김영의(1887~1951)의 「천부경 주해」가 수록되었으며, 『삼일신고』는 1912년 인쇄본이 전재되었다.

『삼일신고』 체제는 본문 앞에 대야발(大野勃)의 「삼일신고서(三一神誥序)」와 발해 고왕(대조영)의 「어제삼일신고찬(御製三一神誥贊)」이 있고, 본문 뒤에는 고구려 개국공신인 마의(麻衣) 극재사(克再思)의 「삼일신고독법(三一神誥讀法)」, 발해 문왕(대흠무)의 「삼일신고봉장기(三一神誥奉藏記)」로 구성된다. 『삼일신고』 발굴기인 「삼일신고부현세(三一神誥復現世)」장은 1912년 인쇄본부터 누락되어 현재에 이른다.

---

10) 김교헌 편수 겸 발행, 『三一神誥』, 大倧教本司, 1912.
11) 김은호, 『서화백년』(3판), 중앙일보사, 1981, 232, 234쪽.

『삼일신고』 본문은 원문 366자에 발해 국상 임아상(任雅相)의 주해와 고왕의 예찬문이 각 장마다 삽입돼 있는 형태다. 원문은 다시 천훈·신훈·천궁훈·세계훈·진리훈의 5장으로 나뉘어져 있다.

<표 1> 삼일신고의 체제(1912)

구 성		주 체	시 기	
삼일신고서		대야발	발 해	천통17(715).3.3.
어제삼일신고찬		고 왕	발 해	천통16(714).10.1.
삼일신고	원문	단 제	고조선	무진(B.C.2333).10.3.
	주해	임아상	발 해	천통16(714)년 이전
	찬문	고 왕	발 해	천통16(714).10.1.
삼일신고독법		극재사	고구려	고구려 건국 초기
삼일신고봉장기		문 왕	발 해	대흥3(739).3.15.

『삼일신고』는 "임금(단군)께서 삼진이 귀일(三眞歸一)하는 진리를 밝혀 신하(팽우)에게 고하는 글"이라는 뜻이다.「삼일신고봉장기」에 따르면,『삼일신고』의 첫 판본은 석판으로, 단제(단군)가 무진년 10월 3일 백두산 아래에 내려와『삼일신고』로써 교화하자 삼천단부의 무리들이 이를 받들고, 농관 고시가 구해온 푸른 돌에다 사관 신지가 글로 새겨 후대에 전했으나 부여 국고에 보관되어 오던 석판본을 전란으로 잃었다. 기자가 부여 법학자 왕수긍(王受兢)을 맞아 박달나무를 다듬어 은나라 글로써『삼일신고』를 써서 읽었는데, 위만조선에 전했다가 역시 전란 때 소실되었다고 한다. 고구려에서 번역했던 판본이 발해로 전해져 다시 태조(대조영)의 손자인 문왕(대흠무)에게 전해졌다. 대조영은 714(천통16)년 10월 1일에 예찬문을 쓰고, 아우 대야발이 이듬해인 715(천통17)년 3월 3일에 서문을 지었다. 이것이 발해조 장서각인 영보각(靈寶閣)에 보관되었다. 대흠무는『삼일신

고」를 전란에 잃었던 역사적 사실을 걱정하며 영보각에 있는 진본을 백두산 보본단으로 옮겨 석함 속에 봉장하면서, 과거 전래된 경위와 미래에 유실되지 않도록 보존하고자 각별히 노력한 경위를 기록해 두었다.

인쇄본에서 사라진「삼일신고부현세」장에서는 백봉이 종교를 표방하여 세상에 드러낸 결정적 계기가 이『삼일신고』의 발굴이었음을 알려준다. 백봉은,

> 우리 대종교의 경전과 고적이 기악온씨(칭기즈칸-필자 주)의 화를 당해 묻혀버렸으니, 이 어찌 한탄할 일이 아니겠는가? 불초 백봉은 올봄 3월에 다행히도 한얼님의 감응을 받아 태백산 옛 제단 터에서 문왕 3년 석함 속에 보관해 묻었던 삼일신고를 발굴하였다. 아, 우리 교가 비록 중쇠 하여 떨쳐 일어나지 못하였으나, 금일 옛 경전이 다시 세상에 드러나니 눈물이 나는도다! 하느님의 뜻은 우리 교의 중흥이 분명하니 그 또한 어찌 한스럽겠는가. 이에 몸을 정결히 하고서, 남북의 교우 형제자매에게 널리 등사해 펴노라. -신조강세 73주 갑진년 10월에 백봉 고함.[12]

이라고 하여, 갑진년 곧 1904년 3월에 백두산 옛 제단터에서『삼일신고』를 발굴했음을 기록하고 대종교의 중흥을 간절히 바라는 자신의 소망을 담았다.

---

12) "吾大倧敎經典,古蹟,遭奇握溫氏之厲禁而湮沒,豈不恨哉. 不肯於今春三月幸賴神感掘得渤海文王大興三年石函藏本三一神誥于太白山古祭壇遺址. 噫吾敎雖中衰不振而今日古經之復現于世洌. 神意之中興吾敎也,明矣其又何恨哉. 薰沐謄佈于南北信奉兄弟姉妹. 神祖降世之七十三週甲辰上月 白峯告"(白峯,「三一神誥復現世」,『三一神誥』 필사본)

Ⅲ. 삼일신고의 의례적 고찰

1. 삼일신고 독경 목적

『삼일신고』독경의 목적은「삼일신고서」에 명시된 바, '보통 사람'들을 '철인'이 되게 하려는 것(化衆成哲)이며, 그 이유는 나고·자라고·늙고·병들고·죽는 5가지 괴로움[五苦]에 떨어지지 않게 하기 위함이다. 「진리훈」에 의하면, '보통 사람'은 태어나면서 하느님의 씨앗이라는 성(性)·명(命)·정(精)의 3진(眞)을 받지만, 살아가면서 심(心)·기(氣)·신(身) 3망(亡)이 뿌리내린다. 여기서 각기 선악으로 인해 화복이 발생하고, 청탁으로 인해 장수하거나 요절하고, 후박으로 인해 귀하거나 천함이 생긴다. 3진과 3망이 대립하여 감(感)·식(息)·촉(觸)이라는 3도(途)가 생기고 나서 다시 18지경이 나타난다.

임아상은 '진리훈 주'에서, 5가지 괴로움을 막기 위한 방법으로 '3법(三法)'이라는 용어를 처음 제시하였다. 3법은 지감(止感)·조식(調息)·금촉(禁觸)으로, '지감'은 마음을 평안하게 하는 것이며, '조식'은 기운을 고르게 하는 것이며, '금촉'은 몸을 편안하게 하는 것이다. 이러한 3법을 망령됨과 괴로움을 막는 지팡이에 비유하였다.[13] 나아가 '일의(一意)' 곧 "만 가지로 일어나는 사특한 생각을 끊고 뜻을 하나로 바르게 하여 만 가지 좌절에도 물러서지 않고, 만 가지 걱정에도 동요치 않으며 한 덩어리로 만드는 것"을 중시했다.

「진리훈」에서는 성품을 트고 공적을 마쳐 5가지 괴로움에서 벗어나면 천궁(天宮)에 들어가 하늘의 즐거움을 영원히 누린다(性通功完,

---

13) "'지감(止感)'은 마음을 평안하게 하는 것이고 '조식(調息)'은 기운을 고르게 하는 것이고, '금촉(禁觸)'은 몸을 건강하게 하는 것이다. 지감·조식·금촉의 삼법은 가달 도적과 고통 마귀를 막는 유익한 지팡이다(止感心平,調息氣和,禁觸身康. 止,調,禁,三法防妄賊苦魔之利杖也)"(임아상,「진리훈 주」,『삼일신고』)

是)고 하였다. 「천궁훈」에서는 천궁의 모습을 만 개의 선(善)으로 된 계단과 만 가지 덕으로 된 문이 있으며, 지극히 복되고 가장 빛나는 곳으로 뭇 신령과 여러 철인들이 하느님을 모시고 있다고 설명한다. 철인은 하느님과 성인의 중간자로서 하철, 중철, 상철이 있는데, 하철은 하느님과 힘을 합하여 영원히 보존하고 없어지지 않는 이다. 중철은 하느님과 지혜를 합하여 영원히 알고 어리석음이 없는 이다. 상철은 하느님과 덕을 합하여 영원히 통하여 막힘이 없는 이다. 보통 사람이 철인이 되면 '대신기(大神機)'를 발하는데, 신의 기틀(神機)을 보고 듣고 알고 행하는 전지전능한 능력이 생겨 하느님께 귀일하게 된다. 『삼일신고』를 통한 수행은 단군의 교의인 홍익인간(弘益人間)의 구현과도 통한다.

2. 삼일신고 독경 방법

나철은 근대에 『삼일신고』 독경과 삼법수행을 실천했던 첫 인물로서 치병과 기적 등 그가 남긴 많은 이적(異蹟)이 전해온다. 나철은 동지 소운 황병욱에게 수도하는데 거울을 삼으라며 신앙과 수행의 핵심을 함축한 유서를 남긴 바 있다.

> 소운 형장께 도감(道鑒)을 삼가 드립니다. 「신훈」에서 말한 "자성구자 항재이노"는 신(信)의 근본이며, 「진리훈」에서 말한 "지감·조식·금촉"은 성(誠)의 근원이니, 이 말을 소중히 받들어 후대에 전하고 수행하게 하십시오. —단제강세 4373년 병진 가경절에 홍암 나철.

수행이 나철 자신뿐만 아니라, 포교에 미친 영향도 클 것이다. 그러나 삼법수행의 자세한 방법은 전해오지 않는다. 필자는 이에 대한 실마리를 고구려 초기 재상 극재사의 말씀이라는 「삼일신고독법」에서 찾았다.

① "아, 우리 신도는 반드시 『삼일신고』를 읽되, 먼저 깨끗한 방을 가려 '진리도'를 벽에 걸고, 세수하고 몸을 깨끗이 하며 옷깃을 바로하고, 훈채와 술을 끊으며, 전당향을 피우고, 무릎을 모아 몸을 단정히 하고 꿇어 앉아, 하느님께 묵도하고 진정한 믿음의 서약을 다지며, 모든 사특한 생각을 끊고, 366알의 큰 단주(박달나무 염주—필자 주)를 쥐고 한 마음으로 읽되 원문 366자로 된 진리를 처음부터 끝까지 단주에 맞춰 일관할지니라.
② 읽기를 3만 번에 이르면 재앙과 액운이 차츰 사라지고, 7만 번이면 질역(전염병—필자 주)에 걸리지 않으며, 10만 번이면 전쟁을 능히 피하고, 30만 번이면 새와 짐승이 순종하며, 70만 번이면 사람과 귀신이 경외하고, 100만 번이면 신령과 철인이 지도하며, 366만 번이면 366개의 뼈가 새로워지고 366혈에 기운이 모이고, 366도수에 맞아 들어가 괴로움을 떠나고 즐거움에 나가게 될 것이니 그 오묘함을 이루 다 어찌 적으리오.
③ 그러나 만일 입으로만 외고, 마음은 어긋나 사특한 생각을 일으켜 함부로 함이 있으면, 비록 억 만 번을 읽을지라도 이는 마치 바다에 들어가 범을 잡으려 함과 같아, 끝내 성공하지 못하고, 도리어 수명과 복록이 줄게 되며 재앙과 화를 입고, 괴롭고 어두운 세계에 떨어져 다시는 빠져 나올 방도가 없으리니 어찌 두렵지 아니하랴. 애쓰고 힘쓸지어다!"[14]

「삼일신고독법」은 독경 절차와 공효, 주의사항의 크게 3부분으로 구분된다. 먼저 독경 절차에서 독경의 환경은 첫째 의생활 조건으로

---

14) (原文) 麻衣克再思曰,嗟我信衆,必讀神誥,先擇精室,壁眞理圖,盥漱潔身,整衣冠,斷葷酒,燒栴檀香,斂膝跪坐,黙禱于一神,立大信誓,絶諸邪想,持三百六十六顆大檀珠,一心讀之,正文三百六十六言之眞理,徹上徹下,與珠,合作一貫. 至三万回災厄漸消,七万回疾疫不侵,十万回刀兵可避,三十万回禽獸馴伏,七十万回人鬼敬畏,一百万回靈哲指導,三百六十六万回換三百六十六骨,湊三百六十六穴,會三百六十六度,離苦就樂,其妙,不可殫記. 若口誦心違,起邪見,有褻慢,雖億萬斯讀,如入海捕虎,了沒成功,反爲壽祿減削,禍害立至,轉墮苦暗世界,杳无出頭之期,可不懼哉. 勗之勉之.(「삼일신고독법」, 『삼일신고』.)

서 세수하고 몸을 깨끗이 하며 옷깃을 바로 여미는 것으로 시작된다. 둘째 식생활 조건으로서 마늘과 같은 오훈채와 금주가 기본이다. 셋째 주생활 조건으로서 깨끗한 방을 가리고 진리도를 벽에 거는 것으로 완료된다. 진리도는 『삼일신고』의 교리를 함축하여 표현한 도상(圖像)으로, 『필사본』 「진리훈」에 수록되어 있다.

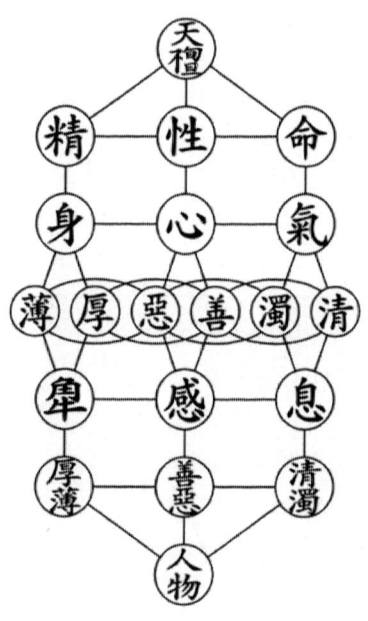

<표 2> 『삼일신고』 독경 환경

구분	조건
의 생활	세수하고 몸을 깨끗이 하며, 옷깃을 바로 여밈(盥漱潔身·整衣冠)
식 생활	훈채와 술을 끊음(斷葷酒)
주 생활	깨끗한 방을 가리고, 진리도를 벽에 걸음(先擇精室, 壁眞理圖)

독경을 위한 첫 번째 준비는 가장 먼저 '전단향'을 피우는 것이다. 전단향이란 단향과에 속한 단향나무의 심재다. 단향의 영어명

샌들우드(sandalwood)는 "영혼을 잠재운다"는 뜻의 산스크리트어 'chandana'에서 유래되었으며, 예부터 향료, 미라, 화장품 등에 널리 이용되어 왔다. 고대 인도에서는 종교의식에 사용했고 만병통치약으로 불리며 주로 상류층의 향료로 쓰였다.

송나라 때 번역된 불경인 『불설전단향신다라니경(佛說栴檀香身陀羅尼經)』에서는, 부처가 아난에게 이 다라니를 지성으로 외우면 과거 전생 동안의 숙업을 없앨 수 있다고 말한 뒤 염송법을 설한다. 그 방법은 먼저 깨끗한 장소에 단을 쌓고 길일을 택해 백단향을 단에 바른다. 그 다음 전단향을 피우고 다라니를 8천 번 외운 다음 길상초를 깔고 앉아 경건한 마음으로 자리에 눕는다. 이와 같이 하면 7일째 관음보살이 나타나 소원을 들어준다는 내용이다. 조선 후기 빙허각 이씨가 남긴 『규합총서(閨閤叢書)』(1809)에는 백단향에 침향, 목향, 유향 등 11가지 재료를 섞어 호신향을 만들어 피우면 하늘로 똑바로 올라가 온갖 귀신이 도망가고, 몸에 차면 온갖 병이 없어져 사기(邪氣)가 침범하지 못한다고 하였다.

단향의 에센셜 오일은 달콤하고 은은한 동양적인 냄새와 장미향이 연상되는 향으로, α, β-산타롤, 산타론 성분이 함유되어 있다. 한방에서는 이기약으로서 기분을 조절하여 질병을 치료하는데 응용한다. 이기약은 대개 성미가 시고 따뜻하며 향이 있어 발산하는 작용이 있으므로 기체(氣滯)한 질병에 유효하다. 단향의 주효능은 기 순환을 도와 병적으로 느끼는 찬 기운을 다스리고 통증을 치료한다. 진정효과가 있어 불안이나 긴장에 유효하여 불면증, 우울증 등을 다스리고, 피부의 가려움증이나 염증을 경감시키며 살균작용도 있다.

독경을 위한 두 번째 준비 동작은 '궤좌(跪坐)', 즉 가부좌가 아닌 무릎을 꿇고 앉는 정좌(正坐)법이다. 그런 다음, 하느님께 마음속으로

원도하고 굳게 맹세를 다지며,[15] 사특한 생각들을 멈추는 의지가 있어야 한다. 여기서 366알로 된 단주(檀珠)가 필수적이며, 단주를 손에 쥐고 원문 366자에 맞춰 돌린다.

<표 3> 『삼일신고』 독경의 준비

준비	동작
1. 전단향(+향로)	전단향을 피움(燒栴檀香)
2. 궤좌	무릎 모아 몸을 단정히 하고 꿇어앉음(斂膝跪坐)
3. 마음 자세	원도와 맹세, 모든 사념 끊기(黙禱于一神, 立大信誓, 絶諸邪想)
4. 단주	단주에 맞춰 삼일신고 366자 독경

「삼일신고독법」은 『삼일신고』를 읽었을 때 나타나는 현상을 소개하는데, 3만 회에서 10만 회까지는 화(禍)가 없어지며, 30만 회에서 366만 회에 이르면 복(福)된 경지에 이른다고 하였다. 이를 도표로 정리해 보면 다음과 같다.

<표 4> 『삼일신고』 독경의 공효

독경 횟수		공효
3만 독	화	재앙과 액운이 차츰 사라짐
7만 독		전염병에 걸리지 않음
10만 독		전쟁을 능히 피함
30만 독	복	새와 짐승이 순종함
70만 독		사람과 귀신이 경외함
100만 독		신령과 철인이 지도함
366만 독		① 366뼈가 새로워짐. ② 366혈에 기운이 모임. ③ 366도수에 맞아 들어감. ④ 괴로움을 떠나 즐거움에 나아감

---

15) 참고로 백봉이 전한 「서사(誓辭, 맹세하는 말)」는 다음과 같다. "하늘에 계신 성령이시여, 선악과 화복을 주재하시니 보는 것을 경계하고 하늘의 이치를 밝혀 평생토록 가슴 깊이 품고 조심하여, 안이하거나 그 마음이 변할 때는 죄와 벌을 달게 받겠나이다!(聖靈在上,善惡禍福,儆示天解,終身服膺,罔敢改易,有渝此心,甘受罪罰)"

『삼일신고』 독경의 공효를 역으로 해석하자면, 재앙과 액운을 사라지게 하려면 3만 독을 해야 하고, 전염병에 걸리지 않으려면 7만 독을 해야 하고, 전쟁을 피하려면 10만 독을 해야 한다. 사람과 귀신이 경외하는 단계에 오르려면 70만 독을 해야 하고, 신령과 철인의 지도를 받고자 하면 100만 독을 해야 한다. 환골탈태의 최고 경지에 오르려면 366만 독을 해야 한다. 단, 「삼일신고독법」 말미에 "어긋나 사특한 생각을 일으켜 함부로 하는 상태에서 입으로만 외면 억 만 번을 읽어도 도리어 수명과 복록이 줄며 재앙과 화를 입고, 괴롭고 어두운 세계에 떨어진다"는 경고 문구가 명시돼 있다.

대종교 경배식에서 천경신고의 타고 속도를 측정하여 「각사」·『삼일신고』·「천부경」 순서 모두 일정한 음고와 고른 박자(평균 104타/분)라는 결과를 얻었다. 『삼일신고』 1독 소요 시간이 3분 30초이므로, '3만 독'의 경우 이론상 매일 200독씩(700분) 150일이 걸린다. '366만 독'은 50년 소요되는 셈이다.

3. 삼일신고 발음 문제

『삼일신고』 원문은 천훈·신훈·천궁훈·세계훈·진리훈의 5훈(五訓)으로 구성되는데, 각각 천훈은 36자, 신훈은 51자, 천궁훈은 40자, 세계훈은 72자, 진리훈은 167자다. 원문에는 여러 고한자가 나오고, 현대 발음과 상이한 경우 각 글자마다 반절음 표기가 적혀 있는 점이 특징적이다.

<표 5> 삼일신고 원문의 반절음

구분	한자	반절음	반절음 출처	비고
천훈	帝	제[丁計切]	集韻·韻會·正韻	帝의 고한자
	숙	우[元俱切]	集韻·韻會	虞의 고한자
	믁	무[武夫切]	廣韻	無의 고한자
신훈	神	신[食鄰切]	唐韻	神의 고한자
	靈	령[郞丁切]	唐韻·集韻·韻會	靈의 고한자
	降	항[胡江切]	集韻·韻會·正韻	
		노[乃老切]	集韻·正韻	腦와 동자
천궁훈	万	만[無販切]	唐韻	萬과 동자
	喆	철[陟列切]	唐韻·集韻·韻會	哲의 고한자
세계훈	使	시[式至切]	正韻	
	舝	할[下瞎切]	集韻·韻會	轄과 동자
	見	현[形甸切]	集韻·韻會·正韻	

　<표 5>에서 각 한자 발음의 출처는 중국 북송 때 운서(韻書)인『광운(廣韻)』(1011)과『집운(集韻)』(1039), 심지어 중국 명나라 때 운서인『홍무정운(洪武正韻)』(1375)이 인용되었는데, 이는 모두『강희자전(康熙字典)』(1716)에 인용된 운서다. 그렇다면『삼일신고』원문에는 본래 반절음이 없었는데, 조선 시대에 반절음이 달려 전해진 것임을 알 수 있다.「삼일신고부현세」장으로 유추해 본다면 시기적으로 1904년 3월 이후, 그리고 나철에게 전수된 1905년 12월 사이에 백봉 계열에서 표기했음이 명확해 진다.

　구체적으로 살펴보면,「신훈」에서 '降'자는 항복하다로 해석될 때 항, 내리다는 뜻일 때 강으로 발음되기 때문에 문맥상 '내릴 강'이 적절할 것처럼 보인다. 그러나 옛 발음은 반절음 胡江切(胡의 성모 'ㅎ'+江의 운모 '앙'=항)로서 '항'이 옳다. '降在爾剳'는 "항재이노"로 읽어야 한다.

　「천궁훈」"羣山諸哲護侍"구절에서 '諸'자는 반절음 표기가 적혀 있지 않고, 1949년 『사부합편』에서 처음 발음이 표기되었다.[16] 諸는 대개 어조사 용법에서 '저'로 발음하고, 여럿의 뜻일 때 제로 발음하기 때문에 문맥상 '제'로 알기 쉽다. 그러나 諸의 반절음은 "專於切(專의 성모 'ㅈ'+於의 운모 '어'=저)"로서 '저'가 옳다.[17] 따라서 "군령저철호시"로 읽어야 한다.

「진리훈」에서 '众'은 眾(무리 중)자로 보아 그 반절음 "之仲切(之의 성모 'ㅈ'+仲의 운모 '웅'=중)"을 찾아 적었던 것으로 보인다. 그렇지만 『강희자전』,「보유(補遺)」편에 "众은 무리가 서있는 모양이라는 뜻으로, 반절음 "魚琴切" '음'자라고 설명돼 있다.[18] 무리 중(衆)의 본자는 'ㅓㅓ人'자가 별도로 있기에, 众의 발음이 '중'이 옳은지 '음'이 옳은지는 유보해 둔다. 또한 '著'자는 着의 본자다. 그런데 『필사본』부터 1940년 만주 동경성에서 간행된 『삼일신고』에 이르기까지 著자가 그대로 되어 있었으나, 『사부합편』, 「역해삼일신고(譯解三一神誥)」에서 著가 '着'으로 고쳐진 사실이 발견된다.[19]

『삼일신고』 원문 366자의 독경 발음은 아래와 같다.

제왈원보팽우,창창,비천,현현,비천,천,무형질,무단예,무상하사방,허허공공,무부재,무불용. 신,재무상일위,유대덕대혜대력,생천,주무수세계,조신신물,섬진무루,소소영영,불감명량,성 기원도,절친견,자성구자,항재이노. 천,신국,유천궁,계만선,문만덕,일신유기,군령저철,호시,대 길상,대광명처,유성통공완자,조,영 득쾌락. 이관삼렬성신,수무진,대소,명암,고락,부동,일신,조군세계,신,칙일세계시자,할칠백세계,이지자대,일환세계,중화진탕,해환육천,내성현상,신,가기포저,후일색열,행저화유재,물,번식. 인물,동수삼진,왈성,명,정. 인,전지, 물,편지,진성,무선악,상철,통,진명,무청탁,중철,지,진정,무후박,하철,보,반근일신,유중,미지,삼망,착근,왈심,기,신,심의성,

---

16) 「譯解三一神誥」, 『역해종경사부합편』, 대종교총본사, 1949, 20쪽.
17) 『康熙字典』, 臺北:文化圖書公司, 1976, 1100쪽.
18) 위의 책, 1473쪽.
19) 『역해종경사부합편』, 앞의 책, 29쪽.

유선악,선복악화,기,의명,유청탁,청수탁요,신,의정,유후박,후귀박천,진망,
대,자삼도,왈감,식,촉,전성십팔경감,희구애노탐염,식,분란한열진습,촉,성
색추미음저,중,선악,청탁,후박,상잡,종경도임주,타생장소병몰고,철,지감,
조식,금촉,일의화행,반망즉진,발대신기,성통공완,시.[20]

4. 각사와 천부경

1) 각사

「각사」는 본래 단군교 입교식 때 필요한 주문(呪文)으로, 예식서인 「입교의절」속에 원문이 있다.

> 1. 새로운 입교자가 자리에 나아가 분향하고 두 번 절하며 북쪽을 향하여 무릎 꿇고 엎드려「서사(誓辭)」를 공손히 들음. 전교자가 또한 두 번 절하고 서쪽 방향으로 서서「서사」읽기를 마치면, 입교자는 두 번 절한 뒤 북쪽 방향으로 서서 공수(拱手)하여「각사」를 3번 묵념함. 전교자는 입교자를 이끌고 물러나 제자리로 돌아가 함께 두 번 절하며, 지패와 서사를 태움. ○ 각사: 성령재상 천시천청 생아활아 만만세강충.

나철의 스승 운양 김윤식(1835~1922)이 아침마다「각사」를 외웠다는 기록이 있다.[21]

대종교에서는 1910년 9월 27일「의식규례발포안」으로써 경하식(慶賀式), 경배식(敬拜式), 시교식(施敎式), 영계식(靈戒式), 자신식(自信式)을 확립하였다.[22]

'경배식'은 경일(일요일)에 형제자매가 천궁에 모여 올리는 예식으로, 설비(設備)—회집(會集)—원도(願禱)—신가(神歌)—경전문답(經

---

20) ','는 원문의 표점이며, 독경은 표점에 상관없이 1자씩 정확히 읽는다.
21) 『동아일보』, 1922.1.26일자,「大倧敎의 致奠式」.
22) 대종교종경종사편수위원회, 『대종교중광육십년사』, 대종교총본사, 1971, 160~164쪽.

典問答)-송가(頌歌)-강도(講道)-포고(佈告)-송가(頌歌)-원도(願禱)-시교(施敎) 순으로 진행되었다. 회집 시간에 형제자매가 천궁에 들어가는 대로 엎드려 마음을 바로 하여「각사」를 마음속으로 3번 외웠다.

'시교식'은 봉교인을 인도하는 예식으로, 재계(齋戒)-재심(齋心)-각사(覺辭)-서사(誓辭)-인정(印幀)-상견례(相見禮)-설교(說敎) 순으로 진행되었다. 봉교인은 각사 순서에서 천궁에 들어와 엎드려 마음속으로 3번 외웠다.[23]

'자신식'은 봉교 다음날이나 3일째에 자택 등 조용한 방에서 행하는 예식으로, 재계(齋戒)-원도(願禱)-수도(修道) 순인데, 목욕재계한 뒤 원도하기 전에「각사」를 마음속으로 3번 외웠다. 1916년 1월 15일 오전 1시에 제천의식인 '선의식'이 처음 열렸는데 원도식(願禱式) 식순 때 참례자들이 모두 엎드려「각사」를 3번 외웠다.

입교식 때 외우던 주문인「각사」는 1910년부터 경배식, 시교식, 자신식에 쓰임이 확장되었고, 1916년부터 선의식에도 도입되어 오늘에 이른다. 오늘날 대종교 예식은 크게 경배식과 선의식만 행하며,「각사」를 순우리말로 번역해 주송하는 '깨닫는말씀' 순서가 생겨났고, '천경신고' 시간에 별도의 독경을 할 정도로 비중이 높아졌다. 천경신고 식순에서「각사」는 전래 방식과 같이 3회 독경한다.

「각사」원문은 "성령재상 천시천청 생아활아 만만세강충(聖靈在上 天視天聽 生我活我 萬萬世降衷)" 17자다. 1911년경에 제정된「대종교의전(大倧敎儀典)」에는「각사」원문의 '성령'이 '신령'으로 교체되었는데, 1911년경 바뀐 뒤 현재까지 유지되고 있다.

「각사」의 본뜻은 "성령이 하늘 위에 계시어 하늘에서 보고 하늘에

---

23) 위의 책, 197쪽.

서 들으시니, 저희를 낳아 살리시고 만대에 내려주소서"인데, 나철의 대종교에서는 삼신일체(三神一體) 신관에 입각하여 "세 검 한 몸이신 우리 한배검이시여, 가마히 위에 계시사 한으로 듣고 보시며 낳아 살리시고 늘 나려주소서"로 의역하였다.

일찍이 「각사」의 중요성을 인식했던 인물은 정훈모였다. 1910년 10월 정훈모는 나철과 분립한 뒤 단군교를 설립하고서 10월 16일 자택에서 교인들에게 「각사」를 강연했다.[24]

정훈모는 1912년도에 단군영정을 비롯하여 『성경팔리』,『진리문답』,『감응편』의 출판 허가 신청을 냈던 것으로 보인다.[25] 『단군교 진리문답』의 내용은 「각사(覺辭)」에 대한 교리 해설이다.

또한 1911(명치44)년 2월 22일자 '대종교 공주시교당 사건' 관련 일제측 문건(기밀지수 제51호)을 보면,

> 본년 1월 31일 충청남도장관으로부터 전보로 「대종교·단군교를 생도에게 권한 자가 있다. 이 종교는 공인되고 있는가?」라는 문의가 있었습니다. …{중략}…지금 보고서에 덧붙여진 인쇄물을 열람하니, 대종교라 칭하는 것은 단군교의 변명(變名)인 것으로 보이는데, 최근 『단군교 진리문답』이라는 제목의 서적을 출판하는 일을 경무총감부에 신청하였던 적이 있던 것을 보면, 종래의 단군교는 2파로 분열하여 대종교에 속하는 것과 여전히 단군교에 속하는 것 2파로 분립한 것이라고 생각할 수 있습니다. 요컨대 신앙을 기초로 하여 인심의 이합·거취하는 계통적 조사는 후일에 별도로 정밀 조사한 다음에 보여 드리도록 하겠습니다.

라고 하여 『단군교 진리문답』 출판허가 신청에 관한 기록이 있다. 일제측 기록을 통해 이 자료는 1910년 말에 집필을 시작하여 1911년 1월

---

24) "北部泥洞居鄭薰謨氏家에서 檀君大宗教를 佈施ᄒᆞᄂᆞᄃᆡ 去日曜日에 教兄弟姉妹가 齊參ᄒᆞ야 本教에 關ᄒᆞᆫ 歷史와 覺辭를 講演ᄒᆞ얏다더라"(『매일신보』, 1910.10.20일자, 「檀君大宗教議演」.)
25) "檀君教總本部에셔ᄂᆞᆫ 檀君影幀 印刷, 聖經八里, 直理問答, 感靈篇, 諺文直理問答의 出版許可를 某處로부터 承ᄒᆞ얏ᄂᆞᆫᄃᆡ"(『매일신보』, 1913.1.1일자, 「檀君教의 大發展」.)

경 출판허가를 받고 1911년 초에 발간하고자 했던 것으로 유추된다.

『단군교 진리문답』은 장절이 나뉘어 있지 않으나, 크게 7가지 - 1.각사 2.삼신과 단군 3.팔리와 계명 4.단군의 승천 5.성령과 기자 6.성령의 감통 7.심성과 혼백의 내용을 다루고 있다.

정훈모의 설명에 따르면, "각사는 일체 중생의 진세를 깨닷게 하는 「성령재상 천시천청 생아활아 만만세강충」의 17자다. '성령재상'은 단군 성령이 하늘 위에 계신다는 뜻이며, '천시천청'은 하늘이 보시는 것을 맡으시며 하늘이 듣는 것을 맡으시어, 사람의 죽고 사는 것과 선악과 화복을 주재하신다는 것이다. '생아'는 그 천성을 받아 비로소 나는 것인데, 비로소 나는 것은 강충의 근원인즉, 그 근원이 '은혜'에 있고, '활아'는 그 천성 거느려 길이 사는 것인데, 길이 사는 것은 진승(육신으로 승천함)의 근본인즉 그 근본이 '믿음'에 있다. '강충'은 처음부터 사람의 천성을 품부하여 주는 것이니, 비단 지금 세상과 오는 세상에 한번 나고 두 번만 날뿐 아니라 곧 만만세의 내생에 강충을 주신다는 의미"라고 했다. 이러한 각사의 네 구절의 영험을 깨달으면 혼미함도 없고 침잠함도 없어 혼과 백이 하나가 된다고 강론하였다.[26] 정훈모의 해석이 대종교단 측의 해석보다 원뜻에 더 가깝다.

그러나 대종교 공주시교당 사건의 여파로 1913년 7월에 이르러 단군교에서도 「각사」 17자를 "시화천존 묵도심함(施化天尊 默禱審涵)" 8자로 완전히 교체하게 되었다.[27] 『단군교 진리문답』은 「각사」 원문이 바뀐 문제 때문에 출간이 되었어도 공식적으로 활용되기 어려웠을 것으로 본다. 그렇더라도 정훈모가 최초로 집필하고 펴낸 저술이 「각사」에 대한 교리서라는 사실은 역사적으로나 종교적으로 중요한

---

26) "샤졀(각샤의 샤졀이라)의 영험을 씨다르면 혼미홈도 업고 침잠홈도 어서 혼과 빅이 흔나히되 누이라(『단재 정훈모 전집』 II, 『단군교 진리문답』 원문입력본', 아라, 2015, 57쪽)"
27) 『단재 정훈모 전집』 II, '『단군교종령』 영인본', 앞의 책, 243쪽.

의미가 있다.

2) 천부경

「천부경」은 삼라만상의 시종과 만법귀일(萬法歸一)의 철학적 이치를 담은 선도(仙道)의 대표 경전으로 알려져 있다. 『삼일신고』, 「각사」가 나철이 영도했던 대종교에서 유래했다면, 『천부경』은 정훈모가 이끌었던 단군교에서 유래한 경전이다. 그간 「천부경」의 유래에 대한 학계의 통설은 1920년 2월 중국 북경에서 간행된 전병훈의 『정신철학통편』을 시초로 본다. 전병훈은 『정신철학통편』의 원고를 거의 탈고할 무렵인 1918년 11월 경 윤효정으로부터 「천부경」을 입수했으며, 그 「천부경」은 계연수가 1917년 영변 백산에서 조사(照寫)한 것이라고 밝히고 있다. 기록에 의하면, 계연수가 1916년 묘향산 석벽에서 「천부경」을 발견하고서 9월 9일 이를 탁본하여 1917년 1월 경성의 단군교 교당에 보냈다. 이는 윤효정이 북경에 거주하던 전병훈에게 전하고 「천부경주해」가 붙은 전병훈의 저술 『정신철학통편』을 통해 세상에 알려졌다.

그런데 최근 정훈모의 유품이 발굴되어 이 설은 재검토의 여지가 있다. 정훈모가 1913년에 제정한 「단군교종령(檀君敎宗令)」 제55조에,

> 天符經과 覺辭의 眞理를 丹田에 養精修鍊ᄒ야 心理에 道力을 得ᄒ야 感靈性을 通ᄒ 敎人에게는 大宗師가 特別히 神殿에 告由ᄒ고 靈誥狀을 授與ᄒ야 褒證홈.[28]

이라고 남긴 기록이 발견되었기 때문이다. 「단군교종령」의 출판 허가 청원 날짜가 대정 2년 곧 1913년 7월 31일로 적혀 있다. 이는 『정신

---

28) 위의 책, 255쪽.

철학통편』출간 이전의 시기에 이미「천부경」이 존재했다는 사실을 밝히는 근거가 된다. 정훈모가 첩 뒷면에 적은「천부경」은 사료상 연도가 "기원 425○년" 곧 1917년에서 1926년 사이이지만, 정확한 필사 연도를 알 수 없다. 다만,「천부경」원문의 '無'자가 고한자로 쓰여 있는데,『삼일신고』'無' 고한자와 다른 모양의 글자이기 때문에『삼일신고』와 전래 계통이 다른 사료임을 알 수 있다. 또한 백봉 계열의 고대사 인식은『포명본교대지서』와『단군교오대종지포명서』를 통해 볼 때 단군조선으로부터 부여・고구려・발해로 연결되는 대륙사관적 정통을 세운데 반해, 신라의 역사와 인물이 배제된 특징이 있다. 이러한 점에서 신라 사람 최치원 유래의「천부경」은 백봉 계열과 연관성이 없는 것으로 사료된다.

정훈모가 "단군천부경 81자는 최치원이 신지의 전자를 해석한 것이다. 암송하고 제사 드리면 복이 나리고, 재앙을 막고 피할 수 있느니라(檀君天符經八十一字,崔致遠,解神志篆. 誦享壽福,箴退災殃.)"고 첩의 말미에 남긴 구절로 보아「천부경」을 교인의 수련에 활용코자 했음을 알 수 있다. 대종교 경배식에서「천부경」의 타고 속도는 분당 평균 104타로 서양음악 개념으로 M.M. ♩=104, 보통 빠르기(모데라토)에 해당되었으며, 음고는 일정하였다.

IV. 맺음말

조선말 도인 백봉은 백두산에서 10년의 원도 끝에 1904년 3월 백두산 옛 제단 터에서『삼일신고』가 들어있는 석함을 발굴하였다. 그는 고려 때 원나라의 침략으로 맥이 끊긴 민족 고유 신교를 교단 차원으로 결집시키고자 1904년 10월 3일에 『포명본교대지서』를 반포한 뒤, 단군신앙의 전통을 민족 구심점 통합의 종교운동으로 촉발시켰다. 백봉의 도맥은 나철과 정훈모 양인에게 전수되었다.

　백봉이 전수한 문적은 크게 포고문, 의례서, 경전류 3가지로 구분되는데, 『삼일신고』는 1905년 음력 12월 30일 서대문역에서 백봉의 차석인 백전 도인을 통하여 나철에게 전수되었다. 이는 1912년에야 인쇄본으로 간행되었는데, 일제의 검열로 백봉의 「삼일신고부현세」장이 누락되고 말았다.

　『천부경』은 정훈모의 단군교에서 처음 전래한 경전이다. 『천부경』 유래에 대한 학계의 통설이 1920년 2월 전병훈의 『정신철학통편』을 시초로 보는데, 정훈모가 제정한 「단군교종령」에 의거, 1913년 7월에 이미 『천부경』이 존재했다는 사실이 확인되었다.

　대종교단에서 '천경신고'라고 하는 「각사」・『천부경』・『삼일신고』 체계나 민족경전으로 받드는 3대 경전[29] 『천부경』・『삼일신고』・『참전계경』(『성경팔리』의 조작된 경전명 - 필자 주)은 실상 정훈모가 최초로 확립하였다. 대종교에서 『천부경』이 공인된 것이 1975년이고 1983년에서야 경전에 수록되었기 때문에 「각사」・『천부경』・『삼일신고』를 차례로 독경하는 '천경신고' 예식은 80년대에 정착된 것이다.

　「각사」의 용도는 본래 입교식 절차의 의식 문장이었으나, 1910년에 의식이 새로 제정되면서 그 쓰임이 경배식, 시교식, 자신식 식순으로 확장되었고, 1916년에는 제천의식인 선의식에도 편입되었다. 현재는 대종교에서 경배식과 선의식 때 「각사」가 활용되고 있다. 다만, 1911

---

[29] 『대종교 홍범』 제7조: "종경(倧經)・종사(倧史)는 삼화대경(三化大經)으로서 조화경인 천부경(天符經), 교화경인 삼일신고(三一神誥), 치화경인 팔조대고(八條大誥)와 참전계경(參佺戒經)을 신전(神典)으로 하고, 신사기(神事記), 신리대전(神理大典), 회삼경(會三經), 삼법회통(三法會通) 그리고 진리도설(眞理圖說)을 보전(宝典)으로 하며, 역대선철(歷代先哲)의 명저(名著)를 보감(寶鑑)으로 한다."

년 경「각사」원문이 '성령'에서 '신령'으로 바뀌고 삼신일체 신관에 따라 해석마저 달라진 채 현재에 이르게 되었다.

『천부경』은 조식 수련,『삼일신고』는 독경 목적의 경전이다.『천부경』독경이 지향하는 바가 개인의 내단 수련을 통해 영성을 통하는데 있다면,『삼일신고』독경의 목적은 뭇 사람들을 생로병사의 고통에 빠지지 않게 하고 철인의 경지로 오르게 하는데 차이가 있다. 철인이 된다는 것은 단군의 홍익인간 구현과도 일맥상통하기 때문에,『삼일신고』독경 수행은 종교적으로 중요한 의미를 담고 있다.

한편으로 고대 경전의 독경을 위해서는 무엇보다 음운학 원칙에 따라 발음하는 것이 중요하다. 향후 단군 의례를 복원하는 작업뿐만 아니라 현대적으로 계승하는 연구도 필요하다고 본다.

【참고문헌】

<원사료>

『동아일보』,『매일신보』.

『단군교포명서(檀君敎佈明書)』(1904),『단군교오대종지포명서(檀君敎五大宗旨佈明書)』(1909),『삼일신고(三一神誥)』필사본(1910?).

김교헌 편수 겸 발행,『삼일신고(三一神誥)』, 대종교본사, 1912.

『사책합부(四冊合附)』, 대종교동도본사, 1917.

『역해종경사부합편(譯解倧經四部合編)』, 대종교총본사. 1949.

대종교종경종사편수위원회,『대종교중광육십년사』, 대종교총본사, 1971.

김교헌/윤세복 역,『홍암신형조천기』, 대종교출판사, 2002.

정훈모/조준희·유영인 편,『단재 정훈모 전집』, 아라, 2015.

『康熙字典』.

<단행본>

김은호,『서화백년』(3판), 중앙일보사, 1981.

이유립,『환단휘기1:홍익사서』, 단단학회, 1971.

<논문>

이경우,「한국의 신종교와 주문」,『신종교연구』1, 한국신종교학회, 1999.

『성경팔리』의 기원과 전개

유 영 인

Ⅰ. 들어가는 말
Ⅱ. 성경팔리의 출현
Ⅲ. 성경팔리의 기원
Ⅳ. 성경팔리의 전개
Ⅴ. 성경팔리의 이본
   (1) 박노철본
   (2) 이유립본
   (3) 대종교본
Ⅵ. 나가는 말

Ⅰ. 들어가는 말

　민족이 외세에 의해 국권이 위협당할 때 대응 하는 방식은 크게 두 가지다. 그 하나는 외세의 침략에 물리적으로 저항하는 것이고, 다른 하나는 내적반성을 통해 지적(知的)으로 대응하는 것이다. 지적 대응을 통해 민족은 그 기원과 정체를 확인하고 민족의식을 활성화하는 계기를 마련해왔다. 세계사 차원에서 이러한 사례는 유대민족사의 바빌론 유수[1]에서 찾아 볼 수 있다. 이 기간 동안 유대민족은 유일신 사상을 공고히 하여 유대교를 정립하고 구전하던 유일신 사상을 정리하여 구약경서의 토대를 확립했다.

　한민족(韓民族)의 역사에서도 이러한 사례를 발견할 수 있다. 고려 말 몽골의 침략으로 국권이 위협 당했을 때 일연(一然, 1206~1289)의 『삼국유사』 저술은 지적 반성을 통한 외세 침략에 대응한 한 사례다. 일연은 『삼국유사』의 저술을 통해 단군신화를 한민족의 역사적 기원으로 제시했다. 단군신화는 조선조에 이르러 한민족 역사서술에서 그 기원의 지위를 확보했다. 단군은 조선 중기 조선 도교의 자생설을 내세우는 일련의 도학자들에 의해 조선도교의 비조로 주목을 받았다.[2]

　19세기 중엽 백두산 일대에 근거지를 마련하고 활동하던 백봉을 중심으로 한 수련 집단은 단군을 조선 도교의 비조로 저술한 위의 작품과 조우하게 된다. 이를 출발점으로 삼아 백봉 수련집단은 단군을 교조로 하는 조선 고유종교의 창립에 노력을 기울였다. 이 노력의 결과가 바로 1909년 대종교의 중광으로 알려진 종교적 사건이다.

---

1) 바빌론 유수(幽囚): 기원전 587년 유다 왕국이 멸망하면서 시드기야 왕을 비롯한 유대인이 바빌로니아의 수도 바빌론에 포로로 잡혀간 것을 말하며, 기원전 538년에 바빌로니아를 정복한 페르시아 제국의 키루스 2세에 의해 풀려날 때까지 약 50년 동안의 기간을 뜻하기도 한다.
2) 정재서, 『한국 도교의 기원과 역사』, 이화여대출판부, 2008, 76~77쪽. 단군을 조선 도교의 비조로 기술한 작품에는 『청학집』(조여적), 『해독이적』(홍만종), 『오계일지집』(이의백) 등이 있다.

대종교 중광에 참여한 초기의 인물 중에 백봉 집단에 소속된 구성원들과 직접 접촉한 인물이 있었는데 그 수는 제한적이다. 그들은 바로 홍암 나철과 단재 정훈모다. 이들은 백봉 집단으로부터 종교의 창시에 필수적인 일련의 경서류를 전수 받게 된다. 나인영을 통해 총 3회 정훈모를 통해 1회에 걸쳐 진행된 경전 전수 사건의 결과로 단군 관련 종단은 새로이 종교를 여는데 필수적 구성요소를 확보하게 되었다.

알려진 대로 대종교의 중광 당시 교명은 단군교였다. 중광 이듬해에 교명을 대종교로 변경하면서 교단이 대종교와 단군교로 분리된다. 각 교단을 대표하는 중심에 나철과 정훈모가 있었다. 이들이 이끄는 교단은 각각 전수 받은 경서류를 바탕으로 교리정리 작업에 노력을 기울였다. 교리 정리 작업에 있어서 정훈모가 주도하는 단군교는 대종교보다 비교적 이른 시기에 작업에 착수했다. 단군교의 교리정리에 기본이 되는 경서류는 대부분 대종교의 것과 공유되었지만 유독 공유되지 못한 경전이 주목된다.

이는 후일 민족 3대 경전이라 불리며 유통되고 있는 『참전계경』의 모본인 『성경팔리』다. 『성경팔리』는 초기 정훈모가 이끄는 단군교의 주요 경전으로 활용되며 단군교 경전구조의 핵심적 위치에 있었다. 그 후 『성경팔리』는 순 한글로 번역되는 등 발전을 거듭해 오다가 1936년 이후 일제의 강압에 의해 단군교가 폐문에 이르게 되자 이 경전도 세상에서 잊히게 되었다. 그 후에도 경전의 서명 변경과 본문의 변조·추가 등의 이 경전을 둘러싸고 전개된 우여곡절이 있었다. 본고에서는 『성경팔리』의 중심으로 한 변화의 역사를 검토해 보고자 한다.

II. 『성경팔리』의 출현

지금까지 알려진 『성경팔리』에 관한 가장 앞선 기록은 역설적이게도 단군교와 분파를 겪은 대종교의 핵심 인물에 의해 쓰인 것이다. 그것은 대종교 전무(典務) 유근(柳瑾, 1861~1921)이 1911년 1월 8일 장지연에 보낸 서간문 형식의 자료다.

> 나아가 저의 대종교가 더욱 번창하는 조짐이 점쳐집니다. 우리 형제자매 모두에게 크게 다행한 일입니다. 그리고 전해 듣기로, 경주 최씨 처사 집안에 수 십대에 걸쳐서 전해 내려온 소중히 간직한 『단군교팔리(檀君敎八理)』 상・하 두 권이 있는데 '삼백육십육사(三百六十六事)' 라고도 합니다. 만약 사실이라면 이는 진실로 대종교에 큰 행복이 아닐 수 없습니다. 이는 신조(단군)의 가르침을 하늘이 간직하고 드러나기를 기다려온 바라 할 것입니다. 이를 쉽게 구할 수는 없을 것입니다. 형이 직접 별도로 해당 집안의 주소지를 한번 알아보십시오. 또한 해당 문건이 있는지 없는지 물어보십시오. 만약 과연 있다면, 형이 가셔서 진실로 구득하기 위해 중개가 가능한지 알아보시고, 정리하고 오셔서 위로 책을 보내는 것이 어떤지요.[3]

유근과 장지연은 사돈관계로 절친한 사이였고, 장지연은 이 무렵 경남 진주에서 『경남일보』 주필로 활약하고 있었다. 유근이 장지연에게 측문(側聞)으로 『단군교팔리(檀君敎八理)』의 존재를 전하고, 입수를 부탁한 것은 장지연이 활동무대가 최처사가 거주한다는 경주와 가까운 경상도 지역이었기 때문인 것으로 추측된다.

위의 기사에 언급된 『단군교팔리』는 최처사 가문에 전래하는 고유

---

[3] "就我大倧敎, 益占繁昌之兆, 爲我兄弟姊妹大幸, 而側聞慶州崔處士家, 有數十代相傳寶藏, 檀君敎八理 上下二卷三百六十六事云. 若眞有則誠斯敎之大幸福, 而神祖之所天藏留待者也. 此不可容易求得者也. 兄須另探該家所住, 亦問該本有無, 若果有之, 兄派眞實可爲媒得者, 卽爲收來上送如何"(유근, 『위암 장지연 서간집』 2, 위암장지연기념사업회, 2004, 474쪽).

한 전승의 전통을 가진 판본으로 보기 어렵다. 그 이유는 유근이 『단군교팔리』의 존재와 출처를 측문, 즉 간접적 통로를 통해 인지했고 또한 추후 장지연이 이를 확인 해준 추가적 자료가 발견되지 않았다는 것이 그 하나다. 더욱이 유근이 속한 대종교단의 경전 형성사를 보더라도 『단군교팔리』를 최처사 가문으로부터 입수해 그것의 출처와 기원을 확인했다는 기록이 없다. 유근의 서간문에 언급된 『단군교팔리』에 관한 소문은 뒤에서도 밝히겠지만 정훈모로부터 유래했을 가능성이 매우 크다. 어쨌든 유근의 서신으로 확인할 수 있는 것은 『단군교팔리』라는 경전이 적어도 서신의 발신 시점인 1911년 1월 8일 이전인 1910년에 이미 존재했다는 사실이다.

사실 『성경팔리』의 출처와 기원에 관한 신빙할 만한 정보는 정훈모를 중심을 하고 있다. 정훈모와 『성경팔리』의 관련성을 보증하는 가장 공신력 있는 최초의 사료는 『매일신보』 1913년 1월 1일자 「檀君敎의 大發展」이란 제하의 "檀君敎總本部에셔는 檀君影幀 印刷, 聖經八理, 直理問答, 感應編, 諺文直理問答의 出版許可를 某處로부터 承ᄒ얏든대"라는 기사다. 위의 기사의 출판허가를 허락받은 일련의 자료들은 정훈모가 대종교와 분립되고 나서 종단의 안정을 위해 기울인 경전 정비를 위한 총체적 결과물이다. 이는 두 종류로 분류해 볼 수 있다. 하나는 외부에서 들여온 자료 즉 외부자료고, 다른 한 종류는 정훈모 교단의 내부에서 생성된 내부 자료다.

<표 1> 단군교 출판허가 서명과 기원

	서명	기원
외부자료	단군영정(檀君影幀)	백봉
	감응편(感應編)	출처불명
	성경팔리(聖經八理)	백봉
내부자료	진리문답(眞理問答)	단군교총본부
	언문진리문답(諺文眞理問答)	단군교총본부

정훈모가 출판허가를 받은 목록 중에 『언문진리문답(諺文眞理問答)』[4)]이 있는데 이 자료에 이미 『성경팔리』의 내용을 언급하고 있음이 확인된다. 이러한 사실을 통해 『진리문답』을 구성함에 있어 『성경팔리』가 활용되었고 또한 『진리문답』의 생성 시점 이전에 이미 『성경팔리』가 존재했음을 알 수 있다. 나철이 단군교를 대종교로 변경(1910년 음력 7월 30일)을 단행하자 정훈모는 교명 고수의 명분을 내세우며 나철과 분립 직후 서둘러 교리를 확립하는 노력을 기울였다. 이 노력의 산물의 하나가 바로 『진리문답』의 집필과 출판이었다. 『진리문답』의 생성 시기는 적어도 출판허가에 관한 기사가 쓰인 시점인 1913년 1월 이전 즉 1912년 이전이 확실하다. 그런데 좀 더 구체적인 생성 시점을 알 수 있는 자료가 존재한다. 그것은 일제가 1911(명치 44)년 2월 13일 사사종교(社寺宗敎)라는 기밀문서 내에 "대종교 공주시교당 사건"과 관련하여 남긴 기록이다.

> 지금 보고서에 덧붙여진 인쇄물을 열람하니, 대종교라 칭하는 것은 단군교의 변명(變名)인 것으로 보이는데, 최근 단군교진리문답이라는 제목의 서적을 출판하는 일을 경무총감부에 신청했던 적이 있던 것을 보면, 종래의 단군교는 2파로 분열하여 대종교에 속하는 것과 여전히 단

---

4) 신문 기사 원문의 '직리문답(直理問答)'은 진리문답의 오기다.

군교에 속하는 것 2파로 분립한 것이라고 생각할 수 있습니다.[5]

　이 문서 작성의 시점인 1911년 2월 13일을 중심으로 단군교단은 그 이전에『단군교진리문답』출판 일을 경무총감부에 신청했던 것이 분명하다. 그렇다면『진리문답』의 집필을 위한 준비와 실행은 적어도 1910년으로 추정이 가능하다.『진리문답』을 집필에 활용한 자료로 확인이 가능한 것은 각사(覺辭)와 경전으로는『성경팔리』다. 이러한 점을 종합해 볼 때『진리문답』의 저술시점인 1910년에 적어도『성경팔리』가 실존한 것이 확실하다.

　한편 유근의 서간문에 나오는『단군교팔리』는『성경팔리』와 동일한 것으로 볼 수 있다. 그것은『성경팔리』의 서문과 목차에 '단군교팔리'로 되어 있기 때문이다. 따라서 유근이 풍문으로 들은『단군교팔리』에 관한 정보는 단군교단이 발행한『성경팔리』에서 유래한 것이라 할 수 있다.

Ⅲ.『성경팔리』의 기원 – 백봉 집단

　『진리문답』에 활용된「각사」는 백봉 집단으로부터 받은「입교의절」에 포함된 것이다.「입교의절」은「봉교절차」·「봉교과규」등과 함께 백봉 집단이 전수(傳授)한 예식문건의 일부다. 그러면『진리문답』의 저술에 각사와 함께 활용된『성경팔리』의 유래에 대한 의문을

---

5) "今報告書ニ附帶セル印刷物ヲ閱スルニ大倧敎ト稱スルハ檀君敎ノ變名シタルモノニ相見候ヘトモ近頃檀君敎眞理問答ト題スル書籍出版ノ儀ヲ警務總監部ニ出願セシモノアルヲ以テ見レハ從來ノ檀君敎ハ二派ニ分裂シテ大倧敎ニ屬スルモノト依然檀君敎ニ屬スルモノト二派特立セシ儀ニモ可有之ヤト存候要スルニ信仰ヲ基礎トシテ人心ノ離合去就スル系統的調査ハ他日別ニ精査ノ上高覽ニ供スヘク"(조준희,「조선총독부 문서철『사사종교(社寺宗敎)』,「대종교·단군교의 건(大倧敎·檀君敎ノ件)」(1911)」,『숭실사학』35, 숭실사학회, 2015, 403쪽)

제기해 볼 수 있다. 그 의문에 답할 수 있는 단서를 정훈모가 직접 저술한 기록에서 찾아 볼 수 있다.

(1) 정훈모의 기록

『성경팔리』의 백봉기원설의 근거는 세 가지로 제시해 볼 수 있다.

우선 하나는 정훈모가 백봉 교단의 구성원 중 한명인 두일백(杜一白)으로부터 『성경팔리』를 전수한 사건을 직접 기술한 자료다. 이 사건은 1908년 11월 대종교 창시의 주역인 나인영이 오기호·정훈모·이건 등과 함께한 4차 도일의 과정에서 일어났다.

나인영은 국권침탈의 위기를 외교로 해결하기 위해 일본에 체류하며 일본의 영향력 있는 정객들과의 접촉을 통해 국사를 해결하려 했지만 수포로 돌아가고 말았다. 그런 와중에 나인영은 백봉의 백두산 수련 집단에서 파견된 파유원을 2회에 걸쳐 만나게 된다.

두 번째 만남은 1908년 12월 31일 일본 정개 마쓰무라(松村雄之進)의 주선으로 도쿄 홍고구(本鄕區) 모리가와마치(森川町) 1번지 가이헤이칸(蓋平館)에서 이루어졌다. 나인영은 도일 당시 지병인 당뇨병 치료를 위해 병원에서 3주간 입원을 마치고 새 거처로 돌아오는 길이었고 이때 함께 도일했던 정훈모가 문안차 숙소를 방문했다. 이때 창백한 얼굴과 푸른 눈, 수려한 눈썹과 흰머리를 한, 도인의 풍모가 가득한 파유원 두일백과 만나게 된다. 정훈모는 이 도인과의 조우를 상세히 묘사해 회고로 남겼다.

그 겨울에 다시 유람의 뜻을 품고 바다 건너가서 일하다가 어느 여관에 체류하던 중 마침 한 노인이 명아주 지팡이를 짚고서 문을 열고 말하기를, "그대는 조선인으로서 어떤 용무로 이곳에 왔는고?" 하였다. 그를 보니 검푸른 여윈 얼굴에 푸른 눈동자, 수려한 눈썹과 흰머리를 한 완연한 신선의 모습이오, 속세 사람이 결코 아니었다. 나는 이에 옷섶을 여미고 성과 이름을 감히 물어 보았다. 그 분이 말하였다. "나는 본시 태백산 사람이며, 성은 두, 이름은 일백이라. 태백산 백봉신형의 법지를 이어 단군교 전교의 임무를 위해 사해를 두루 유람하고 있노라." 내가 "백봉이 뉘시오?"하고 되물었다. 두일백은 "단군교는 본시 조선 고유한 종교다. 고려 말에 이르러 이교가 성행함으로 인해 본교가 침체되기에 이른 지 지금에 이르기까지 600여 년이 흘렀다. 예로부터 최고운, 양봉래가 다 본교 인으로서 선계에 올랐다. 지금의 백봉신형은 늙은 몸으로 함께 이 교를 수행하고 있다. 그대의 정성과 뜻을 아는 까닭에 이를 전하고자 와서 말하니, 이 땅에 불필요하게 오래 머물지 말고 즉시 본국으로 돌아가 본교를 다시 일으켜 동포를 구제하라"고 하였다. 나는 말했다. "본교 교리가 있다는 것을 이미 들은 바 있어서 교문을 세우고자 하지만 현재 서적이 없어서 정성을 펼치지 못하고 있으니 바라옵건대 선생께서 가르침을 주시오." 노인은 품속에 있던 「단군 영정」과 『성경』, 『삼일신고』, 『포명서』, 역사·예식 등 각 1책을 주면서 말하기를, "이것만 가지면 가히 교문을 일으킬 수 있으니 즉시 귀국하시오" 하였다. 나는 일어나 삼가 절하며 받고서, 앞으로 일이 어떻게 진행될 것인지를 물으려는 찰나에 두(일백) 노인은 소매를 떨치며 바람처럼 훌쩍 떠나버려 말리지 못했다. 한편으로 놀라고 또 한편으로 탄식하면서 허공을 바라보며 절을 올렸다. 그날 저녁 기뻐서 잠을 이루지 못하다가 다음날 새벽에 사명을 띠고 귀국 길에 올라 밤낮으로 종교를 일으킬 연구에 전념하였다.[6]

위의 사건은 대종교단에서 발행한 자료[7]에서도 확인할 수 있는데 이를 통해 정훈모가 두일백과 접촉한 사건이 사실임을 확증할 수 있다. 이 사건을 통해 정훈모가 전수(傳受)한 경서류와 위에서 언급한 출판허가의 대상과 비교하면 다음과 같다.

---

6) 정진홍, 『단군교부흥경략』, 계신당, 1937.
7) 「重光源由」, 『倧報 第一輯』, 倧史編輯部, 1957, 3쪽.

<표 2> 정훈모 전수 경서류와 공식 출판허가 승인 목록 비교

두일백 전수 자료	일제 출판허가 승인 자료
성경팔리	**성경팔리**
단군영정	**단군영정**
삼일신고	감웅편
포명서	진리문답
역사·예식서	언문진리문답

두일백 전수자료 중 『성경팔리』·단군영정은 직접 활용되었고 예식서(입교의절, 봉교절차, 봉교과규)는 입교의절에 포함된 「각사(覺辭)」를 해설하는 형식으로 진리문답에 간접 활용되었음을 볼 수 있다. 하지만 『성경팔리』 기원에 관한 정보가 이렇듯 정훈모의 직접 진술에 의한 자료에 언급되었음에도 불구하고 그것은 정훈모의 일방적 진술에 국한된 것이라는 일각의 비판적 시각이 존재하는 상황에서 『성경팔리』의 백봉기원설을 입증할 추가적 단서가 필요하다.

(2) 「입교의절(각사·서사)」과 『성경팔리』

『성경팔리』의 백봉기원설을 입증할 단서는 정훈모가 『진리문답』을 저술하는데 직접 활용한 「각사(覺辭)」[8]와 「서사(誓辭)」에 포함된 표현과 내용이 『성경팔리』의 것과 형식적·내용적 측면에서 동일하다는 점이 발견된다는 점에서 찾을 수 있다. 「각사」와 「서사」는 모두 백봉이 전수한 예식문건의 일부인 「입교의절」에 포함되어 있다.

---

8) 『단재 정훈모 전집』 II, 「『단군교 진리문답』 원문입력본」, 아라, 2015, 45쪽.
  문 단군교의 진리는 무엇을 이름이뇨.
  답 금싱의 진숭(뉵신으로 승텬혼다는 말)이오 닉싱의 강충(오눗 셰상에 다시 난다는 말)이니, 령혐은 각샤에 잇느니라.
  문 각샤는 졀차가 잇느뇨.
  답 네 졀귀에 십칠자가 이스니, 셩령직샹 텬시텬쳥 싱아활아 만만셰강츙이니라.

각사(覺辭) 聖靈在上, 天視天聽, 生我活我, 萬萬世降衷(깨닫는 말 성령이 하늘 위에 계시어 하늘에서 보고 하늘에서 들으시니, 저희를 낳아 살리시고 만대에 내려주소서!)

서사(誓辭) 聖靈在上 善惡禍福 徹示天解 終身服膺 罔敢改易 有渝此心 甘受罪罰(성령께서 위에 계시어 선악과 화복을 주재하시니, 보는 것을 경계하고 하늘의 이치를 깨달아 종신토록 가슴에 품고 잊지 말되, 감히 그 마음을 바꿔 변함이 있으면 죄와 벌을 달게 받겠습니다!)[9]

우선「각사」와「서사」에 공통으로 포함된 어구인 "성령재상(聖靈在上)"은 『성경팔리』에서는 모두 6개의 문단에 등장한다.

<표 3> 『성경팔리』 중 "성령재상(聖靈在上)" 포함 조항

구분	세목	주제
상	(1)	상·하 전체 8장[誠,信,愛,濟,禍,福,報,應] 서문
하	(2)	하[禍,福,報,應] 서문
	(3)	報章1: 적(積)·중(重)·창(卌)의 앞[선인에게 복을 내려 갚음]
	(4)	報章2: 영(盈)·대(大)·소(小)의 앞[악인에게 화를 내려 갚음]
	(5)	應章1: 복적(福積)·복중(福重)·복창(福卌)의 앞[선인에게 복 갚음을 고르게 함]
	(6)	應章2: 지영(之盈)·지대(之大)·지소(之小)의 앞[악인에게 화 갚음을 두루 함]

각 세목에 대한 원문과 해석은 다음과 같다.

(1) 聖靈在上, 主宰, 人三百六十六事(성령이 위에 계시면서 인간의 366가지 일을 주재하시니)
(2) 聖靈在上 誠者人事之母也 應者天理之市也(성령이 위에 계시니, 정성은 사람 일의 모체이고, 응함은 천리가 저자를 이룬 것이다.)
(3) 聖靈在上 收山川精 均土穀司 分鬼神護 勅日月 戒風雨 啓禎祥 除妖孼

---

[9] 위의 책, 388~389쪽.

降諸福 報善人(성령이 위에 계시어 산과 내의 정기를 거두며, 토지와 곡식 맡음을 고르게 하며, 귀신이 회위함을 나누며, 해와 달을 다스리며, 바람과 비를 경계하며, 경사와 복스러운 조짐을 열며, 요사스러운 재앙을 없애며, 많은 복을 내리시어 착한 사람들에게 갚는다.

(4) 聖靈在上 命雷師雷神 勅眞君天吳 令日直揭諦 降諸禍 報惡人(성령이 위에 계시어 뇌사와 전신에게 명하시고, 진군과 천오에게 칙명을 내리시고, 일직과 게체를 시켜 모든 화를 내리시어 악한 사람에게 갚는다.

(5) 聖靈在上 視諸善人 均應福報(성령이 위에 계시어 모든 착한 사람들을 보고 복으로 갚음에 응함을 고르게 한다.)

(6) 聖靈在上 視諸惡人 遍受禍報(성령이 위에 계시어 모든 악한 사람들을 보고 두루 화로 갚음을 받게 한다.)[10]

「각사」와 「서사」에 쓰인 어구 "성령재상(聖靈在上)"이 『성경팔리』에 6문단에서 반복해 쓰임은 형식적 표현의 일치에 불과하다고 소극적으로 의미를 부여할 수 있다. 그럼에도 불구하고, 백봉이 전수했다는 보증을 확실하게 확보한 「입교의절」과 『성경팔리』와의 연관성을 입증할 1차 단서로 주목된다.

「각사」·「서사」와 『성경팔리』의 연관성을 입증할 단서는 이러한 형식상 표현의 일치를 넘어서 내용상 즉 사상적 측면에서 일치에서도 찾아 볼 수 있다. 『성경팔리』는 크게 상경(上經)과 하경(下經)으로 구성되어 있는데 「각사」는 신관을 담고 있는 상경을 함축 요약한 경구이고, 「서사」는 선복악화(善福惡禍)·권선징악(勸善懲惡)의 종교 윤리를 주제로 담고 있는 하경을 요약한 경구다.

우선 상경의 주제를 함축한 어구인 「각사」를 살펴보자. 「각사」는 어구가 암시하듯 그것은 하늘(신)과 인간과의 존재론적 관계를 담고 있는 경구다. 「각사」에 포함된 어구 "천시천청(天視天聽)"은 『성경

---

10) 『단재 정훈모 전집』 I, 『성경팔리』, 아라, 2015, (1) 122쪽 (2) 186쪽 (3) 222쪽 (4) 229쪽 (5) 235쪽 (6) 240쪽.

팔리』에 성장(誠章)의 경신(敬神) 절(節)에서 관련 어구를 찾아 볼 수 있다.

> 신은 하느님이다. 해, 달, 별과 바람, 비, 벼락, 천둥, 이는 모습 있는 하늘이며, 보지 못하는 사물이 없고 듣지 못하는 소리가 없는 것 이는 모습 없는 하늘이다. 모습 없는 하늘을 하늘의 하늘이라 이르니, 하늘의 하늘은 곧 하느님이다. 사람이 하늘을 공경치 않으면 하늘이 사람에게 응답하지 않아서 풀과 나무가 비, 이슬, 서리, 눈 내림을 받지 못하는 것과 같다.(神者, 天神也. 日月星辰, 風雨雷霆, 是有形之天. 無物不視, 無聲不聽, 是無形之天, 無形之天, 謂之天之天, 天之天, 卽天神也. 人不敬天, 天不應人, 如草木之不經, 雨露霜雪.)[11]

"천시천청(天視天聽)"은 결국 모습 없는 하늘(無形之天) 즉, 천신이 인간을 포함하는 모든 사물과 소리를 빠짐없이 듣고 있다는 뜻이다. 하늘은 인간을 모든 것을 보고 듣고 인간은 하늘과 공경을 통해 소통하는 유기적 연관성을 지닌 상호 연관적 존재다. 「각사」의 세 번째 절구 "생아활아(生我活我)"도 '성(誠)'장(章) '경신(敬神)'절(節) '숭덕(崇德)'조(條)에서 관련 어구를 찾아 볼 수 있다.

> 숭은 높임이고, 덕은 하늘의 덕이다. 하늘의 덕은 가문 땅에 내리는 단비나 그늘진 계곡에 비치는 봄볕과 같은 것이다. 잠깐이라도 진실로 하늘의 덕이 있지 않으면 사람이 사람 되지 못하고 사물이 사물 되지 못한다. 그러므로 군자는 부지런히 하늘 덕을 칭송한다(崇, 尊之也. 德, 天德也. 天德者, 甘霖於旱土, 陽春於陰谷之類也. 造次之間, 苟未有天德, 人不爲人, 物不爲物, 是以君子, 孜孜頌天德).[12]

"생아활아(生我活我)"는 인간생존의 조건을 나타내는 어구다. 인간

---

11) 위의 책, 124쪽.
12) 위와 같음.

생존의 조건은 '하늘 덕(天德)'으로 잠시라도 없으면 인간과 사물의 존재가 불가능한 것 즉 인간과 사물이 존재하는 필수조건인 것이다.

다음으로 하경의 주제를 담고 있는「서사」를 분석해 본다.「서사」의 모체인『성경팔리』하경의 주제는 '선복악화(善福惡禍)'와 '권선징악(勸善懲惡)'이다. 우선 제5「화(禍)」장과 제6「복(福)」장은 화와 복을 부르는 악덕과 미덕이 각각 제시되어있다. 화를 부르는 악덕으로 제5「화(禍)」장에서 기(欺, 속임)・탈(奪, 빼앗음)・음(淫, 음란함)・상(傷, 상처입힘)・음(陰, 몰래 꾀를 씀)・역(逆, 거스름)이 있음을 보여주고 있다. 화와는 반대로 복을 부르는 미덕으로 제6「복(福)」장에서 인(仁, 어짊)・선(善, 선함)・순(順, 따름)・화(和, 화합함)・관(寬, 너그러움)・엄(嚴, 엄함)을 제시하고 있다.

제7「보(報)」장은 복과 화를 부르는 선행과 악행의 행동양식이 제시되어 있다. 적(積, 쌓음)・중(重, 크게 행함)・창(刱, 새로 함) 절은 선행의 행동방식을 제시하고 있다. 그것은 시간적 연속성과[세구(世久)・무단(無斷)・익증(益增)・정수(庭授)] 공간적 확장성[광포(廣布)]으로 요약된다. 이를 위해 필요한 미덕으로 용기(勇)・정성(誠)・근면(勉)이 강조되어 있다. 선행을 위한 또 하나의 행동방식은 악을 버리고 선으로 나아가려는 반성적 의지다. 제 3절 "창(刱)"에 제시되어 있다. 이에 반하여 악을 자행하는 행동양식은 영(盈, 가득 참)・대(大, 크게 저지름)・소(小, 작게 저지름) 절에 제시되어 있다. 악의 행동양식은 선의 행동양식에 대응하는 시간적 연속성[습범(襲犯)・연속(連續)・유가(有加)]과 공간적 확장성[전악(傳惡)]이 그 특징이다. 다음으로 악을 행하는 방식은 대악을 위한 광악(狂惡, 미친 악)・완악(頑惡, 완악한 악)・장악(藏惡, 감춘 악)・맹악(盲惡, 눈먼 악)과 소악을 위한 도악(跳惡, 날뛰는 악)・요악(妖惡)・매악(昧惡)・아악(餓惡) 등으로 세분화 되어 제시되어 있다.

  제8「응(應)」장은 보(報)장과 중복되는 것으로 실제 삶의 과정에서 겪게 되는 복과 화의 구체적 사례를 제시하고 있다. 복적(福積)·복중(福重)·복창(福刱)절은 선행에 대한 성령의 응답이며, 지영(之盈)·지대(之大)·지소(之小)절은 악행에 대한 성령의 응답으로 각각 부귀영화(富貴榮華)와 빈천(貧賤)·간난신고(艱難辛苦)로 요약된다.

  결론적으로「각사」는 신과 인간의 존재론적 관계 즉 신관을 담고 있는『성경팔리』의 상경(上經)을 함축 요약한 경구고,「서사」는 선복악화·권선징악의 종교 윤리를 담고 있는 하경(下經)의 요약된 표현이라 할 수 있다.「각사」와 서사는『성경팔리』를 모본으로 축출된 경구로서 그 두 대상은 외적 내적으로 긴밀히 연관된 대상임이 확실하다.

(3)『역대제철성신록(歷代諸哲誠信錄)』과『성경팔리』

  『성경팔리』가 백봉에서 전해진 설을 입증하는 새로운 증거가 근자에『역대제철성신록(歷代諸哲誠信錄)』(이하『성신록』으로 표기-필자 주)이라는 자료가 발굴됨으로써 추가되었다.

  나인영이 4차 도일 시 두일백(杜一白)과 2번의 만남 중 첫 만남에서 전해 받은「단군교포명서」의 부백(附白)에는 차제에 세상에 선포하겠다고 예고한 일련의 경서류가 있다.[13] 이중에 '역대제철신심록(歷代諸哲信心錄)'이 있다. 이 자료와 동일본으로 추정되는 자료의 서명은 '신심(信心)'이 아니라 '성신(誠信)'으로 기록된『역대제철성신록(歷代諸哲誠信錄)』이다. 아마「부백」에 소개된 '역대제철신심록(歷

---

13)『단군교포명서』중 차제에 세상에 선포를 예고한 경서류는 다음과 같다.
  본교 경전(本敎經典), 선악영험편(善惡靈驗篇), 인신론(人神論), 본교 제철신심록(諸哲信心錄), 단군조실사(檀君朝實史), 본교 역대고사기(歷代古事記), 백봉신형현세기(白峯神兄現世記).

代諸哲信心錄)'은 '성신'이 '심신'으로 오기된 것으로 사료된다.

『성신록』의 발굴은 대종교 경전 형성사에 영향을 줄 수 있는 자료일 뿐 아니라 『성경팔리』가 백봉에서 기원했다는 설을 입증할 새로운 단서다. 『성경팔리』와 관련하여 『성신록』에서 주목되는 점은 『성경팔리』를 구성하는 8개 장의 주제인 「성(誠)·신(信)·애(愛)·제(濟)·화(禍)·복(福)·보(報)·응(應)」에서 앞의 두 장의 주제인 '성(誠)과 신(信)'이 『성신록(誠信錄)』의 서명에 포함된 '성신(誠信)'과 일치한다는 점이다. 이는 우연의 일치일 수도 있다. 하지만 우연으로 보기 어려운 몇 가지 이유는 이 두 자료가 어떠한 식으로든 연관성을 맺고 있을지 모른다는 가능성 때문이다.

『성신록(誠信錄)』은 태자 부루와 신지 선인에서 누석(婁碩)에 이르기 까지 30여명의 신교사(神敎史)에 등장하는 제철들을 신교의 수행의 핵심인 정성(誠)과 믿음(信)이라는 종교적 가치기준에서 서술한 작품이다. 『성경팔리』의 상경(上經)의 서두를 구성하는 두 개의 장 성(誠)과 신(信)은 배열 상 서두에 배치된 것은 신교 윤리를 실행함에 정성(誠)과 믿음(信)이 다른 가치보다 우선하고 있다는 표시다. 이러한 점에서 본다면 두 자료가 전후관계는 알 수 없지만 내적가치를 공유하며 상호 영향 하에 저술되었을지도 모른다는 추정을 해 볼 수 있다. 또 하나의 추정은 두 자료가 백봉이 단군을 표상으로 하는 종교를 창시함에 있어 신교와 관련한 경서류들을 수집하는 과정에서 단군문화를 공통매개로 하여 취합되었을 가능성이다. 여하튼 『성경팔리』와 『성신록』의 연관성은 우연으로 치부하기에는 무시될 수 없는 무언가가 존재한다고 생각된다. 이 두 자료의 상호관련성에 관한 본격적 탐구는 추후 연구의 과제로 남겨 두기로 한다.

(4) 김염백과 『성경팔리』

『성경팔리』 기원설과 관련하여 살펴보아야할 주장이 있다. 그것은 『성경팔리』가 김염백에게서 기원했다는 것이다.[14] 그 주장의 진원지는 클라크(C. A. Clark, 郭安連)가 저술한 『고대 한국의 종교(Religions of Old Korea)』(1932)란 책이다. 미 북장로회 출신 한국 선교사였던 저자가 지속적으로 수집한 고대종교자료를 정리해 펴낸 이 책에는 한국의 종교가 기성종교는 물론 샤머니즘 등의 민간신앙에 이르기까지 개략적으로 소개가 되어 있다. 단군교를 다룬 부분에서 김염백을 언급하며 그가 『성경팔리』의 저자라고 소개하고 있다.

> 김염백은 성경팔리라 불리는 교리서를 저술했는데 그것은 그 교단의 경전으로 받아들이고 있다(Kim Yum Paik wrote a doctrinal book called Sungkyung Palli, which is accepted as the Bible of the cult).[15]

클라크가 김염백과 관련하여 기술한 부분의 전거가 되는 책은 단군교단이 1923년 3월 평양 단군교지부에서 발행된 『김선생염백기(金先生廉白記)』가 틀림없다. 그것은 클라크의 책이 출판된 시점인 1932년은 김염백 전기 발행 시점인 1923년 이후기 때문이다.

한편 『김선생염백기』에는 김염백의 일대기가 소개되어 있는데 1823년 5월 12일 평안도 영변에서 태어나 유아기 때부터 총명함을 보여 소년시절 유교 경전은 물론 중국 고전을 섭렵했다고 한다. 20세에 결혼한 뒤 명리와 과거를 포기하고 대중의 어려움을 구제하는 일에 나서서 추종자를 얻을 정도가 되었다. 26세 되던 해 백성의 복리와 재

---

14) 박성수 외, 『한국선도의 역사와 문화』, 국제평화대학원출판부, 2006, 614쪽.
15) Charles. A. Clark, *Religions of Old Korea*, Seoul : The Christian Literature Society of Korea, 1961, 140쪽.

액 구제를 위해 묘향산에 입산해서 3년간 수도했다. 수도 기간 중에 천서를 받고 신비체험을 하는 등 초자연적 종교 경험을 했다. 신비체험의 과정에서 단군을 만나고 단군은 그에게 교화를 펼칠 것을 명한다. 김염백은 명에 따라 단군의 가르침을 전파한 결과 관서·관북지방에 추종자가 증가하고 단군 숭배가 성행했다.

김염백이 이렇게 단군의 가르침을 펼치며 포교에 전념하던 어느해(1896년) 봄, 길일을 택하여 단군천신에게 제례를 거행할 때 소문을 듣고 각처에서 문도들이 회집했다. 이 소문을 접한 경관이 진상을 조사하고 다음과 같은 사실을 확인하게 된다.

> 此時에 平壤 觀察使가 金先生을 請邀하야 修道하난 眞理를 聞혼즉, 先生니 儼然端坐하야 對하되, 天符三印의 妙衍한 理와 誠信愛濟禍福報應의 理며, 檀君께 祭禮를 誠心으로 設行하난 節次를 一々이 答述하니 觀察使 聽罷에 曰 果然 理學君子라 하더라.[16]

여기서 말하는 "誠信愛濟禍福報應"의 이치(理治)를 담은 책은 『성경팔리』다. 이것은 김염백이 단군신앙 운동을 위해 포교에 활용한 책으로 경전을 가지고 있었고 그 경전이 『성경팔리』라는 결론이 된다.

그러나 이 결론을 사실로 수용하기에는 문제가 있다. 김염백이 수도에 임할 때 암송했던 "시화천존 묵도심함(施化天尊 默禱審涵)"이라는 주문이 있다. 그런데 이 주문은 정훈모가 분립 후 사용하던 「각사」인 "聖靈在上, 天視天聽, 生我活我, 萬萬世降衷" 대신에 1913년 7월부터 사용하기 시작한 것이다. 이러한 사실은 정훈모가 송만옥 등 김염백의 수제자를 만나 그의 전기를 전해들은 시점인 1917년 이전에 이미 이 주문을 「각사」를 대신해 사용하고 있다는 증거가 된다. 이로 미루어 김염백의 "시화천존 묵도심함" 주문도 김염백과 관계가 없

---

16) 정진홍 편, 『김선생염백기』, 『단재 정훈모 전집』Ⅲ, 아라, 2015, 107쪽.

다. 이와 더불어 "誠信愛濟禍福報應"의 이치를 담은 책인 『성경팔리』를 김염백이 포교에 활용했다는 것도 신빙하기 어려운 것으로 볼 수 있다. "시화천존 묵도심함(施化天尊. 默禱審涵)" 주문과 "誠信愛濟禍福報應"의 이치를 담은 책인 『성경팔리』에 관한 기사는 이미 김염백의 수제자가 단군교와 접촉하기 이전에 정훈모의 단군교단에서 유통되던 이야기며, 김염백 전기를 풍요하게 하기 위한 목적으로 가필된 것으로 봄이 옳다.

또 하나의 추정이 가능한데 그것은 김염백이 실제로 『성경팔리』를 포교에 활용했다면, 백봉 교단이 수집했을 가능성이다. 평소 백봉 교단이 단군관련 경서의 수집에 상당한 노력을 기울여왔다는 사실과 또 백봉 교단의 주요 활동무대가 김염백의 포교지역인 북한의 북부와 근접하거나 겹친다는 사실로 미루어 백봉이 『성경팔리』를 입수했을 가능성은 아주 농후하다. 이렇게 『성경팔리』를 백봉 교단이 김염백으로부터 입수했다면 그 두 집단이 틀림없이 조우했을 것이다. 그랬다면 김염백의 수제자들도 백봉 교단의 존재를 알았을 것이고 그들에게 흡수되어 함께 활동했을 가능성이 아주 크다. 이러한 가정들이 사실이라면 1917년 송만옥 등의 김염백 수제자들이 정훈모의 단군교단을 찾았을 가능성은 아주 희박하다고 할 수 있다. 이러한 정황들을 종합하면 『성경팔리』가 김염백으로부터 기원했다는 가설은 추가 단서가 없는 한 수용하기 힘들다.

IV.『성경팔리』의 전개

백봉 교단으로부터『성경팔리』를 전수한 정훈모는 함께 받은 예식서「입교의절」등 자료를 활용해 교리서『진리문답』을 저술했다. 저술을 완료한 뒤『성경팔리』는『진리문답』·『언문진리문답』과 함께 출판했을 것으로 추정된다.

『성경팔리』는『진리문답』·『언문진리문답』이 저술되기 전에 확보된 자료였다.『성경팔리』에 관한 소문은 유근이 장지연에게 보낸 편지를 보낸 시점인 1911년 1월 8일 이전에 있는 것으로 보아 늦어도 1910년 말에『성경팔리』가 존재했음을 앞에서 언급한 바다. 지금까지 출판된『성경팔리』의 가장 이른 판본은 1921년 10월 17일에 발행된 것이었다. 그런데 최근 이 판본에 앞서는 최고본이 발굴되었다.[17]

『성경팔리』최고본

이 자료는 이미 존재가 확인된『언문진리문답』과 같은 석인본 방식으로 인쇄되어 있다. 유근이 측문으로 접수한『단군교팔리』는 바로 이 판본일 가능성이 아주 크다. 최고본『성경팔리』의 발굴을 통해 확인한 중요한 정보는 이 자료의 표지의 배접지에서 발견된『(檀君敎)

---

17) 조준희 소장이 2015년 1월 21일 고서경매장에서 입수해 보관하고 있다.

眞理問答』본문 2쪽이 국한문 혼용체로 작성된 것이라는 사실이다.[18]

이제『성경팔리』최고본·『언문진리문답』·국한문『진리문답』실전이 모두 확인었다. 게다가 이 자료들은 석인본이라는 같은 인쇄방식인 것으로 보아 같은 시기에 출판되었을 가능성이 높다. 정훈모가『진리문답』에 앞서 이미 확보하고 있던『성경팔리』를 분립 직후 포교의 긴급성으로 보아 시차를 두고, 그것도『진리문답』보다 늦게 출판할 이유가 없다. 여기서 추가로 확인되는 사실은『성경팔리』최고본과『언문진리문답』이 공통적으로 책의 말미에 있어야할 판권지가 없다는 점이다. 이는 출판승인 허가가 있기 전에 이미 출판을 완료했다는 것을 의미한다. 이를 종합하면 정훈모는 백봉으로부터 전수한『성경팔리』와「입교의절」등의 예식서를 활용해『진리문답』을 국한문과 순한글로 저술했고 이 자료들은 나철과 분립 직후인 1910년 9월에서 그 해 12월에 석인본으로 출판한 것으로 정리해 볼 수 있다.

『진리문답』은 국한문본과 순한글본이 같은 시기에 출판되었다. 그리고『진리문답』은 초판을 끝으로 재출간되지 않았다. 이에 비해『성경팔리』는 순한문본이 출판되고 나서 1921년 같은 판본이 약간의 수정을 걸쳐 재간행되었다.『성경팔리』와 달리『진리문답』이 1회 출간에 그친 이유는『진리문답』에 포함된「각사」가 1913년 7월에 "시화천존 묵도심함(施化天尊 黙禱審涵)"으로 완전히 변경되어 더 이상『진리문답』의 각사가 재출간의 명분을 상실했기 때문이었다. 이에 비해『성경팔리』는 정훈모 교단에서 계속 주요 경전의 위치에 있었기 때문에 재출간이 가능했다고 본다.

한편 재출간된『성경팔리』에는 1910년 초간본에는 없는 채색을 입힌 단군 영정이 포함되어 있어 눈길을 끈다. 1921년 재출간된 판본에 초간본과 상이한 부분은 정훈모의 입장에서 문맥의 흐름을 다듬기

---

18)『단재 정훈모 전집』II,「『단군교 진리문답』원문입력본」, 앞의 책, 13쪽.

위한 의도에서 대의를 거스르지 않게 수정된 모습을 보인다. 총 25군데에서 초간본과 상이한 부분이 발견된다.

예로 상하의 권수를 표시하는 부분에서 초간본의 상경(上經)·하경(下經)이 상·하로, 서문에 나오는 요순(堯舜)이 지치(至治)로 수정되어 있다. 그러나 일부 수정 부분은 원뜻을 다소 훼손하는 것으로 보이기도 한다. 택재(擇齋) 조(條)를 볼 때 초간본 "擇齋者, 擇日而齋也(택재는 택일하여 재계하는 것이다)"를 "擇, 至精之儀也(택은 지극히 깨끗한 의식이다)로 수정한 부분이 그 한 예다.

『성경팔리』가 재출간 된 지 5년 후인 1926년 순한글로 된 『성경팔리』가 정훈모에 의해 발행되었다. 나철과 분립 후 정훈모는 국한문 혼용의 『진리문답』을 한글로 번역한 『언문진리문답』 발행했던 것처럼 이번에는 순한문 『성경팔리』를 한글로 번역한 『성경팔리』를 펴냈다. 순한글 『성경팔리』 번역에는 1921년본이 아니라 1910년 본을 저본(底本)으로 삼았다. 그것은 『성경팔리』에 번역된 어구들이 1910년본의 내용을 번역한 것이기 때문이다.

<표 4> 『성경팔리』 판본 속 서문 및 '택재' 조 비교

	1910년 초간본	1921년본	1926년 『성경팔리』
서문	箕子曰, 檀君, 神聖之世, 以八理, 敎人, 人無賢愚, 易於達天理, 通人理, 無爲而化故, 人化深於**堯舜**之世也.	箕子曰, 檀君, 神聖之世, 以八理, 敎人, 人無賢愚, 易於達天理, 通人理, 無爲而化故, 人化深於**至治**之世也.	긔자(箕子)자 가라사대 단군 신성(檀君神聖)하신 세상에 녀달 리치로 사람을 가라치셧스니 사람이 현우(賢愚)를 물론하고 다 하날과 사람의 리치를 통달하야 무위이화(無爲而化)한고로 인화가 요순 세상에 지낸지라.
택재(擇齋)條	擇齋者, 擇日而齋也.	擇, 至精之儀也.	택(擇)이란 지난 날을 가리여 재계함이라.

위의 표에서 보듯 1926년 『셩경팔리』 서문 해석 부분에서 "요슌의 세상"은 1921년본(本) "至治之世"가 아니라 1910년 본 "堯舜之世"에 대한 해석임을 알 수 있다. 택재 조의 해석 부분도 마찬가지다.

정훈모가 국한문 혼용 『진리문답』을 순한글 『언문진리문답』으로 번역하는 과정이 신속히 이루어 졌음에 비해 『셩경팔리』의 한글 번역작업은 5년이란 시차를 두고 이루어졌다. 이는 『셩경팔리』가 『진리문답』보다 양적으로 더 많았기 때문으로 생각된다. 이렇듯 정훈모는 주요한 경전과 교리서를 한글로 번역함으로써 한문의 이해가 부족한 대중들을 대상으로 하는 포교의 용이함을 꾀할 수 있었다. 결론적으로 『셩경팔리』의 간행은 단군교 경전사에서 『셩경팔리』에 대한 최초의 한글 번역이란 역사적 의미와 함께 정훈모의 한글에 대한 자주적 문화의식을 엿볼 수 있는 사건이었다.

V. 『셩경팔리』의 이본(異本)

(1) 박노철본 － 『단군예절교훈셩경팔리삼백육십육사
         (檀君禮節敎訓聖經八理三百六十六事)』

단군교는 교세의 부침 속에서 명맥을 유지해 오다가 1936년 7월 조선총독부의 해산명령에 따라 폐문 되었다. 이에 따라 단군교의 경전류도 모체를 상실한 미아와 같은 처지에 놓이게 되었다. 단군교의 경전류는 상당한 기간 동안 세상에 존재가 드러나지 않은 채로 있었다.

그 중 1967년 박노철[19]이란 인물에 의해 세상에 다시 드러나게 되었다. 박노철은 계룡산 일대에서 무속인으로 활동하던 중 현몽한 단군을 받아들여 대전시 유성면 갑동리에 단군대황전을 건립하고 단군을 신앙해왔다. 그 후 박노철은 대종교총본사와 교섭을 통해, 단군전을 대종교의 지부로 승인해줄 것을 청원하여 1958년에 대종교 삼선시교당(三善施教堂)으로 인가를 얻어 활동을 했다. 박노철의 대종교 활동 상황은 교단 측 자료[20]에서도 확인된다.

박노철이『성경팔리』를 세상에 다시 내놓게 된 전말은 이러하다. 박노철에게『성경팔리』가 전달된 과정에는 여러 명의 인물이 관여되어 있다.

우선『성경팔리』를 처음 발견한 인물은 정보주훈(鄭甫柱焄)이다. 그는 1950년 6·25 전쟁의 와중에 길거리를 돌아다니다가 한 물건 파는 사람(販賣者)이 물건을 포장하는 책지를 우연히 보게 된다. 책지를 상세히 살펴보고 심상치 않은 내용을 담고 있음을 발견하고 완전치 못한 상태의 책지를 몇 권 구입하여 한 권으로 정리하였다. 이 불완전한 상태의 책지를 구하게 된 전말을 우종설이란 이에게 전한다. 이를 전해들은 우종설은 완전한 상태의 책을 구하기 위해 각지를 수소문 한 끝에 1955년 봄 영동군 학산에 거주하는 이병준(李秉準)을 만나 완전한 형태의 책을 입수하게 된다. 우종설은 1955년 6월 7일 이 책을 박노철에게 전달하였다. 이를 전달 받은 박노철은 해석에 착수하였고 1960년 정월 초 권선정(權善正)을 만나 해석 작업을 함께 수행한다. 1965년 모든 작업을 마치고 1967년 12월 15일 삼선시교당 교인

---

19) 대종교 관련 인물 박노철은 2명 확인된다. 두 사람은 동명이인인데 한자가 다르다. 한 사람은 1946년 6월 8일 지교(知教)의 교질을 지수하여 참의(參議)의 직위를 수행했던 박노철(朴魯澈)이고, 다른 한 사람은 본 주제와 관련된, 1960년대에 활동한 박노철(朴魯哲)이다(대종교종경종사편수위원회,『대종교중광육십년사』, 대종교총본사, 1971, 940쪽).
20) 박노철은 대덕군 유성면 갑동리 소재 삼선시교당(三善施教堂)에서 1961년 4월 20일 참교의 교질을 서임 받아 전무(典務)의 직위를 가지고 활동했다(위의 책, 1035쪽).

홍례(洪禮)의 재정적 후원을 받아 『단군예절교훈성경팔리삼백육십육사(檀君禮節敎訓聖經八理三百六十六事)』라는 긴 서명의 책으로 발행하였다.[21]

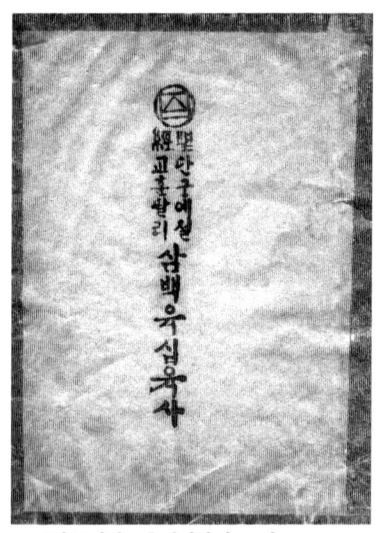

『단군예절교훈성경팔리366사』(1967)

이 책(이하 『박노철본』이라 함 - 필자 주)은 정훈모가 펴낸 두 개의 순한문 『성경팔리』본 중에서 1921년본을 저본으로 삼았음이 확실하다. 가장 확실한 증거는 초간본 서문에 쓰인 어구인 "요순(堯舜)"이 1921년본에는 "지치(至治)"로 변경되었는데 『박노철본』에서는 서문에 "지치"란 어구를 쓰고 있다는 것이다. 또 하나의 증거를 살펴보면 초간본에 없는 단군 초상이 1921년본에 등장하는데 『박노철본』에도 단군 초상이 설명과 함께 모사되어 실려 있다.

『박노철본』을 검토해 보면, 필사의 과정에서 행해진 오기와 교열, 첨가의 흔적을 발견할 수 있다. 우선 『박노철본』은 1921년본 『성경팔리』와 비교해 무려 30군데가 넘는 부분에서 오기가 발견되는데 이는 필사과정에서 범한 실수로 보인다. 문제는 이 오기된 어구를 바탕으로 번역이 이루어져 원문의 내용이 크게 왜곡되었다는 사실이다. 다음은 오기에 따른 내용왜곡의 가장 대표적인 사례.

---

21) 홍례, 「단군예절교훈팔리삼백육십육사 서문」, 『단군예절교훈성경팔리삼백육십육사(檀君禮節敎訓聖經八理三百六十六事)』, 단군예절교훈학술출판부, 1967.; 대종교 기록에는 홍옥도로 나오는데, 옥도(玉桃)는 호로 보인다.

<표 5> 『성경팔리』 1921년본과 『박노철본』의 비교(1)

	1921년본	박노철본
(1) 신(信)장 의(義)절	義, 祖信而孚應之氣也.	義, 粗信而孚應之氣也.
(2) 정외(情外) 조(條)	祈順跳下, 是容機也.	析順跳下, 是容機也.
(3) 균련(均憐) 조(條)	悲健困, 如殘傾也.	非健困, 如殘傾也.

(1) 1921년본 : 의는 믿음을 근본으로 하여 응답을 기르는 기운이다.
　　박노철본 : 의리라고 하는 것은 사람의 신의에 있어 엉성함을 진실한 믿음으로 응하게 하는 기운이니라.
(2) 1921년본 : 순풍을 빌고 밑으로 뛰어 내리는 것은
　　박노철본 : 나무쪽을 따르고, 아래로 뛰어 나리게 되는 것은
(3) 1921년본 : 모진 어려움을 슬퍼하기를 몸을 가누지 못하고 쓰러지는 것처럼 하는 것이다.
　　박노철본 : 또한 남의 아주 곤궁하여 비참함을 생각하여 그 잔인하게 기우려 짐을 같이 할 것이니,[22]

(1)에서 동사로 쓰인 조(祖: 근본으로 하다)는 명사 조(粗: 엉성함)로, (2)에서는 동사 기(祈: 빌다)가 명사 석(析: 나무쪽)으로, (3)에서는 비(悲: 슬퍼하다)가 비(非: 비참함을 생각하다)로 각각 오기된 해석을 따르고 있다.

『박노철본』에는 또한 오기에 따른 문맥에 맞지 않게 해석된 내용도 있지만 1921년본에 포함된 원문의 오류를 문맥에 맞게 수정한 부분도 발견된다.[23]

---

22) 『성경팔리』, (1) 144쪽, (2) 160쪽, (3) 164쪽.
　　『박노철본』, (1) 126쪽, (2) 170쪽, (3) 180쪽.
23) 『성경팔리』, (1) 209쪽, (2) 218쪽, (3) 219쪽.
　　『박노철본』, (1) 291쪽, (2) 312쪽, (3) 313쪽.

<표 6> 『성경팔리』 1921년본과 박노철본의 비교(2)

	1921년본	박노철본
(1) 존물(存物) 조(條)	<u>故</u>之者	<u>放</u>之者
(2) 장가(藏訶) 조(條)	柔<u>人</u>寬	柔<u>之</u>寬
(3) 엄(嚴) 절(節)	不<u>使</u>財者	不<u>私</u>財者

(1)의 고(故)는 방(放)으로 (2)의 인(人)은 지(之)로 (3)의 사(使)는 사(私)로 바꾸어 표현하는 것이 문맥에 더 어울린다. 『박노철본』의 교정된 글자는 내용을 고려하지 않은 물리적 차원의 필사가 아니라, 내용을 고려한 교열의 과정을 거쳤음을 보여주는 것이다. 마지막으로 『박노철본』에는 문맥의 흐름을 원활하게 하기 위해 일부의 어구를 첨가한 부분도 볼 수 있다.[24]

<표 7> 『성경팔리』 1921년본과 박노철본의 비교(3)

	1921년본	박노철본
간윤(間倫) 조(條)	冬煖更寒, 禍旋至者, 天理也.	冬煖更寒, <u>春寒, 更煴</u>, 禍旋至者, 天理也.

※ 1921년본: 따듯한 겨울이 다시 추워져서 재앙이 갑자기 닥치는 것은 하늘의 이치다.
박노철본: 겨울에 따신 날씨가 다시 추위지고 봄에 추운 날씨가 다시금 따시어 지는 것은 재앙이 도라 드러서 자가에게 이르는 자니 이렇게 되는 것은 천리의 바른 것이다.

이 부분은 『박노철본』에서 발견되는 유일한 첨가된 어구다. 『박노철본』에서 발견되는 오기(誤記)와 교열, 첨가의 흔적에도 불구하고 비교적 원본에 가깝게 필사하고 그에 따른 번역을 진행한 것으로 평

---

24) 『성경팔리』, 200쪽.
『박노철본』, 273쪽.

가된다. 한편 이 자료는 『단제예절교훈팔리삼백육십육사(檀帝禮節敎訓八理三百六十六事)』라는 일부가 변경된 서명으로 1998년 대종교총본사에서 재편집되어 다시 발행되기도 했다.

(2) 이유립본 —『참전계경(叅佺戒經)』

『성경팔리』의 이본들 중에서 가장 널리 알려져 있는 것은 『참전계경(叅佺戒經)』이다. 『참전계경』과 관련한 인물은 바로 이유립이다. 그는 이미 세간에 알려진 대로 1979년 『환단고기』를 세상에 내놓아 한국 재야 사학계에 큰 영향을 주었다. 이유립은 자신의 주장에 따르면 1909년 이기·계연수가 창립한 단학회(태백교)에 이른 나이(13세)부터 관여하고,[25] 1963년에는 단단학회로 개명해 단학회를 계승한 인물이다. 쉽게 말하면 그는 일찍부터 평생 동안 단학회(태백교)에 관여한 인물이다. 하지만 그의 단학회(태백교)원 혹은 태백교도로서의 종교적 정체성은 실증 자료를 통해 보면 그가 단단학회를 창립한 1963년 이후부터 확인된다.

이유립 자신의 주장을 담은 자료와는 달리 객관적 사실을 보증할 수 있는 기록에 의하면 그의 종교적 정체성은 3단계의 변모의 과정을 보여준다. 즉 그의 종교적 정체성은 유교에서 대종교로 마지막으로 태백교로 변모하는 모습을 볼 수 있다. 우선 그의 유교적 정체성은 그가 유교 종교화 운동에 적극 관여했다는 사실에서 확인된다. 그는 1933년 27세의 나이에 안순환이 창립한 '조선유교회'가 설립한

---

25) "(1913년 13세) 10월 先考 檀海 先生을 따라 小雅河 또는 紅石拉子로 따라서 3年半 있으면서 檀學會가 주관하는 倍達義塾에서 桂延壽, 崔時興, 吳東振 諸先烈들의 강의를 듣는 한편 朝鮮獨立少年團 조직 활동에 참가 團長이 되었다"(이유립, 『대배달민족사』 3, 고려원, 1987, 「한암당 이유립 선생 연보」).

녹동서원의 '명교학원'[26] 제1회 학생으로 입학했다. 이유립은 녹동서원이 배출한 수료생 중에 가장 특별한 사람으로 꼽힐 정도로 뛰어났고 수료 후에는 고향인 평북 삭주에 유교회 지부를 내고 졸업생 중에 가장 활발한 활동을 하였다.[27] 한편 녹동서원에는 안순환의 후원으로 설립된 '단성전'이 함께 있었는데 이곳은 정훈모가 이끄는 단군교의 중심 거점이었다. 이유립은 이곳에서 단군교 본부의 활동상황에 깊은 관심을 보였다. 졸업 후에는 조선유교회 홍보기관지 일월시보사 주필이 되어 활동하기도 하였다. 이유립이 이곳에서 단군신앙을 처음 접한 것은 쉽게 추측할 수 있다. 한마디로 이시기의 이유립은 유교종교화 운동의 열성적 실천가로서 활약한 투철한 유교주의자였다.

광복 후 이유립은 월남하여 대전에서 생활하던 시기에 대종교에 입교하게 된다. 즉 그는 1961년 4월 20일 대종교 상교(尙敎)를 지수하고 대전시 용두동에 위치한 대종교 대전시교당을 이끌었다.[28] 이유립은 대종교 지방시교당 중진으로 활동하던 중 대종교의 핵심교리인 삼신론에 대한 이론(異論)을 펴며 대종교에 대응할 새로운 종교를 모색했다. 즉 그가 제시한 종교는 학술연구단체인 단단학회를 표방한 '태백교'였다. 그는 태백교를 창교하면서 해학 이기와 계연수 등을 초기 단학회(태백교)를 창시한 인물로 끌어들여 태백교의 근원을 근대인 1909년까지 끌어올리는 근거를 지어냈다.

새로운 종교를 창시함에 있어서 그에게 필요한 것은 다름 아닌 종교의 핵심인 '경전'이었다. 그가 주목한 경전은 그의 종교적 역정에

---

26) 명교학원의 설립목적은 공자의 인의(仁義)를 소중히 하는 '조선유교회'의 이념을 민중에게 효과 있게 전파하여 대동 태평세상 구현을 선도하는 유교전교사 양성에 있었다(황영례, 『安淳煥의 儒敎 宗敎化 運動과 鹿洞書院』, 영남대 철학과 박사학위논문, 2003, 85쪽).
27) 위의 논문, 171쪽.
28) 대종교종경종사편수위원회, 『대종교중광육십년사』, 앞의 책, 1023쪽.

서 경험한 단군교와 대종교 등 단군관련 신앙단체의 경전이었다. 우선 단군교에서 유통되던 『천부경』에 주목해서 『천부경』을 자신이 주장하는 교리인 삼신각개(三神各個)로서의 삼신론에[29] 입각해 "천제(天帝) 환국(桓國)에서 구전되던 것으로 환웅대성존이 한울에서 내려온 뒤 신지(神誌) 혁덕(赫德)에게 명하여 녹도(鹿圖)를 글로써 이를 기록하게 하였다"고[30] 주장하며 "천부경"의 역사적 기원을 꾸며내며 자신의 새로운 종교인 태백교의 경전으로 활용했다.

다음으로 그는 『삼일신고』에 주목했다. 이유립은 『삼일신고』도 『천부경』과 그 기원을 같이 하는 것으로 꾸며냈다.[31] 그는 또 대종교의 경전인 『신사기』, 「교화기(敎化記)」에 삽입되어 있는 일명 '삼일신고 신사기본'에 도입부 일부가 '삼일신고 석실본'과 다른 점에 주목하여 『삼일신고』의 기원이 단군왕검(檀君王儉) 이전의 것이라는 주장을 내세웠다.[32] 이유립은 나아가 석실본으로 알려진 대종교 『삼일신고』의 다섯 부분을 변조하고 "原本 三一神誥"라고 명명하여 태백교의 경전으로 삼았다.

마지막으로 이유립의 주목의 대상이 되었던 경전은 『참전계경』의 모본인 『성경팔리』였다. 단군교의 경전으로 유통되던 『성경팔리』는 단군교가 폐문 당함에 따라 모체를 상실한 경전으로 떠돌게 되었다. 이 주인 잃은 경전 『성경팔리』는 새로운 종교를 모색하고 있던 이유립에게는 좋은 표적이 되었다.

---

[29] 이유립의 삼신론은 대종교의 환인·환웅·환검 삼신이 일체라는 삼신일체설과는 반대로 삼신이 각기 존재한다는 삼신각개설이다. 이유립의 교리에서 특히 삼신 중 환웅을 가장 중요한 대상으로 삼고 있다. 이에 따라 대종교가 환검 즉 단군을 교조로 삼고 있음에 비해 이유립 태백교는 환웅을 교조로 삼고 환웅에 의해 창교된 고신교가 바로 태백진교라는 주장이다.
[30] 이유립, 『대배달민족사』 3, 앞의 책, 15쪽.
[31] "三一神誥는 天帝桓因으로부터 구전해 온 성서다. 桓雄天王께옵서 聖地 太白山으로 내려오심으로부터 비로소 神誌赫德으로 하여금 사슴 그림글자를 만들어 적게 하여 널리 인간 세상에 펴낸 것이다"(위의 책, 63쪽).
[32] 위의 책, 64쪽.

그러나 이유립이 대상으로 삼은 판본은 단군교단에서 정훈모가 발행한 『성경팔리』가 아니라, 『박노철본』이었다. 사실 『박노철본』이 저본으로 삼은 판본인 1921년 판 『성경팔리』도 이전의 1910년 판 『성경팔리』를 필사하는 과정에서 남긴 25군데의 수정내용을 담고 있다. 『박노철본』은 1921년 판 『성경팔리』가 담고 있는 오기의 토대 위에서 언급한 대로 필사의 과정에서 무려 30개 넘는 오기와 교열, 첨가의 흔적을 남겼다. 이러한 저간의 사정을 모른 채 이유립은 『박노철본』에 남아있는 누적된 변형의 모든 흔적을 그대로 답습했다. 이유립이 그대로 답습한 오기된 부분에서 주목되는 부분은 위에서 언급한 다음 표의 내용이다.

<표 8> 『성경팔리』 1921년본과 박노철본의 비교(4)

	1921년본	박노철본
(1) 신(信)장 의(義)절	義, 祖信而孚應之氣也.	義, 粗信而孚應之氣也.
(2) 정외(情外) 조(條)	祈順跳下, 是容機也.	析順跳下, 是容機也.
(3) 균련(均憐) 조(條)	悲健困, 如殘傾也.	非健困, 如殘傾也.

녹동서원의 명교학교를 우수한 성적으로 입학해서 주목 받은 이유립의 한학 능력을 고려해 볼 때 그가 1921년 판을 보았다면 박노철본을 그대로 받아들일 가능성이 전무하다. 그중에서 더욱 주목을 끄는 부분은 『박노철본』에서 최초로 나타난 '간윤(間倫)' 조에 첨가된 부분이다. 이 첨가된 부분은 그 이전의 판본에는 찾아 볼 수 없는 내용으로 이 부분이 이유립본에 포함되어 있다는 것은 그가 저본으로 삼은 대상이 박노철본임을 확증해주는 또 하나의 유력한 증거다.

<표 9> 『성경팔리』 1921년본, 박노철본, 이유립본의 비교

	1921년본	박노철본	이유립본(환단휘기)
간윤(間倫)	冬煖更寒, 禍旋至者, 天理也.	冬煖更寒, 春寒, 更暄, 禍旋至者, 天理也.	冬煖更寒, 春寒, 更暄, 禍旋至者, 天理也.

이유립은 이전의 판본의 누적된 오기를 답습한 것에 그치지 않고 자신이 창시한 태백교의 종교사관을 관철하기 위해 무려 130개에 이르는 부분에서 원전과는 다른 내용을 담은 『참전계경』이란 서명의 경전을 만들어 냈다. 이유립본의 변조의 전모를 이해하기 위해서는 모본인 『성경팔리』의 구조를 살펴볼 필요가 있다.

<표 10> 『성경팔리』章, 節, 條 總合 현황표

	章	節	條	節 + 條
1	誠	6體	47用	53
2	信	5團	35部	40
3	愛	6範	43圍	49
4	濟	4規	32模	36
5	禍	6條	42目	48
6	福	6門	45戶	51
7	報	6階	30及	36
8	應	6果[성경팔리 6果 闕文 (빠진 글귀)상태]	39形	39[성경]/45[참전]
성경팔리	8	39	313	8+39+313 =360
참전계경	8	45	313	8+45+313 =366

우선 이유립은 창작을 통해 새로운 내용을 삽입했다. 위의 표에서 보듯 『성경팔리』는 총 8장(章)하에 39절(節)과 313조(條)로 총 360개의 본문으로 구성되어 있다. 원전 『성경팔리』에서 주목되는 점은 마지막 장인 응(應)장은 6절에 따른 39개의 조로 구성되어 있다. 하지만

다른 장이 각 절을 표제로 하는 본문이 존재하는데 응(應)장 만은 6개의 절에 따르는 본문이 생략되어 있다. 이유립은 바로 응장에 빠져 있는 6개의 절에 따르는 본문을 채워서 총 366개의 본문으로 구성된 『참전계경』으로 정비했다. 그는 서명에 포함된 "참전(參佺)"이란 용어를 모본인 정훈모의 『성경팔리』에서 다른 용어를 빼고 삽입함으로써 "참전계경"이라는 서명의 전거를 확보했다.

이유립은 본문 여러 곳에서 변조를 감행하였다. 우선 군자(君子)를 철인(哲人)으로, 소인(小人)을 중인(衆人)으로, 대성(大聖)·현인(賢人)·기차(其次)를 각각 상철(上哲)·중철(中哲)·하철(下哲) 등 대종교 중심 경전인 『삼일신고』에 나오는 용어로 바꾸었다. 이러한 변조와 더불어 그의 철학을 담은 용어들이 변조되어 포함되었다.

<표 11> 정훈모본, 박노철본, 이유립본 비교

장	절	조	성경팔리(1921) 박노철본(1967)	환단휘기(1971)
6장 복(福)	4문(門) 化	2호 遵戒	修身聖戒	參佺八戒
8장 응(應)	1과(果) 積	6형 仙安	得淸眞學	參佺成道
8장 응(應)	福重		×	倧之所重者는 國體也오 佺之所重者는 民敎也라 治亂이 皆因所本而興也니 哲人之氣一醞釀山川하야 倧興至治에 天河先澄하고 佺行敎化에 白岳이 先靈이니라.
서장(序章)			聖靈在上 主宰人 三百六十六事	太始에 哲人이在上하사 主人間 三百六十六事… 是爲參佺八戒니라

위에서 언급했듯이 이유립은 "참전계경" 서명의 전거를 마련하기 위해 "참전(參佺)"을 세 개의 절에서 창작해 삽입했다. 이유립은 또한 정훈모 본에 여섯 곳에서 보이는 "성령재상(聖靈在上)"이란 용어를

제거하고 "철인"으로 대체했다. 이러한 사실은 경전의 주체가 바뀌는 결과를 가져왔다. 정훈모『성경팔리』의 "성령"은 단군교단의 궁극적 신앙대상인 천신을 의미한다. 이 천신이 중보자 단군에게 계시를 통해 전한 것이 바로『성경팔리』다. 이에 비해『참전계경』의 "성령"에 대응하는 존재는 철인이다. 이 철인은 이유립의 주장에 따르면 고구려의 국상 을파소[33]다. 각각의 경전을 대표하는 주체는『성경팔리』의 단군과 "참전계경"의 을파소다. 결국 "성령"을 "철인"으로 대체함으로써 경전의 권위가 신인 단군에서 인간 을파소로 격하되는 결과를 초래했다. 종합하면, 이유립은 모체를 상실한『성경팔리』를 자신이 창교한 종교의 경전으로 확보하기 위해 변조와 삽입의 방법을 통해 자신의 의도를 담은 새로운 경전으로 정비해서 활용했다.

이렇게 변조된『참전계경』이 처음 세상에 등장한 것은 1971년[34]에 발행된『환단휘기』[35]를 통해서였다.

『환단휘기』는『천부경』·『삼일신고』·『참전계경』·『태백진훈』으로 구성되어 있는 책이다. 이유립은 기존에 유통되는 경전의 내용을 자신의 종교사관을 담은 내용으로 변조해 대종교의 대안으로 자신이 창교한 태백교의 경전으로 이 책을 세상에 내놓았던 것이다.

---

33) "지금으로부터 一천七백八십二년전, 즉 신시개천 四천八십八년(辛未·西曆 一九一年)에 고구려 국상이 된 乙巴素선생이 일찍 백운산(白雲山 : 지금의 朔州 義川 龜城 三郡과의 交叉된 곳에 있는 天摩山)에 들어가 삼신하느님께 제 올리면서 서원(誓願)하다가 우연히 하늘의 천서(天書)를 얻었다 전하니 이것이 오늘의 참전계경이다"(위의 책, 121쪽)
34) 필자는 논란의 여지가 있는『환단휘기』의 간행 날짜를 확인하기 위해 이 자료를 소장하고 있는 국회도서관과 충남대 도서관에 입고 날짜를 각각 전화 문의하였다. 그 결과 국회도서관에서는 입고일이 1999년 9월 1일임을 확인해주었다. 다음으로 충남대 도서관에서는 "원부에 기록된 입고 날짜가 1973년 12월 7일"이라고 확인해주었다(2106.9.29. 오전 9시 57분에 문의, 10시 8분에 담당자 답변). 결과적으로『환단휘기』의 간행 날짜는 1976년이 아니라 양종현·서경원의 발문(跋文)에 기록된 신시개천 5868(서기 1971)년을 사실로 확정할 수 있었다.
35) 이유립,『桓檀彙記1:弘益四書』, 단단학회, 신시개천5868(1971).;"환단휘기"라는 용어는 단단학회에서 1967년 1월 1일자에 발간한 기관지『커발한』제8호, 6면에 처음 등장하였다. 그런데 "환단휘기" 1편은 태백유사(太白遺史), 2편(제9호, 1967.3.1)은 단군세기와 진역유기(2), 3편(제10호, 1967.5.1)은 진역유기(3)를 다루어, 서명이 아니라 기사 코너명이었다. 이유립은 1971년에 이를 책명으로 활용한 것이다.

그 후 이유립은 자신이 창교한 태백교의 종교 기원을 역사적으로 보증하기 위해 1979년에 『환단고기』를 세상에 내놓았다. 좀 더 구체적으로 말하면, 그는 『환단고기』에 포함된 「태백일사」<소도경전본훈>에 『천부경』・『삼일신고』・『참전계경』 등 경전류의 고대적 기원을 담은 내용을 포함시켰다.

요약하면, 『환단휘기』는 대종교에 대응하여 이유립 자신이 창교한 태백교의 경전이고, 『환단고기』는 태백교의 종교적 기원을 보증하기 위해 이유립이 꾸며낸 사화다. 결론적으로 『참전계경』은 이유립이 대종교에서 이루지 못한 종교적 이상을 성취하기 위해 그에 대응하는 종교에 필수적 구성요소인 경전을 마련하는 과정에서 생성된 산물인 것이다.

(3) 대종교본 — 『참전계경(叅佺戒經)』

사실 『참전계경』의 모본이 되는 『성경팔리』의 존재를 대종교단에서 인지한 때는 비록 측문을 통해서였지만 위에서 언급했듯이 이미 1911년 1월 8일 이전 즉 1910년 말경이다. 이때 대종교단은 이 경전의 가치를 크게 평가해 그것을 구득하려는 열망이 아주 컸다. 하지만 소망대로 그 경전을 확보하는 데는 실패한 것으로 보인다. 이렇게 일찍부터 대종교단의 주목을 받았던 『성경팔리』가 대종교단에 편입된 것은 그로부터 무려 60여 년이 지난 뒤의 일이다.

『성경팔리』와 관련한 대종교의 인물은 강천봉이다. 1973년 대양서적에서 대종교와 천도교의 주요 경전들을 한 권의 책으로 묶어 『한국명저대전집』이란 서명으로 펴낸 일이 있다. 이때 대종교를 대표해서 강천봉이 대종교의 주요 경전을 수집・출판하는 일을 담당했다.

이 경전에『팔리훈』이란 서명의 책이 포함되었다. 내용을 살펴보면 이 경전은 그에 앞서 1971년에 출판된『환단휘기』에 포함된『참전계경』을 그대로 담고 있다. 이유립의 종교적 배경과『참전계경』의 저술 배경을 간파하지 못한 채 강천봉은『삼일신고』를 제외한『천부경』[36] 과 원본인 정훈모의『성경팔리』를 이유립의 의도대로 변조한『참전계경』[37]을 대종교 경전에 포함하여 소개하였던 것이다.

강천봉의 사적인 결정에 의한 대종교경전 간행사건 후에 대종교단은 1975년 6월, 교단의 교무회의(敎務會議)의 결의에 따라『천부경』과『참전계경』을 대종교의 공식경전으로 정식 공인하였다.[38] 1983년 대종교단에서는 전래의 경전류에다『천부경』과『참전계경』을 포함해『대종교요감』을 출간했다.『대종교요감』은『천부경』의 고대 기원을 이유립의 주장대로 환웅시대의 산물로 기록하고 있다.[39] 더욱이『대종교요감』은『참전계경』의 본문 내용도 강천봉의『팔리훈(참전계경)』에서 일부 이유립의『참전계경』과 상이했던 부분을 완전히 이유립의『참전계경』과 일치시켰을 뿐만 아니라, 고대의 기원도 이유립이 주장하는 고구려 재상 을파소의 저작이라 기록하고 있다.[40]

1973년 강천봉의 사적인 동기에서 시작된『천부경』과『참전계경』의 대종교 경전 편입사건[41]은 1983년에『대종교요감』의 간행을 통해 완전히 이유립의 의도가 포함된 경전이 대종교의 공식 경전으로 고정되는 결과를 낳았다.

---

36) 강천봉은 1973년『한국명저대전집』에 대종교 경전을 소개할 때『천부경』을 '단군시대의 산물'로 소개하였다. 이유립은 '환웅시대의 산물'이라고 하여 견해 차이가 있다.
37) 강천봉의「팔리훈」은 대체로 이유립의『참전계경』내용을 따르고 있으나 1971년에 출판된 이유립의『환단휘기』속 참전계경과 대조해 보면 약간 다른 부분도 있다.
38) 김정신,「檀君信仰에 關한 經典 硏究」,『정신문화연구』32, 한국정신문화연구원, 1987, 37쪽.
39)『대종교요감』, 앞의 책, 11쪽.
40) 위의 책, 33쪽.
41) 1973년 대양서적에서 발간한『한국명저대전집』중 대종교 관련 경전류는 1996년에 대종교총본사 명의로 영인되어『대종경전총람(大倧經典總攬)』이란 서명으로 재출간된바 있다.

『대종교요감』(1983)　　　　　　　『대종경전총람』(1996)

　대종교단은 2002년 윤세복의 『삼법회통』을 비롯한 전래 대종교 경전류를 포함해 나철의 유훈영서(遺訓靈書)로 불리는 내용을 추가, 대종교 역사상 가장 방대한 양의 경전을 『대종교경전』이란 서명으로 출간하였다. 여기에도 『참전계경』이 포함되었다. 『대종교경전』에 포함된 『참전계경』은 그보다 앞서 '단촌글방'을 통해 1998년에 간행된 바 있었다. 이 책을 펴낸 이는 당시 대종교연구소 연구위원 최윤수였다. 그는 책의 기원을 이유립의 주장 그대로 수용했다. 즉 서명의 유래를 이유립의 『환단고기』에 포함된 「소도경전본훈」으로, 고구려 국상 을파소라는 고대기원설을 기본 인식으로 두고 책을 집필했다. 그가 책을 번역함에 있어서 저본으로 삼은 것은 우종설 본 즉 위에서 언급한 『박노철본』이며, 강천봉 본, 이유립본 등을 함께 참조하였다고 했다. 그러나 서명에도 보듯 이유립의 『참전계경』을 일부 제외하고 거의 수용한 것이 확인된다.

　이 책은 2002년 대종교 경전 정리 작업의 결과물인 『대종교경전』에 포함되었다. 『대종교경전』에 포함된 『참전계경』은 예찬문과 한자본 글자선택에 관한 안내문이 함께 들어있다. 자신의 고유한 관점에 따라 한자본 선택에 고심한 흔적을 볼 수 있지만 전체적으로 이유립이 체계화한『참전계경』의 근본 구조에서 벗어나지 못했다.

『참전계경』(최윤수, 1998)

『대종교경전』(2002)

VI. 나가는 말

정훈모가 초기 단군신앙운동에서 주요 경전으로 활용했고 오늘날에는 다른 서명으로 단군관련 종단에서 활용되고 있는『성경팔리』는 우여곡절이 점철된 경전이다. 그 경전이 최초로 사회에 공개적으로 유통된 시점은 여러 가지 자료를 통해 정훈모가 분립 직후인 1910년 9월에서 같은 해 말경으로 확인했다. 또한『성경팔리』는 예식서와 함께 정훈모의 초기 교리서인『진리문답』을 저술하는 자료로 활용되었다. 예식서의「각사」와「서사」는 각각『성경팔리』의 상경과 하경에서 축출된 종교사상을 함축한 경구라 할 수 있다. 결국『성경팔리』는 정훈모가 인도하는 초기 단군교단의 주요 교리서인 『진리문답』과 직·간접적으로 밀접히 연관되어 있다. 한편 『성경팔리』의 기원이 백봉 집단이라는 가설도 여러 증거로 충분히 입증되었다.

『성경팔리』는 1910년 세상에 공개된 뒤 줄곧 단군교단의 주요 경전의 위치를 유지하며 변화되어 왔다. 1921년 같은 판본이 재출간되어 그 존재의 가치를 입증했다. 하지만 재출간의 과정에서 오기를 남기는 미세한 과오도 있었다. 정훈모의 『성경팔리』에 대한 열정은 계속되어 1910년 판본을 저본으로 1926년 순 한글로 번역된 『성경팔리』를 발행했다. 이는 『성경팔리』가 최초로 한글로 번역된 작품이라는 경전사적 의미와 함께 그의 국어에 대한 자주적 문화의식을 엿볼 수 있는 사건이었다.

1936년 일제의 강압에 의해 교단의 유지가 어려워지자 단군교는 폐문의 지경에 이르게 되고 이에 따라 경전들도 모체를 상실한 미아의 신세가 되었다. 한 동안 잊혀진 『성경팔리』는 1967년 박노철에 의해 세상에 다시 빛을 보게 된다. 비록 필사와 제작의 과정에서 오기와 첨가가 있었지만 『성경팔리』를 세상에 다시 알리는 계기를 마련한 것은 사실이다. 그러나 대종교에서 활동하다가 교리 상 이견으로 다른 노선을 걷게 된 태백교의 창시자 이유립이란 인물에 이르러 이 경전은 상당한 정도로 변조되는 운명을 필할 수 없었다. 새로운 종교를 위해 경전을 갈망했던 그는 자신의 종교사관에 맞게 변조해 새로운 서명인 『참전계경』을 만들어 냈다.

『참전계경』은 그 후 세간에 조화·교화·치화 삼경 중 치화경으로 유통되고 있다. 20세기 초 세상에 처음 드러난 『성경팔리』는 세월의 흐름에 따라 변화를 계속했지만 그 결과는 오기·교열·첨삭이 누적되는 과정의 연속이었다. 경전은 해석의 자유는 있지만 원전을 변조할 자유는 있을 수 없는 절대 불가침의 대상이다.

　때마침 『성경팔리』의 최고본이 발굴되어 그간의 변화의 역사에서 점철된 오류들을 씻을 수 있는 새로운 계기가 마련되었다. 새롭게 발굴된 원전을 바탕으로 『성경팔리』가 원래의 모습을 되찾아 파란만장한 변형의 역사로 얼룩진 모습에서 세상에 온전한 모습으로 드러나기를 기대해 본다.

【참고문헌】

<원사료>
『聖經八理』上・下.
정진홍,『檀君敎復興經略』, 계신당, 1937.
『倧報 第一輯』, 종사편집부, 1957.
박노철,『단군예절교훈팔리삼백육십육사』, 단군예절교훈학술출판부, 1967.
대종교종경종사편수위원회,『대종교중광육십년사』, 대종교총본사, 1971.
『대종교요감』, 대종교총본사, 1983.
강천봉 편,『대종경전총람』, 대종교총본사, 1996.
『위암 장지연 서간집』2, 위암장지연기념사업회, 2004.
정훈모/조준희・유영인 옮김,『단재 정훈모 전집』, 아라, 2015.
Charles. A. Clark, Religions of Old Korea, Seoul The Christian Literature Society of Korea, 1961.

<단행본>
이유립,『桓檀彙記1 弘益四書』, 단단학회, 신시개천5868(1971).
이유립,『대배달민족사』3, 고려원, 1987.
정재서,『한국 도교의 기원과 역사』, 이화여대출판부, 2008.
최윤수,『참전계경』, 단촌글방, 1998.
신지/강천봉 역・최제우/최동희 역,『한국명저대전집 삼일신고(외)・동경대전(외)』, 대양서적, 1973.

<논문>
김정신,「단군신앙에 관한 경전 연구」,『정신문화연구』32, 한국정신문화연구원, 1987.
조준희,「조선총독부 문서철『사사종교』,「대종교・단군교의 건」」,『숭실사학』35, 숭실사학회, 2015.
황영례,「안순환의 유교 종교화 운동과 녹동서원」, 영남대학교 박사학위논문, 2003.

# Ⅱ. 재야사서의 비밀

대종교 경전으로 본 『환단고기(桓檀古記)』 진위 문제*

이 근 철

Ⅰ. 서론
Ⅱ. 『삼일신고(三一神誥)』와 『환단고기』
Ⅲ. 『신사기(神事記)』와 『환단고기』
Ⅳ. 『천부경(天符經)』과 『환단고기』
Ⅴ. 결론

* 본 논문은 『선도문화』 16(국학연구원, 2014)에 실린 내용을 재수록한 것임을 밝혀둔다.

Ⅰ. 서론

우리나라의 재야 사서류(史書類) 중 『환단고기』만큼 진위(眞僞)에 관한 논쟁이 심한 것도 없을 것이다.[1] 『환단고기』는 계연수(桂延壽)에 의해 1911년에 처음 편찬되었다고 하는데, 이유립(李裕岦)이 소장하고 있다가 1979년에 처음 출판한 뒤 1980년 초부터 여러 출판사에서 출판하여 세상에 널리 알려진 책이다. 「삼성기 상(三聖紀 上)」, 「삼성기 하(三聖紀 下)」, 「단군세기(檀君世紀)」, 「북부여기(北夫餘紀)」, 「태백일사(太白逸史)」 등 다섯 권의 책을 엮은 것으로서 우리 역사에서 사료를 찾기 힘든 상고사에 대해 비교적 상세하고 웅장하게 서술되어 있다.

그런데 『환단고기』에는 대종교의 주요 경전들이 실려 있을 뿐만 아니라 대종교의 주요 교리들이 여러 군데 나타나 있는 것을 쉽게 발견할 수 있다. 『환단고기』는 대종교의 공식적인 사서(史書)가 아님에도 불구하고 내용상 상통하고 있는 부분이 많은 것이다. 『천부경(天符經)』과 『삼일신고(三一神誥)』와 같은 경전뿐만 아니라, 다른 문헌에서는 찾아보기 힘든 조화(造化)・교화(敎化)・치화(治化)라는 대종교의 삼대 교리의 축과 삼일기체(三一其體) 일삼기용(一三其用)을 바탕으로 한 삼일철학(三一哲學) 등이 그것이다. 그렇다면 『환단고기』가 대종교 경전의 영향을 받았거나, 대종교 경전이 『환단고기』의 영향을 받았거나, 아니면 둘 다 이전부터 내려온 동일한 문헌을 바탕으로 하였을 것이다. 그러므로 『환단고기』의 진위 문제에 대해 대종교의 경전을 바탕으로 분석해 보는 것은 매우 의미가 있을 것이다.

대종교는 홍암(弘巖) 나철(羅喆)에 의해 새롭게 창교된 것이 아니

---

[1] 『환단고기』의 진위에 대한 각각의 입장을 정리한 논문은 우대석의 「『환단고기』 위서론에 대한 비판적 고찰」(『선도문화』9, 국학연구원, 2010)을 참고하기 바람.

라, 백두산 신교(神敎) 신앙집단으로부터 경전을 전수 받으며 중광(重光)한 것이라고 한다. 다시 말해 나철을 중심으로 한 인물들이 경전을 만들어 대종교를 창교(創敎)한 것이 아니라, 백봉(白峯)이 이끄는 백두산 신교 신앙집단의 요원인 파유원(派遊員)들과의 접촉을 통해 경전류를 전수받으면서 대종교를 중광했다는 것이다. 이때 나철에게 경전을 전수한 백봉 집단의 요원은 백전(伯佺, 호 頭岩)이라는 파유원이었는데, 그로부터 받은 경전은 『삼일신고(三一神誥)』와 『신사기(神事記)』 두 책이었다.[2] 그 이후로도 나철 등은 백봉 집단과의 두 차례 더 만남을 통해 몇 가지 종교의례를 위한 문건과 포교문건 등을 전해 받았다고 한다.

초기 대종교단은 백봉 전수 경전류를 바탕으로 종단 차원에서 신학에 해당하는 종학(倧學)의 정립을 위한 일에 착수했다. 종학은 환인(桓因)·환웅(桓雄)·환검(桓儉)의 '삼신론(三神論)' 정립에 집중되어 진행되었다. 이와 같은 목표를 수행하기 위해 초기 대종교단의 종학 정립작업은 교리에 해당하는 종리(倧理)와 교사에 해당하는 종사(倧史)로 이원화되어 진행되었다. 그 결과 종리를 정리한 최초의 결과물이 1910년 9월 12일 고경각(古經閣)[3] 명의로 『대종교신리(大倧敎神理)』라는 이름으로 발표된다. 여기에는 환인·환웅·환검 삼신(三神)은 각개가 아니라 일체(一體)인 상제(上帝)에 포함된 삼위(三位)이자 일체의 쓰임 즉 용(用)이 된다고 말하고 있어 체용론에 바탕을 둔 삼신일체설(三神一體說)의 기본구조를 제공하고 있다. 이 『대종교신리』를 바탕으로 나철이 삼신론을 중심으로 한 종리를 정리하게 되는데 그것이 1911년 1월에 완성된 『신리대전(神理大全)』이다. 그리고 단군론을 중심으로 한 종사를 정리한 최초의 결과물은 대종교편

---

2) 「重光源由」, 『大倧敎重光六十年史』, 대종교종경종사편수위원회, 1971, 92-93쪽.
3) '고경각'은 대종교 교주가 수도(修道)·청사(廳事)하는 공간을 말한다.

명의로 같은 해에 출간된 『단조사고(檀組事攷)』다.⁴⁾ 하지만 『대종교신리』는 초기에 『신리대전』과 『단조사고』에 활용될 뿐 후대에 전승되지는 못했다.⁵⁾

초기 대종교단이 백봉 집단으로부터 전수한 경전류 중에 최초로 인쇄본의 형태로 공간(公刊)한 경전은 1912년 김교헌(金敎獻) 명의로 발행된 『삼일신고』였다.⁶⁾ 이 책은 대종교에서 발행한 최초의 인쇄본으로 후대에 비교적 온전히 전승되었다. 그러므로 이 1912년판 『삼일신고』는 백봉 집단으로부터 전수한 원전 『삼일신고』와 가장 가까운 순수한 형태의 판본이라 할 수 있다. 그 후 『삼일신고』는 1923년에 『종경(倧經)』 속에 『도해삼일신고강의(圖解三一神誥講義)』란 이름으로, 1940년에 『원역 삼일신고(原譯三一神誥)』란 이름으로, 1949년에는 『역해종경사부합편(譯解倧經四部合編)』 속에 『역해삼일신고(譯解三一神誥)』란 이름으로 공간되었다.

한편 대종교 경전 형성과 종리의 발전에 지대한 기여를 한 중요한 인물은 다름 아닌 백포(白圃) 서일(徐一)이다. 서일은 백봉 전수 원전 경전류를 기본으로 교리를 정리하였다. 그는 대표작 『회삼경(會三經)』(1917)을 비롯하여 『오대종지강연(五大宗旨講演)』(1914~1916), 『삼일신고도해강의(三一神誥圖解講義)』(1916), 「신리대전주해(神理大全註解)」(1917)를 완성했다.

그런데 이 시기에 대종교 공식기록에는 전혀 나타나지 않는 종리를 집대성하여 한 권의 책으로 공간(公刊)한 사건이 있었다. 『사책합부(四冊合部)』라는 서명의 한 책이 서일이 관할하는 대종교 동도본사에서 1918년(1917. 음력 12.23)에 간행되었던 것이다. 『사책합부』는

---

4) 김동환 해제, 『단조사고』, 한뿌리, 2006, 209쪽.
5) 이 자료는 『알소리』 3호(북캠프, 2006.8월)에 원문과 번역문이 공개되었다.
6) 김교헌 편집 및 발행, 『삼일신고』, 대종교본사, 1912.

2007년 1월 발굴되어 세상에 알려지게 되었다.[7] 고평(高平)이 편수자로 되어있는 이 경전은 서일의 『삼일신고도해강의』・나철의 『신리대전』・서일의 『회삼경(會三經)』・계화(桂和) 주해의 『신사기』로 구성되어 있다. 이 책에서 가장 주목되는 점은 홍암 나철이 백봉 집단에게서 1906년 1월 24일(1905. 음력 12.30) 전수받은 대종교의 교리의 핵심을 이루는 2대 경전 중 하나인 『신사기』가 최초로 소개되었다는 것이다. 이 중 『삼일신고』는 이미 김교헌 명의로 1912년에 공간된 바 있었지만 『신사기』만은 그보다 6년이나 늦은 1918년에야 비로소 최초로 간행된 것이다. 그런데 같은 시기에 발행된 『삼일신고』는 후대에 나온 내용과 거의 일치하는데 비해, 『신사기』는 후대의 것과 상당한 차이가 있어 논란이 있을 수 있다.

이미 언급한 것처럼 『환단고기』에는 『천부경』과 『삼일신고』와 같이 대종교 경전 전문이 나오기도 하고, 또한 『신사기』 등에서 볼 수 있는 대종교 경전의 핵심 교리들이 거의 유사하게 실려 있다. 그런데 그 내용들이 대종교 초기 경전과 유사한 것인지, 아니면 후기의 경전과 유사한 것인지를 대조해 보면 『환단고기』의 진위 문제를 판단할 수 있는 중요한 근거를 찾을 수 있을 것이다. 그러므로 본 논문에서는 이들 경전과 『환단고기』의 연관성을 찾아보면서 『환단고기』의 진위 문제에 대해 접근하고자 한다. 대종교 경전 중 가장 먼저 간행된 『삼일신고』를 『환단고기』와 대조 분석하고, 또한 앞에서 언급한 것처럼 『신리대전』과 『회삼경』은 『신사기』의 삼신론 체계를 그대로 수용하고 있으므로 『신사기』를 중심으로 대조 분석할 것이다. 그리고 1975년에 정식으로 대종교 경전에 포함되었지만 『환단고기』 본문

---

[7] 『사책합부(四冊合部)』는 2007년 1월 25일 (사)국학연구소 이사장 고 이영재(대종교 15, 17대 총전교 역임)가 인사동 고서점 통문관에서 발견하였다. 그 후 2008년 2월 18일 한국신교연구소장 유영인이 성균관대 존경각에서 『사책합부(四冊合部)』의 존재를 추가 확인했는데 앞서 발견한 책과 내용이 동일하다(조준희, 「대종교 초기 경전 발굴과 검토」, 『숭실사학』 36, 숭실사학회, 2016, 133쪽).

에 실려 있는 『천부경』을 대조 분석 자료에 포함하고자 한다.

Ⅱ. 『삼일신고(三一神誥)』와 『환단고기』

『삼일신고』는 일반적으로 유통경로에 따라 발해 석실본(渤海 石室本), 신사기본(神事記本), 태백일사본(太白逸史本) 등으로 구분하고 있다. 이들 세 종류의 『삼일신고』는 모두 366자로 되어 있지만, 초두의 여섯 글자와 문장의 배열 및 분장 등에 있어서 차이가 있다.

발해 석실본은, 발해국 제3대 문왕(文王)이 백두산 석실(石室)에 봉장(封藏)한 것으로서 19세기 말 백봉(白峯)이 10여 년의 원도 끝에 얻어 1906년에 백전을 통하여 홍암 나철에게 전해졌다고 하는데, 천훈(天訓)·신훈(神訓)·천궁훈(天宮訓)·세계훈(世界訓)·진리훈(眞理訓)으로 분장되어 있다. 여기서는 단군이 신하인 팽우에게 가르치는 내용으로 시작하고 있다. 신사기본은, 나철이 백전으로부터 『삼일신고』와 함께 받은 『신사기』 가운데 「교화기(敎化紀)」에 실려 있는 것으로서, 발해 석실본과 내용이나 분장 형식이 같으나 장명이 없다. 여기서는 환웅이 일반 대중에게 가르치고 있는 내용으로 시작하고 있다. 그런데 1918년에 최초로 간행된 『사책합부(四冊合部)』 속의 『신사기』에는 『삼일신고』가 수록되어 있지 않아 후대에 가필된 것인지의 여부 확인이 필요하다.

그리고 태백일사본은, 『환단고기』의 「태백일사(太白逸史)」에 실려 있는 것을 말하는데, 제1장 허공(虛空), 제2장 일신(一神), 제3장 천궁(天宮), 제4장 세계(世界), 제5장 인물(人物)로 분장되어 있다. 여기서는 임금이 당시의 대표적인 다섯 부족에게 가르치는 내용으로 시작하고 있으며,「인물편」의 문장 배열이 다른 판본과 차이가 있다.

그런데 『삼일신고』말미에「삼일신고봉장기(三一神誥奉藏記)」라는 글이 수록되어 있다.『삼일신고』의 첫 판본은 석판으로, 단제(檀帝, 단군)가 무진년 10월 3일 백두산 아래에 내려와 『삼일신고』로써 교화하자 삼천단부(三千團部)의 무리들이 이를 받들고, 농관 고시(高矢)가 구해온 푸른 돌에다 사관 신지(神誌)가 글로 새겨 후대에 전했으나 부여 국고에 보관되어 오던 석판본을 전란으로 잃었다. 기자가 부여 법학자 왕수긍(王受兢)을 맞아 박달나무를 다듬어 은나라 글로써 『삼일신고』를 써서 읽었는데, 위만조선에 전했다가 역시 전란 때 소실되었다고 한다. 고구려에서 번역했던 판본이 발해로 전해져 태조(대조영)의 손자인 문왕(대흠무)에게 전해졌다. 태조는 714년(천통16년) 10월 1일에 예찬문을 쓰고, 아우 대야발이 이듬해인 715년(천통17년) 3월 3일에 서문을 지었다. 이것이 발해조 장서각인 영보각(靈寶閣)에 보관되었다. 문왕은 『삼일신고』를 전란에 잃었던 역사적 사실을 걱정하며 영보각에 있는 진본을 백두산 보본단(報本壇)으로 옮겨 석함 속에 봉장하면서, 과거 전래된 경위와 미래에 유실되지 않도록 보존하고자 각별히 노력한 경위를 기록해 두었다.[8] 이러한 기록들이 사실이라면 『삼일신고』는 왕이 백성들을 교화하기 위한 왕실 비서(秘書)로서 일반 대중에게는 존재가 거의 알려지지 않았을 것이다.

그런데 이와 같은 『삼일신고』가 『환단고기』의「태백일사」에도 실려 있다. 오랫동안 석함에 봉장되어 있던 것을 19세기 말 백봉이 10여 년의 기도 끝에 얻어 1906년에 나철에게 전해진 『삼일신고』가 어떻게 『환단고기』의「태백일사」에 실려 있나?『환단고기』의 범례에서「태백일사」는 조선시대에 이암(李陌)이 엮은 것이라고 하는데 당시

---

8)「譯解三一神誥」,『譯解倧經四部合編』, 大倧敎總本司, 1949, 42~45쪽.

에 어떻게 『삼일신고』를 알았단 말인가? 심지어 『환단고기』를 세상에 전한 이유립은 그의 저작인 『대배달민족사』에서 「태백일사」에 실린 『삼일신고』를 『원본 삼일신고』라고 하면서 계연수가 처음으로 세상에 유포한 것이라고 하고 있다.[9]

지금까지 발굴된 『삼일신고』로는, 등사본(謄寫本)이라 서지학적 고증이 필요하지만 1904년본으로 적혀있는 것과 공식적으로 간행된 인쇄본인 1912년본·1918년본·1923년본·1940년본·1949년본, 그리고 2002년에 간행된 현재의 대종교 공식 경전 속에 있는 것들이 있다. 1904년 본은 등사본이지만 가장 오래된 것이라는 점이 여러 가지 정황으로 확인할 수 있다. 특히 다른 본에는 없는 「삼일신고부현세(三一神誥復現世)」편이 있는데 백봉이 석함에서 『삼일신고』를 얻게 된 경위가 적혀 있다. 그런데 그 문장이 "우리 대종교(吾大倧敎)"로 시작하고 있어 1909년 1월 15일에 단군교로 중광을 했다가 1910년 8월에 대종교로 개명을 한 사실과 얼른 연결이 되지 않는다. 그런데 1910년 8월 1일자 『황성신문』에 대종교의 이름으로 교명변경 광고가 실려 있는데 "고경각의 명을 받아 원래 이름인 종교(倧敎)로 환원한다"라는 내용이 나온다. 그렇다면 홍암이 중광하기 전 백봉 집단 시절의 원래 이름이 종교 또는 대종교였으므로 1904년의 「삼일신고부현세」 내용과 부합한다고 볼 수 있다. 또한 백봉 집단으로부터 나철이 삼일신고와 함께 전해 받은 『단군교포명서』란 이름도 나중에 인쇄된 표지에만 적혀 있는 이름이고 내지에는 『포명본교대지서(佈明本敎大旨書)』라고 적혀 있다.

『삼일신고』는 인쇄본 중 가장 오래된 1912년본과 나머지 판본과는 대부분의 글자가 동일하나 두 자가 차이가 있다. 「세계훈」 중 "神勅日世界使者"의 '勅'과 「진리훈」 중 "三妄著根"의 '著'자가 바로 그

---

9) 이유립, 『대배달민족사』 3, 고려가, 1987, 33, 52쪽.

것이다. 여기서 등사본인 1904년본은 1912년본과 366자가 모두 일치하나, 1918년에 간행된 『사책합부(四冊合部)』에 실린 『삼일신고』부터 '敕'자가 '勅'자로 바뀌었고, 1949년 간행된 『역해종경사부합편』에 실린 『삼일신고』부터는 '著'자도 '着'자로 바뀌었다. 물론 '敕'과 '勅'은 모두 '조서 칙'으로 같은 의미로 사용되고 있고, '著'와 '着' 역시 '붙일 착'으로 같은 의미로 사용되고 있어 『삼일신고』의 내용이 달라지진 않는다.

그런데 1911년에 계연수에 의해 편찬되었다고 하는 『환단고기』의 「태백일사」에 실려 있는 『삼일신고』는, 글자 수는 모두 366자로 같으나 앞에서 언급한 것처럼 분장명이 다르고 「천훈」의 시작 부분과 「진리훈」의 일부분이 다르며, 나중에 바뀐 '勅'자와 '着'자를 사용하고 있다. 즉, 대종교 『삼일신고』의 첫 장인 「천훈」에서는 "帝曰元輔彭虞"로 시작하는 데 비해, 「태백일사」의 『삼일신고』는 「제1장 허공」이라는 분장 명을 사용하면서 "帝曰爾五加衆"으로 시작하고 있다. 또한 대종교 『삼일신고』의 「진리훈」에서는 "惟衆迷地三妄着根"과 "眞妄對作三途"가 문장의 중간에 각각 나오지만, 「태백일사」의 『삼일신고』는 「제5장 인물」이라는 분장 명을 사용하면서 두 글이 문장의 시작인 "人物同受三眞" 바로 뒤에 붙어서 나온다. 그리고 "無善惡"이 "善無惡"으로, "無淸濁"이 "淸無濁"으로, "無厚薄"이 "厚無薄"으로, "反妄卽眞"이 "改妄卽眞"으로 바뀌어 있다. 無善惡 · 無淸濁 · 無厚薄은 선악 · 청탁 · 후박을 뛰어넘는 성 · 명 · 정의 초월적 성격을 강조한다면, 善無惡 · 淸無濁 · 厚無薄은 선 · 청 · 후의 내재적 순수성을 강조하는 의미가 되어 차이가 있는데,[10] 이 장에서 강조하는 삼진(三眞)이 '성 · 명 · 정'이므로 전자가 더 자연스럽다. 또한 "反妄卽眞"은 가달을 '돌이켜' 참본성으로 돌아가는 의미인데 비해, "改妄卽眞"은

---

10) 조남호, 「환단고기와 삼일신고」, 『선도문화』9, 국학연구원, 2010, 57~58쪽.

가달을 '고쳐' 참본성을 이룬다는 의미로서, 이 역시 지감(止感)·조식(調息)·금촉(禁觸)을 통하여 원래 있었던 본성으로 돌아간다는 의미의 전자가 이 장의 본래 의미와 가깝다. 이와 같이 대종교의 『삼일신고』가 모두 원래 의미에 더 가깝고 문장 배열이 더욱 자연스럽다는 것을 알 수 있다. 글자의 순서와 내용이 일부 바뀐 것으로는 진위문제를 판단하기 어렵지만 「태백일사」의 『삼일신고』에는 제2장의 분장 명을 '一神'이라고 하여 현대어 '神'자를 사용하고 있으나 본문 중에는 고어 '䄦'자를 사용하고 있어 분장명은 후대에 붙인 것으로 보이며, 또한 대종교 『삼일신고』의 후대 판본과 같이 모두 '勅'과 '着'을 사용하고 있다는 것은 문제가 있다.

그리고 아래 인용문이 실린 『환단고기』의 「단군세기」 서문은 『삼일신고』와 대종교의 교리가 그 바탕이라 해도 과언이 아니다.

> 나를 알려면 무엇부터 알아야 하는가. 그것은 삼신일체(三神一體)의 도이다. …조화의 신은 내려와서 나의 성(性)이 되고, 교화의 신은 내려와서 나의 명(命)이 되고, 치화의 신은 내려와서 나의 정(精)이 되었다. 때문에 사람이 오직 만물 중에서 가장 귀하고 높은 것이다. …하나를 잡으면 셋이 포함되고(執一含三) 셋이 합치면 하나로 돌아가는(會三歸一) 것이 바로 이것이다. …고로 성명정이 어울려 빈틈이 없으면 삼신일체의 하느님이며 우주 만물과 더불어 하나이며 같은 몸이다. 심(心)·기(氣)·신(身)과 더불어 자취 없이 길이 살아있으며, 감(感)·식(息)·촉(觸)의 원래 모습이 으뜸 조상인 환인이다.[11]

위 인용문은 『삼일신고』가 수록되어 있는 『환단고기』, 「태백일사」의 내용과도 일치하며 문장의 성격도 매우 유사하여 동일인이 썼다

---

11) "其欲知我 自何而始乎 夫三神一體之道 … 造化之神 降爲我性 敎化之神 降爲我命 治化之神 降爲我精 故惟人爲 最貴最尊 於萬物者 也 … 執一而含三 會三而歸一者 是也 … 故性命精之無機 三神一體之上帝也 與宇宙萬物 混然同體 心氣身 無跡而長存 感息觸之無機 桓因主祖也"(『桓檀古記』,「檀君世紀」序)

는 느낌이 강하다. 물론「태백일사」를 썼다는 이맥(李陌)이「단군세기」를 썼다는 이암(李嵒)의 후손이므로 문장의 영향도 많이 받았다고 할 수 있겠지만,「단군세기」에 그 내용이 없는 성·명·정, 심·기·신, 감·식·촉 등『삼일신고』의 내용이 많이 인용된 점과 집일함삼과 회삼귀일, 그리고 삼신일체로 대표되는 대종교의 삼일철학의 원리[12]는 예전의 문헌에서는 찾아보기 힘든 대종교의 독특한 철학이라는 점을 감안하면 쉽게 간과할 수 없는 문제라 할 수 있다.

Ⅲ.『신사기(神事記)』와『환단고기』

『신사기』가 중요한 것은 대종교 형성과 발전에 가장 중요한 위치를 차지하고 있는 홍암 나철과 백포 서일의 종리의 핵심축인 삼신론이 이『신사기』를 중심으로 삼고 있다는 점이다. 즉 나철과 서일은 각각『신리대전(神理大全)』과『회삼경(會三經)』에서『신사기』의 삼신론(三神論)을 그대로 수용하여 교리 전개의 핵심 이론으로 활용했다.

그런데 1918년에 최초로 간행된『사책합부(四冊合部)』속의『신사기』(이하『원신사기』라 함-필자 주)에는 환인(桓因) 주재(主宰)·환웅(桓雄) 조생(造生)·환검(桓儉) 교화(敎化)로서의 삼신론이 정립되어 있고, 1922~1923년 사이에 무원 김교헌이 진행한 경전간행 사업의 결과물인『종경합부(倧經合部)』[13]에 수록된『신사기』(이하『후신사기』라

---

12) 이에 대해서는 졸고,「大倧敎의 神觀에 관한 철학적 연구」(『도교문화연구』37, 한국도교문화학회, 2012)를 참고하기 바람.
13) 2007년 이 책의 소재를 한양대 도서관 신용하문고에서 복사본으로 확인하였다. 원본은 대종교 총본사에 소장되어 있다. 성세영이 1922년 10월 서울의 대종교 남도본사를 방문해 그곳에 소장된 경전류를 조사한 결과물인『본사행일기』가 간행되었다. 이『본사행일기』에 김교헌이 그 해 5월에 간행한 경전류가 빠짐없이 기록되어 있는데, 그 내용은 다음해에 간행된『종경합부』와 완전히 일치한다(한국신교연구소장 유영인과의 대담, 2013.4.26, 용산역).

함)에서는 환인(桓因) 조화(造化)·환웅(桓雄) 교화(敎化)·환검(桓儉) 치화(治化)로서의 삼신론(三神論)으로 차이가 있어 주목된다.

『원신사기』제1「주재기」에는 "주재는 환인(桓因)께서 위 없는 위에 자리하시며 모습 없는 모습으로 몸하시며 대덕(大德)으로 신령스러운 자취를 보이심을 말한다"[14]라고 시작하면서, 주재주로서의 환인을 말하면서 우주 창조에 대해 말하고 있다. 열과 벼락과 습함과 차가움과 굳음에 의해 불과 전기와 물과 바람과 별 등이 창조되는 과정을 말하고 있다. 그런 후 상제는 여러 신장과 신관들에게 직책을 주어 세계를 관장하고 다스리게 하고 있다. 또한 해와 달, 지구와 오성의 운행에 대해 말하고 있다. 제2「조생기」에는 "조생은 환웅(桓雄)이 뭇 세계를 여시고 함이 없는 함으로 지으시고 대혜(大慧)로써 많고 많은 것을 창조하심을 말한다"[15]라고 시작하면서, 조생주로서의 환웅을 말하면서 생명 탄생에 대해 말하고 있다. 무생물과 생물의 관계, 음과 양의 조화, 형체와 액체의 성질 등을 말한 뒤 각종 동물과 식물의 생성을 말하고 있다. 그리고 여러 무리 중 심령이 빼어난 것은 사람이라고 하면서 최초의 남자 나반(那般)과 최초의 여자 아만(阿曼)을 언급하고, 그 후 오색족(五色族)의 성장과 역사를 말하고 있다. 제3「교화기」에서는 "교화는 환검(桓儉)이 인류사회를 주관하시며 말 없이 말 하심을 사용하여 대력(大力)으로 어리석은 백성들에게 교화를 펴심을 말한다"[16]라고 시작하면서, 치화주로서의 환검을 말하면서 삼선사령(三僊四靈) 및 신후(神后)와 황자(皇子)를 통해 인간사를 다스림에 대해 말하고 있다. 우관(虞官) 팽오(彭吳)에게는 토지를, 사관(史官) 신지(神誌)에게는 글을, 농관(農官) 고시(高矢)에게는

---

14) 主宰曰桓因位無上上體無形形大德昭顯靈靈迹(『神事記』,「主宰記」) ※이하 밑줄 친 일부 고한자는 부득이 현대어로 고쳐 씀.
15) 造生曰桓雄闢諸世界作無爲爲大慧立造牲牲物(『神事記』,「造生記」).
16) 敎化曰桓儉主人類用無言言大力敷化蠢蠢民(『神事記』,「敎化記」).

곡식을, 풍백(風伯) 지제(持提)에게는 명령을, 우사(雨師) 옥저(屋沮)에게는 병을, 뇌공(雷公) 숙신(肅愼)에게는 형벌을, 운사(雲師) 수기(守己)에게는 선악을 맡게 하였다. 그리고 비서갑(匪西岬) 신녀(神女)에게는 길쌈을 맡게 하여 제도를 정비하고 난 뒤 임금이 되어 황자들과 더불어 나라를 다스린 것을 말하고 있다.

그런데 『후신사기』에서는 『원신사기』의 내용과 75% 정도 차이가 있다. 『후신사기』에서는 『원신사기』의 「주재기」와 「조생기」가 간략하게 재정리되어 「조화기(造化紀)」장으로 합쳐져 조화의 내력을 기록하면서, "조화주는 한임이시니 한울나라를 여시어 뭇 누리를 만드시고 큰 덕으로 만물을 되게 하시며 기르시느니라"[17]라고 시작하고 있다. 그리고 「교화기(敎化紀)」장에는 『원신사기』에 없었던 『삼일신고』가 삽입되어 있다. 즉, 교화의 내력을 기록하면서, "교화주는 한웅이시니 한얼님으로서 사람이 되시사, 큰 도를 세우고 큰 교화를 베풀어 어리석은 백성들을 감화시키시되, '한얼님 말씀'을 널리 펴시사 뭇 사람들을 크게 교훈 하시니라"[18]라고 시작하면서 환웅이 무리를 교화하는 내용으로 『삼일신고』 전문을 싣고 있다. 앞에서도 언급한 것처럼 발해 석실본으로 알려진 『삼일신고』는 단군이 신하인 팽우에게 가르치는 내용으로 시작하고 있는데 반해, 『후신사기』의 「교화기」장에 실린 『삼일신고』는 환웅이 일반 대중에게 가르치고 있는 내용으로 시작하고 있어 환웅과 교화를 연결시키기 위해 수정한 듯한 인상을 준다. 이와 같이 『후신사기』의 「교화기」에 삽입된 『삼일신고』는 세간에 유통되는 3개의 판본 중 하나인 "신사기 삼일신고본"의 근거를 제공하는 결과를 가져왔다. 또한 『후신사기』에서는 「치화기(治化紀)」장을 통해 치화의 내력을 기록하면서 "치화주는 한검이

---

17) 造化主 曰 桓因 開天國 造羣世界 大德 化育甡甡物(『神事記』,「造化紀」).
18) 敎化主 曰 桓雄 以神化人 立大道 設大敎 感化蠢蠢民 演『神誥』 大訓于衆(『神事記』,「敎化紀」).

시니 다섯 가지 일을 맡으사 크게 인간을 이롭게 하시며, 나라를 처음 세우사 법통을 억만세에 드리우시니라. 세 선관과 네 신령에게 명령하사, 공경스레 직분을 주시어 인간의 삼백 예순 여섯 가지 일을 맡아 다스리게 하시니라"[19]라고 시작하고 있는데, 내용은 『원신사기』의 「교화기」의 내용과 유사하다.

그리고 『사책합부』에 실린 『신리대전』과 『회삼경』도 『원신사기』의 환인 주재・환웅 조생・환검 교화로서의 삼신론을 그대로 수용하고 있는데 반해, 『종경합부』에 실린 『신리대전』과 『회삼경』에는 환인 조화・환웅 교화・환검 치화로서의 삼신론으로 차이가 있다. 그 후 발간된 대종교 경전은 모두 『종경합부』의 내용을 따르고 있다. 그런데 『사책합부』에 실린 『원신사기』의 표지에 '茂園'이란 서명과 낙관이 찍혀 있어 당시 대종교 제2대 교주였던 무원 김교헌의 승인 하에 간행된 것임을 알 수 있다.

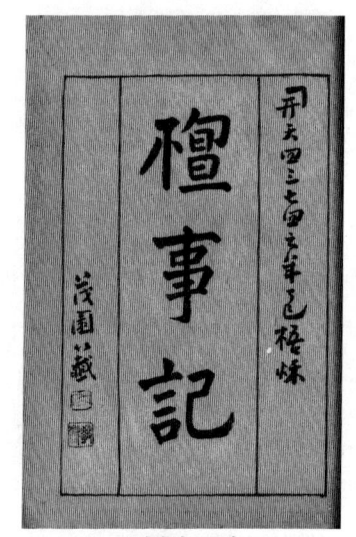

『신사기』 표지

그럼에도 불구하고 『사책합부』의 삼신론이 김교헌이 간행한 『종경합부』에서부터 변화를 가져 온 이유에 대해서는 정확한 근거를 찾을 수 없다. 다만 1949년에 간행된 『역해종경사부합편』에 실린 『신사기』의 말미에 윤세복(尹世復)이 쓴 「역해신사기발사(譯解神事記跋辭)」를 통해 짐작해 볼 수 있다.

---

19) 治化主 曰 桓儉 主五事 弘益人世 肇建極 垂統万万世 命三僊四靈 敬授職 主治人間三百六十六事 (『神事記』, 「治化紀」).

이 글은 본시 서문과 발문이 없어 어느 때 누구의 저술인지도 알 길 없으나 글이 간결하고 예스럽고 한얼님의 사적이 다 갖추어져 있다. 중광전 4년 을사년(1905년) 겨울에 홍암 신형이 두암 옹(翁)에게서 친히 받으시고, 그 뒤에 백포 종사가 다시 편집 정리한 것을 무원 종사가 종경 속에 편입하였다. 그래서 중광 후 15년(1923년) 계해(癸亥)년 봄에 대종교시교회에서 『종경합부』로 간행한 것이 이 글의 전해온 내력이다.[20]

인용문으로 볼 때 『원신사기』는 나철이 백전으로부터 『삼일신고』 등과 함께 전해 받은 문헌이지만 언제부터 전해 내려온 것인지 알 수 없다. 단지 서일이 재편집 정리한 것으로 볼 때 『삼일신고』처럼 원문을 고스란히 보존해야 할 문헌으로 보지는 않은 것 같다. 사실 『원신사기』 속에는 고대부터 내려온 문헌으로 보기 힘든 근대과학적인 내용을 일부 포함하고 있다. 그리고 『신사기』는, 1912년에 처음 간행된 『삼일신고』보다 뒤 늦은 1918년에 최초 간행되었을 뿐만 아니라, 『사책합부』부터 지금까지 대종교의 경전 합본에 『삼일신고』와 달리 나철의 『신리대전』보다 뒤에 편성하고 있다는 사실 등에서 그 가치를 짐작할 수 있다. 이런 점으로 볼 때 『원신사기』는 대종교의 종학(倧學)을 정리하는 과정에서 『후신사기』로 재정리되었다고 볼 수 있다. 그럼에도 불구하고 『신사기』는 대종교 사관의 중심을 이루고 있고 대종교 관련 역사서에 많은 영향을 주게 된다.

그런데 문제는 『환단고기』의 삼신론에서 『원신사기』의 주재·조생·교화의 신에 대한 언급이 전혀 없이, 다음과 같이 『후신사기』에서부터 나오는 조화·교화·치화의 신에 대한 언급만 있다.

조화의 신은 내려와서 나의 성(性)이 되고, 교화의 신은 내려와서 나의

---
[20] "此書 本無序跋 何代誰氏 所作 雖不能知 文字 簡古 神事 畢備 重光前四年乙巳冬 弘巖神兄 頭巖翁 親受 其後 白圃宗師 節案考定 茂園宗師 倧經編入 重光後十五年 癸亥春 大倧教施教會 倧經合部 刊行 此書傳來 槪畧"(「神事記」,『譯解倧經四部合編』, 앞의 책, 102쪽).

명(命)이 되고, 치화의 신은 내려와서 나의 정(精)이 되었다.[21]

천일(天一)은 조화를 주관하고, 지일(地一)은 교화를 주관하고, 태일(太一)은 치화를 주관한다.[22]

상계를 주관하는 신은 그 이름을 천일이라 하고, 조화를 주관하는 지극히 높은 능력이 있어 …하계를 주관하는 신은 그 이름을 지일이라 하고 교화를 주관하는 지극히 착한 법력이 있고 …중계를 주관하는 신은 그 이름을 태일이라 하고 치화를 주관하는 더 없이 높고 큰 덕이 있어[23]

삼신은 곧 천일·지일·태일의 신이다. 한 기(一氣)는 스스로 움직여 조화·교화·치화, 곧 삼화(三化)의 신이 되는 것이다.[24]

인용문에서 천일·지일·태일을 삼신과 연결시켜 이해하는 것은 신채호로부터 시작되고 있다. 즉, 신채호는 중국역사의 천일(天一)·지일(地一)·태일(太一)의 삼일신(三一神)과 천황(天皇)·지황(地皇)·태황(泰皇)의 삼황(三皇) 개념을 우리나라의 삼신·삼성과 같은 종류로 보고 있다.[25] 이를 바탕으로 『환단고기』에서는 천일·지일·태일을 각각 『후신사기』의 조화·교화·치화의 삼신과 연결하였다고 볼 수 있다.

이러한 점으로 볼 때 『환단고기』는 1911년 계연수에 의해 편찬되었다고 보기 어렵고, 대종교 경전을 참고하면서 빨라도 1922~23년 사

---

21) "造化之神 降爲我性 敎化之神 降爲我命 治化之神 降爲我精"(『桓檀古記』,「檀君世紀」序).
22) "天一 主造化 地一 主敎化 太一 主治化"(『桓檀古記』,「太白逸史」,〈三神五帝本紀〉).
23) "上界主神 其號曰 天一 主造化 有絶對至高之權能 …下界主神 其號曰 地一 主敎化 有至善惟一之法力 …中界主神 其號曰 太一 主治化 有最高無上之德量"(『桓檀古記』,「太白逸史」,〈三神五帝本紀〉).
24) "三神乃 天一·地一·太一之神也 一氣之 自能動作而 爲造敎治三化之神"(『桓檀古記』,「太白逸史」,〈蘇塗經典本訓〉).
25) 신채호/박기봉 옮김, 『조선상고사』, 비봉출판사, 2006, 95~96쪽. 신채호의 『조선상고사』가 처음에 「조선사」란 이름으로 조선일보에 1931년 6월 10일부터 10월 14일까지 연재되었을 때 당시 독자들로부터 절대적인 환영을 받았으므로 『환단고기』도 이에 영향을 받았다고 볼 수 있다.

이에 간행된 『종경합부(倧經合部)』 이후의 것을 기준으로 했음을 짐작할 수 있다. 1969년 성창호가 펴낸 『해동인물지(海東人物志)』에 따르면, 계연수가 『환단고기』를 편찬했다는 내용도 없을뿐만 아니라 1920년에 죽었다고 기록하고 있다.[26] 그리고 『환단고기』 중 「태백일사」는 역사적 내용에 비해 사상적 내용을 많이 싣고 있는데, 여기에는 대종교의 교리와 유사한 내용을 상당수 포함하고 있을 뿐만 아니라 『신사기』의 사관과 연결할 수 있는 내용을 담고 있어 더욱 주목된다. 우리나라의 다른 역사서들은 인류 탄생 전에 관해서는 거의 언급이 없는데 비해 「태백일사」에는 『신사기』와 같이 태초의 우주만물 생성에 대해 비교적 상세히 언급하고 있다. 그 바탕에는 수·화·목·금·토의 오행뿐만 아니라 대종교의 조화·교화·치화의 삼신사상을 담고 있다. 또한 「태백일사」에는 『천부경』과 『삼일신고』의 전문을 싣고 있어 대종교와 관련이 없다고 보기 어렵다.

IV. 『천부경(天符經)』과 『환단고기』

현재까지 알려진 『천부경』에 대한 문헌 기록 중 가장 오래된 것은 조선시대 정조(正祖)가 쓴 삼성사(三聖寺) 치제문(致祭文)이다. 삼성사는 조선 성종 3년(1472)에 구월산의 삼성당을 개호하고 환인, 환웅, 단군의 위판을 모시고 제향을 올렸던 곳이다. 정조 초에는 이 삼성사를 중수하고 정조5년(1781)에는 삼성사에 치제한 일이 있었는데, 이

---

[26] 계연수(桂延壽)의 자는 인경(人卿)이고 호는 운초(雲樵)다. 평안도 선천에 살았다. 이기(李沂)의 문인으로 백가(百家)의 책을 섭렵했다. 무술년(戊戌年)에 단군세기(檀君世記)와 태백유사(太白遺史) 등을 간행하고 기미년(己未年, 1919년) 이상룡 막하에 들어가 참획군정으로 공을 세우고 경신년(庚辛年, 1920년)에 만주에서 죽었다(『海東人物志』坤 1969). 그런데 이 『해동인물지』는 1965년 이유립이 주관한 「커발한」이라는 잡지를 근거로 한 것으로서 신뢰성에 의문이 있다.

때의 치제문 한 대목에 "천부보전(天符寶篆)이 비록 사실적인 물증이 없으나, 신성(神聖)이 이로 인해 서로 전한 것이 동국역사에 일컬어지고 있음이 그 몇 해 이런고"27)라는 내용이 있는데, 이는 소문으로만 전해질뿐 사실적 물증이 없는『천부경』에 대한 정조의 안타까움을 표현한 글이라 볼 수 있다. 여기서 '천부보전'을『천부경』으로 짐작할 수 있다. '전(篆)'은 글자로 이해할 수 있을 뿐만 아니라 1957년에 김형탁(金炯鐸)이 발간한『단군철학석의(檀君哲學釋義)』에 실린『천부경』28)에서는『천부경』을 '전비문(篆碑文)'으로 불리어 왔다는 사실이 이를 뒷받침한다고 할 수 있다. 이러한 사실로 볼 때,『천부경』은 당시 상황에서 일반적으로 유포된 경전이 아니라 특정인들 사이에서 은밀히 전해온 것으로 볼 수 있다.29)

그동안 현전하는 가장 오래된『천부경』전문은 1920년 2월 중국 북경에서 간행된 전병훈의『정신철학통편(精神哲學通編)』에 실려 있는 것으로 보고 있다. 전병훈은『정신철학통편』의 원고를 거의 탈고할 무렵인 1918년 11월 경 유학자 윤효정(尹孝定)으로부터『천부경』을 입수했으며, 그『천부경』은 계연수가 1916년 영변 백산에서 조사(照寫)한 것이라고 밝히고 있다.30) 즉, 계연수가 1916년 묘향산 석벽에서『천부경』을 발견하고서 9월 9일에 탁본하여 1917년 1월 경성의 단군교 교당으로 보냈다. 이를 윤효정이 중국 북경에 거주하던 유학자이자 도교학자인 전병훈에게 전하자『정신철학통편』에 주해와 함께 전문을 실어 세상에 널리 알려지게 것이다. 그런데 계연수가 묘향산에서『천부경』을 발견했다고 하는 것에 대해서는 몇 가지 불투명한

---

27) "天符寶篆 事雖無徵 神聖相仍 東史攸稱 世傳幾葉"(『文苑黼黻』).
28) 이는 노사(蘆沙) 기정진(寄正鎭, 1798~1876)이 그 제자에게 전했다고 하는『천부경』이다(송호수,『한민족의 뿌리사상』, 기린원, 1991, 48쪽).
29) 이근철,『천부경철학 연구』, 모시는사람들, 2011, 21쪽.
30)『精神哲學通編』, 29쪽.

점이 있다. 즉, 계연수가 단군교에 보낸 편지에 밝힌 것처럼 "구하려 해도 얻지 못하였던" 『천부경』을 묘향산에서 처음 발견했다고 하는 시기가 1916년이라고 하는데 『환단고기』를 편찬했다고 하는 시기는 1911년으로 5년이나 앞선다. 『천부경』 전문이 실린 『환단고기』를 계연수가 편찬했다면 묘향산에서 『천부경』을 처음 발견하기 전에 이미 『천부경』을 알았다고 할 수 있다. 이에 대해 『환단고기』를 발간한 이유립은, 계연수가 『천부경』을 널리 알리기 위해 묘향산 석벽에 새겼다고 전하는 등 석연치 않은 점이 있는 것은 사실이다.[31]

그리고 『정신철학통편』에 실려 있는 『천부경』은 『환단고기』의 『천부경』과 일부 다른 글자가 보인다. 즉, 『환단고기』의 『천부경』에는 '만왕만래(萬往萬來)'로 되어 있는데 『정신철학통편』의 『천부경』에는 '만'자와 '왕'자가 고한자로 쓰여 있다. 전병훈이 『천부경』을 고귀한 자료로 인식하고 있었으므로 임의로 글자를 바꾸었다고 보기 힘들다. 그렇다면 전병훈이 윤효정으로부터 전해 받은 『천부경』은 『환단고기』에 실린 『천부경』과는 다른 본(本)이라 할 수 있으며 보다 오래된 것이라고 볼 수 있다.[32]

최근에 정훈모(鄭薰謨)의 유품 중 첩으로 된「단군교종령(檀君敎宗令)」이 발굴되었는데, 여기에 『정신철학통편』보다 앞선 『천부경』 관련 글귀가 발견되었다.[33] 정훈모는 나철과 함께 단군교를 중광한 인물인데, 단군교가 대종교로 개칭될 때 1910년 10월 단군교 교명 고수를 명분으로 나철의 대종교와 분리한 인물이다.

이 정훈모가 1913년에 제정한「단군교종령」제55조에, "천부경(天符經)과 각사(覺辭)의 진리(眞理)를 단전(丹田)에 양정수련(養精修鍊)

---

31) 이근철, 『천부경철학연구』, 앞의 책, 21쪽
32) 위의 책, 29쪽.
33) 정훈모/조준희·유영인 옮김, 『단재 정훈모 전집』 II, 아라, 2015, 25쪽.

ㅎ야 심리(心理)에 도력(道力)을 득(得)ㅎ야 감령성(感靈性)을 통(通)
혼 교인(敎人)에게는 대종사(大宗師)가 특별(特別)히 신전(神殿)에 고
유(告由)ㅎ고 영고장(靈誥狀)을 수여(授與)ㅎ야 포증(襃證)함"[34]라는
기록이 발견된 것이다. 「단군교종령」의 출판 허가 청원[35] 날짜는 대
정(大正) 2년 곧 1913년 7월 31일로 적혀 있다. 이는 『정신철학통편』
출간 이전 시기에 이미 『천부경』이 존재했다는 사실을 밝히는 근거
가 될 뿐만 아니라, 계연수가 묘향산에서 천부경을 발견했다는 1916
년보다 앞선다. 다시 말해 계연수가 1916년에 묘향산 석벽에서 『천부
경』을 발견하여 1917년에 단군교로 보내기 전에 이미 『천부경』은 단
군교에 있었던 것이다. 그런데 첩 뒷면에 정훈모가 "단군천부경 81
자는 최치원이 신지의 전자를 해석한 것이다. 암송하고 제사 드리면
복이 나리고, 병을 고치며 재앙을 막고 피할 수 있느니라(檀君天符經
八十一字 崔致遠 解神志篆 誦亨壽福 箴退灾殃)"고 남긴 구절로 보아 「단
군교종령」 제55조와 같이 『천부경』을 교인의 수련에 활용코자 했음
을 알 수 있다.[36]

여기서 "단군천부경 81자는 최치원이 신지의 전자를 해석한 것이
다"라는 내용은 『환단고기』에서 『천부경』의 유래를 말하고 있는 내
용과 일치하고 있다. 즉, 『환단고기』에는 『천부경』이 전해 내려온 과
정에 대해 다음과 같이 기록하고 있다.

『천부경』은 천제의 환국(桓國)에서 입으로 전해 내려온 글이다. 환웅
대성존(桓雄 大聖尊)이 하늘에서 내려온 뒤 신지혁덕(神誌赫德)에게
명하여 녹도문(鹿圖文)으로 기록하였는데 고운 최치원(孤雲 崔致遠)
이 일찍이 신지의 전서(篆書)로 쓴 옛 비석을 보고 다시 첩(帖)을 만들

---

34) 정훈모, 「단군교종령 : 제55조」, 위의 책, 255쪽.
35) 일제 강점기 하에서는 모든 출판물에 대해 당국의 출판 허가를 받은 후 출판이 가능했다.
36) 정훈모/조준희 · 유영인 옮김, 『단재 정훈모 전집』 I, 아라, 2015, 57쪽.

어 세상에 전한 것이다.[37]

이와 같이 『천부경』의 유래에 대해, 정훈모의 유품에 기록된 내용이 『환단고기』에서는 더욱 상세하게 정리되어 있는 것을 볼 수 있다. 그렇다면 정훈모의 첩 이전에 『환단고기』가 존재했다는 말인가? 아니면 『환단고기』가 정훈모의 단군교에 영향을 받아 기록되었다는 말인가? 이는 『환단고기』를 세상에 알린 이유립과 정훈모의 단군교와의 관계에서 그 실마리를 찾을 수 있다. 이유립은 자신의 주장에 따르면, 1909년 이기(李沂), 계연수가 창립한 단학회에 이른 나이(13세)부터 관여하고[38] 1966년에는 단단학회(태백교)로 개명해 단학회를 계승한 인물이다. 그는 1933년 27세의 나이에 안순환(安淳煥)이 창립한 '조선유교회'에서 설립한 녹동서원(鹿洞書院)의 '명교학원(明敎學院)'[39] 제1회 학생으로 입학한 뒤 특별한 사람으로 꼽힐 정도로 인정을 받았고, 수료 후에는 고향인 평북 삭주에 유교회 지부를 내고 졸업생 중에 가장 활발한 활동을 하였으며, 또한 조선유교회 홍보기관인 일월시보사(日月時報社)의 주필이 되어 활동하기도 하였다.[40] 한편 녹동서원에는 단군교를 유교와 같은 범주의 민족종교로 여긴 안순환의 후원으로 설립된 '단성전(檀聖殿)'이 함께 있었는데 이곳은 정훈모가 이끄는 단군교의 중심거점이 되었고, 강습생들은 한 달에 두

---

37) "天符經 天帝桓國 口傳之書 桓雄大聖尊 天降後 命神誌赫德 以鹿圖文記之 崔孤雲致遠 亦嘗見 神誌篆古碑 更復作帖 而傳於世者也"(『桓檀古記』, 「太白逸史」, 〈蘇塗經典本訓〉).
38) "先考 檀海 先生을 따라 小雅河 또는 紅石拉子로 따라서 3年半 있으면서 檀學會가 주관하는 倍達義塾에서 桂延壽, 崔時興, 吳東振, 諸先烈들의 강의를 듣는 한편 朝鮮獨立少年團 조직 활동에 참가 團長이 되었다"(이유립, 『대배달민족사』 3, 앞의 책, '한암당 이유립 선생 연보 : 1913년 13세. 10월'). 그러나 지금까지 전해지고 있는 이기와 관련한 기록에는 이와 접맥되는 흔적이 하나도 없어 사실 여부가 의문시 된다.
39) 명교학원의 설립목적은 공자의 인의(仁義)를 소중히 하는 '조선유교회'의 이념을 민중에게 효과 있게 전파하여 대동 태평세상 구현을 선도하는 유교 전교사(傳敎師) 양성에 있다.
40) 황영례, 『安淳煥의 儒敎 宗敎化 運動과 鹿洞書院』, 영남대학교 박사학위논문, 2003, 171쪽.

번 초하루와 보름에 참배하였다.⁴¹⁾ 그리고 명교학원의 강사로 김영의(金永毅)가 있었는데, 그는 유교 경서에 능하였으며 단군교와 한글 보급 등에 관심을 가진 민족사상이 투철한 인물로서『천부경』을 주해하기도 했다. 이유립은 이곳에서 단군교 본부의 활동상황에 깊은 관심을 보였는데,⁴²⁾ 이곳에서 민족사상과 단군신앙을 확립했다고 볼 수 있다. 이와 같은 사상적 배경에서 이유립은『환단고기』에 단군교 및 대종교 교리와 경전들을 실으면서『천부경』전문과 그 유래도 함께 정리해 넣은 듯하다.

이와 같이 유교 종교화 운동의 열성적 실천가이자 민족정신이 투철했던 이유립은 광복 후 월남하여 대전에서 생활하던 시기에 정식으로 대종교에 입교하게 된다.⁴³⁾ 즉 그는 1961년 4월 20일 대종교 상교(尙敎)의 교질을 받고 대전시 용두동에 위치한 대종교 대전시교당을 이끌었다.⁴⁴⁾ 당시 이유립은 생활이 곤궁하여 남의 집 다락방에 살면서 일주일 넘게 굶어가며 역사와 사상을 연구 한 것으로 유명한데, 이로 인해 그의 호를 춥고 어두운 상태를 의미하는 한암당(寒闇堂)으로 짓기도 했다. 생활은 주로 부인과 장녀에 의해 지탱했으며, 학회인인 간홍균이 세운 고교에서 국사와 한문 교사로 받은 약간의 보수로『광개토성능비문역주』,『천부경연해』,『세계문명동원론』,『커발한문화사상사』,『환단휘기』등을 차례로 출판하였다.⁴⁵⁾

그런데 바로 이『환단휘기(桓檀彙記)』로 인해 1975년『천부경』이 대종교의 정식 경전으로 공인되는 계기가 되었다. 본래『천부경』은

---

41) 위의 논문, 85~88쪽.
42) 위의 논문, 173쪽.
43) 이때 이미 단군교는 일제의 탄압으로 1936년 본부가 폐쇄되었고 1943년 정훈모가 사망하면서 와해상태에 빠져 광복 후 신도들이 대종교로 흡수되었다.
44) 대종교종경종사편수위원회,『大倧敎重光六十年史』, 앞의 책, 1023쪽.
45) 양종현,『百年의 旅程-正史 傳胤 寒闇堂 李裕岦 評傳』, 상생출판사, 2009, 135쪽.『대배달민족사』는 이유립 사후에 출판되었다.

정훈모가 대종교단과 분리한 뒤 이끌었던 단군교에서 유래한 경전으로서, 대종교에서 정식 경전으로 편입하는 문제로 많은 고민을 해왔다. 그러다가『천부경』과『참전계경(叅佺戒經)』⁴⁶⁾이 대종교 경전에 포함되어 알려진 것은, 1975년 공식편입의 결의가 있기 전인 1973년 대양서적에서 발간한『한국명저대전집(韓國名著大全集)』에서 대종교 중진이었던 강천봉이『천부경』과『참전계경』을 다른 대종교 전래 경전과 함께 소개한 것에서 비롯되었다. 그리고 강천봉이 대종교 경전에『천부경』과『참전계경』을 포함하여『한국명저대전집』에 소개한 일에 직접적인 영향을 미친 서책은, 1971년 이유립이 단단학회의 명의로 발간한『환단휘기』였다.『환단휘기』는 일명 "홍익사서(弘益四書)"로도 알려져 있는데『천부경』·『삼일신고』·『참전계경』·『태백진훈』 4권으로 구성된 책이다.⁴⁷⁾ 이유립은 일제에 의해 강제 해산된 정훈모의 단군교 경전들을 재정리하여 태백교의 경전으로 포함시켜『환단휘기』를 편찬한 것으로 보인다.『환단고기』에『천부경』,『삼일신고』 진문이 실려 있고『참전계경』에 대한 언급이 있는 것은 결코 우연이라 할 수 없다.

---

46)『참전계경』의 모본은『성경팔리(聖經八理)』다. 정훈모의 단군교에서는 나철의 대종교와 분파 직후부터『성경팔리』를 단군신앙운동에 활용한 것을 확인할 수 있다. 정훈모의 단군교단에서는『성경팔리』의 한문원본을 1921에, 한글번역본을 1926년에 각각 공간했다. 그러나 단군교가 1936년 7월 총독부의 단성전시교부(檀聖殿施敎部) 해산명령에 따라 교문을 닫게 된 이후『성경팔리』와 함께 단군교의 경전들도 세상에서 잊히게 되었다. 그 후『성경팔리』는 박노철에 의해 1967년『단군교예절교훈성경팔리삼백육십육사』라는 서명으로 번역 출판됨으로써 다시 세상에 모습을 드러내게 되었는데, 이를 이유립이 입수하여『환단휘기』를 편집하면서『참전계경』이란 이름으로 포함시킨 것으로 보인다. 그 증거는, 박노철본『성경팔리』는 정훈모본과 거의 일치하지만 일부 오기(誤記)가 발견되는 부분이 있는데 이유립의『환단휘기』에 실린『참전계경』은 바로 박노철 본의 오기된 어구를 따르고 있다는 점이다(한국신교연구소장 유영인과의 대담).

47) 이유립,『桓檀彙記1 : 弘益四書』, 단단학회, 신시개천5868(1971).

V. 결론

　대종교 경전은 일부 내용이 초기와 다르게 변경된 부분은 있어도 백봉 집단으로부터 받은 문헌 이외 다른 문헌들을 참고하여 저술되었을 가능성은 낮다. 백봉 집단으로부터 받은 문헌들을 바탕으로 대종교를 중광했다는 사실은, 중광 후 노선이 달라 각각 분리되었던 나철과 정훈모의 주장이 일치한다는 것으로 볼 때 신뢰성이 높다고 할 수 있다.[48]

　그리고 대종교 경전의 내용 속에는 유・불・도의 삼교를 포함하고 있다고 하나, 이는 그 속에는 유교・불교・도교의 내용을 이미 포함하고 있다는 말일뿐 직접 영향을 받은 흔적은 별로 없다. 또한 대종교는 당시의 다른 민족 종교에 직접 영향을 받은 흔적도 보이지 않는다. 대종교 경전에 나타난 사관은 기존의 환인・환웅・환검 중심의 삼신론이지만, 체용론을 바탕으로 한 삼신일체라는 성격은 독창적인 것이다.[49] 대종교 경전이 기존의 민족주의적인 문헌들로부터 영향을 받은 점은 별로 없었는데 비해, 대종교 경전이 공개된 후에 수많은 민족주의적인 문헌들이 쏟아져 나왔다. 그만큼 민족주의자들이 대종교의 영향을 많이 받아 저술을 했다고 할 수 있다. 이러한 사실로 볼 때 대종교 경전들이 『환단고기』의 내용을 참조하여 쓰였을 가능성은 거의 없다.

　오히려 이상에서 분석해 본 것처럼 『환단고기』가 대종교의 여러 경전들을 참고했다는 것은 부인할 수 없다. 그러면서도 『환단고기』는 대종교의 초기본이 아니라 후기본들을 참고했으므로 빨라야 1949년 이후에 쓰였다고 볼 수 있다. 『환단고기』의 여러 군데에서 볼 수

---

48) 『大倧教重光六十年史』와 『檀君教復興經略』 참고.
49) 이근철, 「大倧教의 神觀에 관한 철학적 연구」, 앞의 논문, 99~101쪽.

있는 조화·교화·치화란 개념은『신사기』를 비롯한 대종교 경전의 후기본과 관계가 있고,『환단고기』의「태백일사」에 실려 있는『삼일신고』역시 대종교의 후기본에서 바뀐 글자로 기록되어 있으며, 더군다나『천부경』은 다른 경로를 통해 전해오고 있는 것들과는 달리 모두 현대 한자로 쓰여 있는 것이 그 증거라 할 수 있다.

2007년『신동아』9월호에 실린 이정훈 기자의 취재에 의하면, 이유립은 1948년 경 부인과 함께 월남했다가 다시 이유립 혼자서 38선을 넘었다가 붙잡혀 북한에서 1년여 동안 감옥살이를 한 뒤 석방되어 다시 남한으로 넘어왔다고 그의 부인이 증언했다는 것이다. 이정훈 기자의 추측은, 이때 이유립이 북한을 넘어갔다가 온 것은『환단고기』를 비롯한 여러 책들을 가지고 오기 위한 것으로 보고 있다. 그 후 1949년 오형기(吳炯基)에게『환단고기』를 여러 부 필사시켰다는 사실을 이유립으로부터 들었다고 그 제자인 전형배(全炯培)는 증언한다.[50] 이유립은 6·25 피난 시절 금산에 살던 때와 전쟁 후 성남에 살던 때 화재와 수해로 두 번이나 가지고 있던 책들을 몽땅 잃어버리기도 했는데,[51] 오형기의 필사본이 있었기에『환단고기』를 다시 복원할 수 있었던 것으로 추측한다.

그러나『환단고기』가 참고한 것으로 보이는『삼일신고』후기본이 실려 있는『역해종경사부합편』의 출판이 1949년 6월이므로『환단고기』를 1949년 5월에 필사했다는 것은 시간적으로 맞지 않다. 또한 이유립이 부인과 함께 처음 북한을 탈출하여 월남했다면 1948년 8월 15일 대한민국 정부 수립과 9월 9일 조선민주주의인민공화국 정부 수립 이후일 것이다. 그 후 다시 이유립 혼자 월북하였다가 잡혀 1년 여 동안 감옥을 살다가 탈출하여 재 월남을 했다면 최소한 1949년 가을

---

50) 이정훈,「환단고기의 진실」,『신동아』통권576호, 2007. 9월호, 642쪽.
51) 이에 대해 이유립의 수제자이자 현재 단단학회 회장인 양종현은, "이유립이 집세를 내지 못해 집주인이 책을 몽땅 팔아먹었다고 들었다"고 말해 증언이 엇갈린다.

이후라야 한다.

그런데 이유립의 제자 조병윤(趙炳允)이 1979년에 오형기가 필사한 『환단고기』를 이유립의 허가 없이 출판하자, 이유립은 오형기가 필사한 『환단고기』에는 오자가 있다고 하면서 일부를 수정하고 오형기의 발문을 삭제한 『환단고기』 100부를 같은 해 전형배를 통해 영인 인쇄하게 했다는 것이다. 그로 인해 세상에는 오형기 발문이 달린 『환단고기』와 오형기 발문이 삭제된 『환단고기』 두 종류가 등장하게 되었다고 한다.[52] 두 책 모두 '신시개천(神市開天) 5808년, 광무 15년에 계연수가 발행했다'고 되어 있는데, '신시개천'이란 연호는 우리의 역사 시발점을 단군(檀君)이 아니라 환웅(桓雄)으로 보면서 이유립이 1966년 단단학회(檀檀學會)를 설립하면서 처음 사용한 연호다. 심지어 이유립이 단단학회준비회의 이름으로 발행한 기관지인 『커발한』 제1호에도 단기(檀紀) 연호를 사용하고 있다. 이를 토대로 보면 『환단고기』는 1960년 대 말 이후에 발행된 것으로 볼 수 있다.

문제는 『환단고기』가 정확히 언제 누구에 의해 편찬되었으며, 어디까지가 진실을 담고 있는 내용이냐 하는 것이다. 분석해 본 것처럼 오늘날 알려져 있는 『환단고기』를 계연수가 편찬한 것으로 보기는 어렵다. 그렇다고 『환단고기』의 내용 모두를 이유립이 창작했다고 보는 것도 무리다. 『환단고기』의 내용이 워낙 방대할 뿐만 아니라 사실성도 무시하지 못할 정도로 치밀한 면이 있기 때문이다. 『환단고기』를 구성하고 있는 사서들의 초기본이 있었거나 『환단고기』를 편찬하는데 직접적인 영향을 준 사서들이 있었을 것이다. 그러므로 『환단고기』는 대종교의 여러 경전뿐만 아니라, 숙종 2년 북애(北崖)

---

52) 이정훈, 앞의 글, 644~646쪽. 현재 『환단고기』를 고서로 분류하여 소장하고 있는 곳은 숙명여대 도서관과 동국대 도서관이다. 그런데 숙명여대 도서관에 있는 것은 오형기 발문이 있는 것이고, 동국대 도서관에 있는 것은 오형기 발문이 없는 것이다. 두 가지 모두 1979년에 발행되었으므로 고서가 아니다.

가 지었다는 『규원사화(揆園史話)』, 대야발(大野勃)이 지었다는 『단기고사(檀奇古史)』(1949) 등을 비롯한 여러 재야사서, 그리고 신채호(申采浩) 등 민족사학자의 저작물 등을 참고하여 편찬되었다고 볼 수 있다. 『환단고기』와 유사한 내용들이 『규원사화』와 『단기고사』, 그리고 신채호의 저작물 속에 많이 보이기 때문이다. 특히 『환단고기』의 실증성을 주장할 때 많이 인용하고 있는 '일식(日食)'[53]과 '오성취루(五星聚婁)'[54] 등은 중국의 『춘추(春秋)』와 『사기(史記)』를 참고하였을 가능성이 큰 『단기고사』를 인용한 것으로 보인다.

  설사 『환단고기』가 계연수에 의해 초기본이 편찬되었다고 하더라도, 이유립이 여기에 상당한 첨삭(添削)을 더해 새롭게 다시 편찬한 것으로 볼 수 있다. 그러므로 『환단고기』는 계연수의 편저라기보다는 이유립의 편저라고 할 수 있다. 그리고 『환단고기』의 발행 연도에 관해 1911년 발행, 1949년 필사 등으로 알려져 있지만 이를 입증할 원본이 없는 상태에서 정확한 것은 1979년에 출판된 것이 가장 오래된 원본이라는 사실이다.

---

53) 일식에 대해 『춘추』에는 서른일곱 번의 기록이 있으며 특히 세계 천문사상 최초로 핼리 혜성의 출현을 기록할 정도로 비교적 정확하다.
54) 오성취루란 목·화·토·금·수의 별이 일시적으로 일직선으로 배열되는 현상을 말하는데 『사기』, 「천관서」에도 유사한 기록이 실려 있다.

【참고문헌】

<원사료>
대종교총본사, 『譯解倧經四部合編』, 대종교총본사, 1949.
대종교종경종사편수위원회, 『大倧敎重光六十年史』, 대종교총본사, 1971.
『대종교요감』, 대종교총본사, 1983.
대종교종경편수위원회, 『대종교경전』, 대종교출판사, 2002.
김동환 해제, 『단조사고』, 한뿌리, 2006.
신채호/박기봉 옮김, 『조선상고사』, 비봉출판사, 2006.
정훈모/조준희·유영인 옮김, 『단재 정훈모 전집』, 아라, 2015.

<단행본/잡지>
계연수 엮음/고동영 옮김, 『환단고기』, 흔뿌리, 2005.
桂延壽 原著, 『桓檀古記』, 배달의숙, 1979.
桂延壽 편저/이민수 역, 『환단고기』, 한뿌리, 1986.
桂延壽, 『正本 桓檀古記』, 한뿌리, 2005.
檀檀學會 編, 『桓檀古記』, 광오이해사, 1979.
大野勃/고동영 역, 『단기고사』, 한뿌리, 1986.
北崖/고동영 역, 『규원사화』, 한뿌리, 1986.
양종현, 『百年의 旅程:正史 傳胤 寒闇堂 李裕岦 評傳』, 상생출판사, 2009,
이근철, 『천부경철학연구』, 모시는사람들, 2011.
이문영, 『만들어진 한국사』, 파란미디어, 2010.
이유립, 『桓檀彙記1 : 弘益四書』, 단단학회, 1971.
이유립, 『대배달민족사』3, 고려가, 1987.
임승국 번역·주해, 『한단고기』, 정신세계사, 2006.
이정훈, 「환단고기의 진실」, 『신동아』 통권576호, 동아일보사, 2007.9월호.

<논문>
김　탁, 「백봉교단의 실체와 종교사적 의의」, 『도교문화연구』33, 한국도교문화학회, 2010.
박광용, 「대종교 관련 문헌에 위작 많다 『규원사화』와 『환단고기』의 성격에

대한 재검토」, 『역사비평』10, 역사비평사, 1990.
우대석, 「『환단고기』위서론에 대한 비판적 고찰」, 『선도문화』9, 국학연구원, 2010.
이근철, 「大倧敎의 神觀에 관한 철학적 연구」, 『도교문화연구』37, 한국도교문화연구, 2012.
조남호, 「환단고기와 삼일신고」, 『선도문화』9, 국학연구원, 2010.
조인성, 「'재야사서' 위서론」, 『단군과 고조선사』, 사계절, 2000.
조인성, 「『桓檀古記』의 『檀君世紀』와 『檀奇古史』·『揆園史話』」, 『단군학연구』 2, 단군학회, 2000.
조준희, 「白峯神師의 道統傳授에 관한 연구」, 『선도문화』1, 선도문화연구원, 2006.
조준희, 「대종교 초기 경전 발굴과 검토」, 『숭실사학』36, 숭실사학회, 2016.
황영례, 「安淳煥의 儒敎 宗敎化 運動과 鹿洞書院」, 영남대학교 박사학위논문, 2003.

이관구의 사학연구협회 조직과 『단기고사』 초고 검토

조 준 희

Ⅰ. 머리말
Ⅱ. 이관구의 사학연구협회 조직
   1. 광복 후 사회 활동
   2. 사학연구협회 조직
Ⅲ. 이관구의 『단기고사』 출판과 초고
Ⅳ. 맺음말
· 부록1. 대야발, 「단기고사서」 필사본
· 부록2. 황조복, 「단기고사중간서」 필사본
· 부록3. 『단기고사』 제1편 발췌 필사본

I. 머리말

이관구(李觀求, 1885~1953)는 황해도 송화 출신의 독립운동가다.

그는 의암 류인석의 문인이 되었지만 신학문에 대해 부족함을 절실히 깨닫고서 안창호를 따라 평양으로 가서 대성학교와 숭실대학에서 수학하였다. 그의 항일의식 형성에는 안창호의 영향이 지대했다. 또한 민족사학자 박은식, 신채호와 교류하면서 민족사에 대한 관심을 가져 호를 화사(華史)로 짓고, 광복 후에는 사학연구협회를 조직하여 단군과 기자에 관한 역사서인 『단기고사(檀奇古史)』 등을 간행하기도 하였다.

화사 이관구

이러한 이관구에 대한 연구 성과는 그의 저술인 『의용실기(義勇實記)』가 보고된 이래[1] 1910년대 항일독립운동가로서 이관구의 위상을 밝힌 후속 연구가 이어져 왔다.[2] 이관구에 대한 인물 탐구는 한학자 이충구가 본격적으로 시도하였다.[3] 그는 이관구의 사우관계와 저술을 소개하여 이관구가 독립운동가일뿐만 아니라, 학자·문학가·서예가·교육자이며, 사상적으로 유학에 기반을 둔 인물로 평가했다. 정욱재는 이관구의 저술 가운데 『신대학(新大學)』을 최초 분석하였고,[4] 이관구가 화서학파의 일원인 점에 주목하여 류인석과 고석로의

---

1) 박환, 「大韓光復會에 관한 새로운 史料: 義勇實記」, 『한국학보』 44, 일지사, 1986.
2) 박환, 「華史 李觀求의 민족의식과 항일독립운동」, 『숭실사학』 23, 숭실사학회, 2009.
3) 이충구, 「華史 李觀求의 生涯와 學文」, 『한중철학』 8, 한중철학회, 2002.
4) 정욱재, 「華史 李觀求의 『新大學』 研究」, 『한국사학사학보』 10, 한국사학사학회, 2004.

가르침을 독립운동의 정신적 배경으로 살폈다.[5]

이관구에 대한 긍정적 평가는 국어학계의 비판으로 인해 반전되었다. 김주현은 이관구가 전한 「단기고사 중간서」 저자가 신채호가 아닌 이관구 자신의 위작이라고 주장하였다.[6] 이에 대해 종교학자 박미라는 보다 객관적인 입장에서 이관구를 소개하였고, 『단기고사』의 판본을 분석하여 균형 있는 시각을 유지하고자 했다.[7]

2011년도에 『화사유고』(전4권)[8]가 간행됨으로써 이관구 연구의 토대가 충분히 마련되었다고 평가된다.[9] 『화사유고』에는 그간 내용을 알 수 없었던 황조복의 「단기고사중간서(檀奇古史重刊序)」 등 이관구가 필사해둔 원고 6매가 최초 공개되었다.[10] 본고에서는 이관구가 조직한 사학연구협회와 『단기고사』 필사본에 대해 검토해보고자 한다.

II. 이관구의 사학연구협회 조직

이관구는 광복 후 신민당(新民黨)·민일당(民一黨) 당수, 단족통일당(檀族統一黨) 총재로서 정치 활동과 대한광복의용군 사령(大韓光復義勇軍 司令), 북로군판공처장(北路軍辦公處長)[11], 건군협진회(建軍協進

---

5) 정욱재, 『한말·일제하 유림 연구 : 일제협력유림을 중심으로』, 한국학중앙연구원 박사학위논문, 2009, 27~34쪽.
6) 김주현, 「"단기고사" 중간서의 저자 문제」, 『어문논총』 48, 한국문학언어학회, 2008.
7) 박미라, 「檀奇古史의 판본과 문제」, 『선도문화』 6, 국학연구원, 2009.
8) 화사이관구선생기념사업회, 『華史遺稿』(이하는 『화사유고』), 경인문화사, 2011.
9) 다만 이관구의 가족사와 종교관이 담긴 『도통지전단(道通之前旦)』이 누락되어 아쉬움이 남는다. 차제에 공개될 예정이다.
10) 『화사유고』 3, 389~394쪽.
11) 이관구가 받은 추천장에는 韓國北路軍京城辦事處長으로 되어 있어서, 원문의 辦公은 辦事의 오기다.

會) 비서장으로서 군사 활동, 전재동포구제회(戰災同胞救濟會) 회장[12], 육충사보호유림회(六忠祠保護儒林會) 회장, 광복회(光復會) 외무국장, 성도중학교 후원회(城道中學校後援會) 이사로서 사회 활동, 그리고 사학연구협회(史學研究協會) 회장으로서 연구 활동을 활발히 했다.[13] 이관구의 정치 활동에 관해 박영석이 상세히 정리하였으므로,[14] 여타 활동을 살펴보고자 한다.

1. 광복 후 사회 활동

(1) 이관구의 군사 조직

일제강점기에 이관구는 국가 정책의 기본 방침인 국시(國是)를 '국혼(國魂)'으로 규정했다.[15] 국혼 개념은 박은식으로부터 받은 영향으로 보이지만, 그는 이를 비타협적 민족주의로 이해하고 다음과 같이 주장하였다.

> 오직 우리나라 조상이신 '檀君'의 聖子賢孫이 계승하고 계승하였습니다. 오늘에 이르도록 반만 년 동안 간혹 타 민족의 침략을 받았으나 시종 타 민족의 세력 아래에 무릎을 꿇지 않고, 비밀리에 한 마음으로 협력하여 외세를 전복시키고 그 굴레를 벗어나면 마침내 자유 독립에 이른 뒤에 외세를 배척하는 사상이 사라질 것입니다. 이 정신이 '국혼'입니다.

---

12) 戰災同胞救濟會는 귀국한 戰災民을 위해 조소앙 외 20여 명의 발기로 1945년 7월 24일에 귀국전재동포구제회 중앙본부 창립총회가 개최되었다. 다시 朝鮮在外戰災同胞救濟會가 8월 31일에 창립되었고(委員長 兪億兼), 10월 20일에 朝鮮援護團體聯合中央委員會가 결성되었다. 朝鮮在外戰災同胞救濟會는 서울시 후생원호과에서 1946년 1월 12일부로 구휼단체로서 공식 허가장이 발급되었다. 그런데 이관구의 이름은 나타나지 않는다. 한편, 「화사유고 해제」(『화사유고』 1, 54쪽)의 각주38에는 전재동포구제회를 6·25발발 이후에 조직된 것으로 잘못 알고 『언행록』을 1950년 경에 쓴 기록이라고 판단한 오류가 있다.
13) 『언행록』, 160(310)쪽, 「이관구의 광복 이후 이력」.
14) 박영석, 『華史 李觀求의 생애와 민족독립운동』, 선인, 2010, 206~227쪽.
15) 『언행록』, 47~49쪽, 「고후조와 나눈 국시론」.

이관구는 광복이 되어도 독립은 되지 못하였다고 인식하며 1945년 11월에「독립서약서(獨立誓約書)」를 썼다.[16] 아울러 "애국의 참된 정신이 있으면 건국의 일대 단체를 이루어 만년토록 불후, 불훼의 금강기초를 기약할 수 있다"고 다짐했다.[17] 이관구는 이에 대한 실천과정에서 1946년 11월 15일자로 국민협의회 총재 이강(의친왕)[18]으로부터 국민협의회장 겸 총무원 원장직의「전임장(專任狀)」을 받았다.[19] 이강은 "老身도 平民의 一人 資格으로 餘生을 建國에 獻코자함"이라는「서약서(誓約書)」를 이관구에게 주었다. 12월에는 한국광복의용군단(韓國光復義勇軍團)을 조직(組織)하고 총사령(總司令) 대리(代理)로 의용군부사령(義勇軍副司令)에 임명되었다.[20] 한국광복군의용사령부 명의의 포고문은 이관구의 생각이 담긴 글이기 때문에 전문을 소개한다.

「布 告」

人類有史以來, 未曾有의 第二次世界大戰이 聯合軍의 勝利로 終幕되믈 따라 三十六間 日本帝國主義下에 呻吟하던 우리 民族도 解放을 얻엇스나 三十八度를 南北으로 美蘇兩國의 軍政이 實施되고 있어 우리는 完全 獨立과 自由獲得에 努力하고 있는 바이다.

過去 우리 民族運動은 政治的으로 ― 經濟的으로 ― 思想的으로 ― 文化的으로의 여러 가지 方法을 들 수 있으나 其中에도 第一 主要部門인 軍事運動의 歷史를 回顧하건대 舊韓國末期에 있어서 外交權은 剝奪되고 軍隊는 解散되야 祖國의 運命이 기우러지기 始作하매 各地에 義兵이 蜂起하야 國權을 守護하며 大勢를 挽回하려하엿고 所謂 合併이라는 國恥民辱을 當하매 國內와 南北滿洲及沿海州에 이르기까지 獨立軍事運動이 前呼後

---

16) "해방의 좋은 기회를 만나 고국으로 귀래하였으나, 아직까지 독립이 성공되지 못하였으므로 더욱 노력하여 기필코 독립을 완성할 결심과 확신을 가지고 동지 일동과 후일의 기념을 삼겠다"(위의 책, 327쪽,「獨立誓約書」.)
17) 위의 책, 84쪽,「의친왕 이강과 나눈 유대론」.
18) 이강에 관해서는 전문가인 박ور우,『역사 속에 묻힌 인물들』, 글앤북, 2013, 83~89쪽 등 참조.
19)『화사유고』3, 414~415쪽.
20)「광복의용기」,『화사유고』3, 420쪽.

應하며 東唱西叫하야, 連絡不絶하다가 三一運動이 이러나매 滿洲를 中心으로 各地 軍事團體가 雲興하야 靑山里戰役을 비롯하야 大小戰鬪가 數十年을 繼續하엿스며 第二次世界大戰이 勃發함애 우리 臨時政府는 日獨伊 三國에 宣戰을 布告하고 光復軍을 組織하야 直接間接으로 戰爭에 協力하엿으니 名稱으로 말하면 義兵 ― 獨立軍 ― 光復軍이 替代變更되엿고 時代로 말하면 四十餘年을 連綿繼續하엿고 地域으로 말하면 國內國外를 勿論하고 우리 民族의 足跡이 다흔 곳에는 國權回復 ― 民族獨立 ― 自由光復의 徹底한 精神은 一貫한 脉絡을 가지고 있었으며 八, 一五 以後에는 在中國光復軍總司令部의 活動은 一瀉千里의 勢로 大部隊를 編成中에 있고 京城을 비롯하야 各軍事團體가 活動하고 있다.

　　四十餘年의 歷史的 傳統을 가진 우리 光復會, 大韓獨立團, 北路軍 同志들은 同氣相求하며 同聲相應하야 待機하고 있든바 臨時政府의 還國을 機會로 그 領導下에 各軍事團體와의 統一을 前提로 하고 韓國光復義勇軍을 組織하고 同志를 收拾하며 陣營을 整頓하야 治安에 協力하며 國防에 微誠을 다하려하는 바이다.

　　아! 熱血있는 義勇戰士들! 堂々한 步武로 우리의 旗幟下에로 모이라!!
　　大韓民國二十七年 十二月 日
　　韓國光復義勇軍司令部

　이관구는 같은 해 12월 5일자로 대한광복의용군사령부(大韓光復義勇軍司令部) 명의의 전선의용군연합군(全鮮義勇軍聯合軍) 최고지휘장(最高指揮將)에 추대되었고,[21] 또 경성대한무관학교(京城大韓武官學校) 직원 일동 명의로 최고 고문에 추대되었다.[22] 1947년 1월 1일에는 한국북로군(韓國北路軍) 경성판사처장(京城辦事處長)에 임명되었다.[23] 이관구는 「포고」에서 밝힌 바, 자신이 주도했던 '광복회'와 그 맥을 잇는 '대한독립단', 그리고 광복회 동지였던 김좌진이 이끌었던 '북로군정서'를 계승하려는 인식이 강했고, 이를 구체화하고자 하였다.

　그런데 이관구는 "미군정이 실시되어 해산"하고 말았다고 회고했

---
21) 『화사유고』 3, 424쪽.
22) 위의 책, 425쪽.
23) 위의 책, 422쪽.

는데,²⁴⁾ 사실 미군정은 이미 그 이전인 1945년부터 시작되었기 때문에, 당시 여건을 잘 알고 있었음에도 불구하고 자신의 군사적 理想을 실현해 나가다가 결국 현실적 장벽에 부딪쳐 구상 단계로 그친 듯 하다.

1947년 1월 13일에 민족진영에서는 1월 13일에 김구 숙소에 모여 탁치를 취소하는 내용의 「공동성명서(共同聲明書)」를 35개 단체 명의로 발표하였는데,²⁵⁾ 이관구는 의용군이나 북로군 등의 군사단체명이 아닌 '건군협진회(建軍協進會)' 소속으로서 참가하였다. 건군협진회의 회장은 조성환(曺成煥, 1875~1948)이었다.²⁶⁾ 1월 24일 21개 단체 명의로 "대동단결하여 국가 민족의 위기를 극복하자"는 내용의 성명서가 발표되었는데,²⁷⁾ 여기에 건군협진회도 동참하고 있다.

(2) 이관구의 사회 참여

1946년 7월 이관구는 대동명록편찬협회(大同名錄編纂協會)를 조직하고 위원장이 되어 「대동명록출판취지서(大同名錄出版趣旨書)」를 발표하였다.²⁸⁾ 목적은 조국 광복을 위하여 악전고투하던 충렬제씨, 강제징병·징용이민자 등 전재동포의 명단을 작성, 대동명록을 출판하고자 데 있었으나, 별다른 성과를 거두지 못하였다.

이관구의 다른 직함에 성도중학교 후원회(城道中學校後援會) 이사로 되어 있다. 성도중학교는 1946년 11월 19일자로 정식 인가된 서울 성동구를 대표하는 중학교였는데, 불행히도 1948년 1월 26일 화재로

---

24) "나는 京城에 來留하야 新民黨을 組織하고 委員長으로 있다가 李博士 雩南의 意向대로 從하야 黨은 合黨하고, 그 後에 韓國光復義勇軍團를 組織하얏으나 美軍政이 實施됨에 依하야 이를 合法的으로 解散"(『의용실기』, 「自敍傳」)
25) 『동아일보』, 1947.1.17일자, 「反託 一貫의 獨立運動」.
26) 『화사유고』 3, 429쪽.
27) 『조선일보』, 1947.1.25일자, 「대동 단결로 위기 극복」.
28) 「大同名錄出版趣旨書」, 『화사유고』 4, 524~525쪽.; 부위원장 유세관은 1946년 1월 대한민국임시정부환국준비회가 발전적으로 재발족된 全國義勇團總本部의 참모였고, 명예고문 이시영·조성환·조소앙·조완구·최동오도 임시정부 계열이었다. 고문의 구자옥은 한국민주당 중앙위원을 지내고 미軍政廳 京畿道知事였고, 김형민은 京城府尹에 있었다.

소실되었다.[29] 당시 후원회 회장으로 정·재계 인사인 정대천(丁大天)(자유당), 최한구(崔漢龜)(한일물산 사장)가 확인되며, 성도중학교는 1948년에 복구가 진행되어, 1949년 2월에 재발족되었다.[30] 또 육충사 보호유림회 회장직을 맡고 있었고(연도미상), 육충사보호유림 일동으로부터 옛 터를 회복한 것을 감축하는 글을 받은 일도 있었다.[31]

이관구는 1948년 1월 9일과 1949년 9월 8일에 각각 조성환과 부통령 이시영으로부터 민족사상통일(民族史想統一) 및 교화정일(敎化精一)의 업무를 위한「특파증(特派證)」을 발급받았다.[32] 이에 정치에 대한 열망을 다시 일으켜 단족통일당(檀族統一黨)을 창당하였고, 최응선(崔膺善)이 문화부장(文化部長)으로 있었다. 그러나 정부에서는 1949년 10월 공보처에서 법령 제55호 정당에 관한 규칙에 의거, 정당·단체를 정리한다는 발표를 했고,[33] 실지조사를 행한 결과 실재치 않은 단체임이 판명되어 12월에 단족통일당을 비롯 29개 정당·단체가 등록 취소 대상이 되고 말았다.[34]

2. 사학연구협회 조직

이관구는 사회 활동의 한편으로 1946년 9월 "찬란(燦爛)한 역사(歷史)를 공정명확(公正明確)히 연구(研究)하는 동시(同時)에 애국사상(愛國思想)을 주입(注入)시키기 위(爲)하야 다년연구(多年硏究)할

---

29) 『동아일보』, 1948. 7. 10일자,「城都中學校 復舊」.
30) 『동아일보』, 1949. 2. 10일자,「城都中學 再發足」.
31) 『언행록』, 430쪽,「忠護儒林契」.; 육충사는 함남 신흥군과 전남 순천 두 곳에 있는데, 이관구가 관여한 곳은 후자의 사당으로 여겨지나 확실치 않다. 둘 다 임란 의병과 순절자를 기리는 사당이다.
32) 『화사유고』 3, 426~429쪽.
33) 『동아일보』, 1949. 10. 19일자,「百卅三政黨 團體整理:李哲源公報處長 發表」.
34) 『동아일보』, 1949. 12. 27일자,「政黨團體를 再整理:公報處 卄九團體 登錄取消」.

관계(關界) 유지(有志)들이 사학연구협회(史學硏究協會)를 조직(組織)"[35]하고, 서울 성북동 5번지에 있는 이강의 별장[36]에서 역사 연구와 집필에 몰두하게 되었다. 『의용실기』에 따르면, 장소를 제공한 이강 외에 이시영, 최장열(崔璋烈)[37], 유준희(柳準熙)도 참여한 것으로 확인된다.[38]

<표 1> 사학연구협회 임원(1946)

직위	성 명	출신지	관련단체
會長	이관구(1885~1953)(62)	황해 송화	광복회
副會長	韋秉植(1886~1972)(61)	평남 평원	광복회/삼일동지회 조직부
總務	金時漂	미상	삼일동지회 조직부
編輯	金斗和(1884~1967)(63)	평남 평양	신민회
校閱	黃中極(1887~1952)(60)	서울	北京大 史學科 卒/의용단 서울지단장/교육자(흥인중학교 교장)
기타	이강(1877~1955)	서울	
	이시영(1868~1953)	서울	대한민국 임시정부
	崔璋烈	미상	미상
	柳準熙(?~1950?)	평북 영변	球場禁酒同盟會(실업과장)/사업가

1946년 조직 당시 사학연구협회 임원진의 평균 연령은 61.5세의 고령이었다. 출신지는 황해도 1명, 평남 2명, 서울 1명, 미상 1명이고, 이관구 자신이 밝힌 기타 인물까지 합하면 대체로 평안도 출신이 중심이고, 서울 출신자들이 협력하는 구성으로 된 모임이었다. 위병식은

---

35) 『동아일보』, 1946.9.6일자, 「史學硏究協會」.
36) 의친왕 이강 별장은 현재 국가지정문화재 명승 제35호 성락원(城樂園)으로 주소는 서울시 성북구 선잠로 2길 47번지이며, 옛 주소는 서울 성북동 5번지였다.
37) 최장열의 신원은 알 수 없으나, 유고인 『을지문덕전』이 최근 출판되었다. 최장열/양승률 옮김, 『을지문덕전』, 민속원, 2013 참조.
38) "李堈公 李始榮의 先輩와 韋秉植 崔璋烈 等으로 한게 史硏究會를 組織"(『의용실기』, 「甘益龍」條)

해산 위병식 ⓒ 위훈

성재 이시영

이관구와 일제강점기 때 독립운동을 같이 했었고, 김시표는 위병식과 같이 삼일동지회 조직부에 임명된 기록이 확인된다. 김두화는 이관구의 대성학교 은사였고,[39] 황중극과의 관계는 확인되지 않는다.

이관구는 광복 직후 서울에 상경하여 1949년까지 4년 간 정치, 군사, 사회 활동을 벌였음에도 불구하고 기대한 만큼의 성과를 거두지 못하였다. 그렇지만 틈틈이 사학연구협회를 통한 저술 활동으로써 문학·역사·철학 및 회고에 대한 출판에 주력하여 업적을 남겼다.[40]

이관구의 저작 목록 가운데『단기고사』(1949), 『언행록』(1950?), 「영보서(永保序)」(1951), 『마왕국기(魔王國記)』(1952), 『만물언지(萬物言志)』(연도미상)가 사학연구협회 곧 이강 별장에서 집필되었던 것으로 확인된다. 1946년 이후에 남긴 다른 저술-『의용실기(義勇實記)』(1952?), 『홍경래전(洪景來傳)』(1952) 등-도 서지 기록이 없어서 확실치

---

39) 신민회 105인 사건으로 복역한 공훈을 기려 정부에서 2005년 건국훈장 애족장을 추서하였고, 대전국립현충원 애국지사 제3묘역 305에 안장되었다.

40) "그 後 社會事業 하기 爲하야 某某 救護機關도 組織하야 보왓으나 다 金錢의 不許로 所的에 達치 못하고, 後에는 心을 또 學文研究에 留하고 數十卷의 冊子를 書하야 至今 出判 中에 잇다."(『의용실기』, 「自敍傳」)

않지만 대부분 이강 별장에서 지은 것이다.[41]

Ⅲ. 이관구의 『단기고사』 출판과 초고

이관구의 저술은 사상서, 문학서, 독립운동서로 분류되는데, 이를 국학(國學)의 개념인 문학(문학서), 역사(독립운동서), 철학(사상서)의 범주로 다시 분류할 수 있겠다. 이관구 저술에 관해서는 「화사유고 해제」에서 상세히 다루어졌으므로, 대표적 역사 편저인 『단기고사』 에 한해 살펴보고자 한다.

단군민족주의자인 이관구는 1947년부터 『신대학』과 『신중용』 편찬에 착수한 뒤 단군과 기자에 관한 고대 역사서인 『단기고사(檀奇古史)』 출간에 주력하였다. 『신대학』에서 굳센 힘으로 모든 역경과 고난을 이겨내고 업적을 이룩한 인물로 발해 고왕 대조영의 동생 대야발을 손꼽으면서 "野勃, 東國古史 十三年 始成"이라고 언급[42]한 점이 흥미롭다. 이는 1949년에 출간되는 『단기고사』의 「단기고사 재편서(檀奇古史 再編序)」에서 대야발이 천통 31년 3월 3일에 "臣이 勅令을

---

41) 성락원의 주소지인 성북동 1, 5번지 구등기부등본을 보면, 의친왕 이강의 장남 이건공의 소유 연도는 1931년 6월 27일이며(관훈동 192번지 거주), 1947년 5월 13일에 박용하에게 매매한 것으로 나타난다. 이건→박용하→황자근(※심상준 모친)(1952)→심상준(1965)→심철로 소유주가 바뀌었는데, 성락원은 본래 조선후기 이조판서를 지낸 심상응의 별장이었고, 심상준은 심상응의 4대손이다. 이관구의 차남 이하복은 "51년 1월에 월남하여 52년 초 의친왕 별장에서 선친과 상봉하여 몇 달 함께 기거하였고, 건물이 여러 채 있었다"고 술회하였다. 1947년에 소유주가 바뀌었어도 "의친왕 별장"으로 불린 것으로 여겨진다. 이하복은 당시에 여러 사람이 기거했는데 민족대표 33인 권동진 선생(1861~1947)의 후처를 기억하였다. 이관구는 성북동 시절 김성수, 국회의원 김일(1900~?)과 친분이 있었고, 근방으로 이사 갔다고 하였다(2013.10.15, 이하복과 전화통화). 참고로 1952년 1월 3일에 발급된 이관구의 서울특별시민증에는 현주소가 성북동 5번지로 되어 있다. 이관구는 전쟁 중 얻은 위장병으로 인해 전북 군산 개정병원에 입원 중 1953년 4월 21일 69세의 나이로 서거하였다. 이하복은 부친의 별세 전 의친왕 별장에 있던 부친의 원고와 소장품들을 모두 인계받았다(박영석, 『華史 李觀求의 생애와 민족독립운동』, 앞의 책, 281쪽).
42) 정욱재, 「華史 李觀求의 『新大學』 硏究」, 앞의 논문, 115쪽.

奉한지 '十有三年'에 晝夜로 憂懼하며 付託이 無效될까 恐하여 各地에 輪廻하여 石室藏書와 古碑와 散史를 參考하다가 往年에 突厥(土耳其)國까지 再入하여 古蹟을 探査하여 此書를 著述"했다는 구절과 일맥상통하는 내용이다.

「단기고사 재편서」에서 왜 "十有三年"이라고 표현했을까? 이관구가 필사해 둔 「대각교경(大覺敎經)」[43]에 그 실마리가 있다. 백용성이 1920년대에 개창한 대각교와 이관구 필사본 「대각교경」 간의 연관성은 확인되지 않으나, 「대각교경」 본문은 대종교(大倧敎) 경전인 『삼일신고』 중 대야발이 천통 17년(서기 715) 3월 3일에 임금 말씀을 봉칙하여 지었다는 「삼일신고서(三一神誥序)」와 동일하다.

그런데 이 「삼일신고서」에 적힌 '천통 17년'에서 13여 년 뒤인 천통 31년은 서기 729년으로 고왕 사후 10년이 지난 뒤다. 그렇다면 대조영의 장남 대무예 재위기로 새 연호인 '인안 10년'이라야 옳다. 따라서 현전하는 「단기고사 재편서」의 "천통 31년"은 오류이며, 대종교 경전 「삼일신고서」를 열람한 누군가가 대야발을 가탁(假託)하여 지어낸 것으로 여겨진다.

『삼일신고』는 1912년 4월 7일에 처음 활자본[44]으로 간행되어 세상에 나왔다. 그렇다면 「단기고사 재편서」의 작성 연도는 아무리 빨라도 1912년 4월 이전으로 올라가지 않는다. 또한 『단기고사』, 「第1編 太古史:前檀君朝鮮」 편에서 "(桓雄이) 天符經을 說敎"[45]하였다는 구절로 미루어 본다면 천부경이 1920년에 처음 세상에 공개되었기 때문에 간행연도가 1920년대 이후로 더 내려가게 된다.

여기서 중요한 것은 이관구가 한문본을 필사해둔 것으로 보이는

---

43) 「大覺敎經」, 『新中庸』(『화사유고』 1, 411~414쪽).
44) 김교헌 편수 겸 발행, 『三一神誥』, 대종교본사, 1912.
45) 『화사유고』 3, 275쪽.

「단기고사서」에 연호가 '천통 31년'이 아닌, '천통 12년'으로 다르게 되어 있다는 사실이다.[46] 더욱이 1949년도 이후 간행된 서적에 없는 "命臣作三一神誥之序(신에게 삼일신고 서문을 지으라 명하셨고)"와 『삼일신고』, 「진리훈」을 발췌한 구절이 있다.[47] 요컨대 시기 미상인 원「단기고사서」의 '천통 12년' 연호는 「삼일신고서」를 염두에 두고서 '천통 31년'으로 1949년 첫 출판시에 바뀌었고, 또 "命臣作三一神誥之序"의 구절이 삭제되고, 제목도 「단기고사 재편서」로 고쳐진 것으로 보인다.

원「단기고사서」는 총 487자로, 이 가운데 61자는 대종교단에서 1912년에 간행한 『삼일신고』, 「삼일신고서」와, 25자는 「진리훈(眞理訓)」과 일치하며, 28자는 「어제삼일신고찬(御製三一神誥贊)」과 일치하여 총 114자(23.4%)가 『삼일신고』에서 차용한 흔적이 역력하다.

<표 2> 『삼일신고』와 일치하는 원「단기고사서」구절

원문	번역문
○惟我 聖上基下以天縱之姿克紹, [檀祖]之[系]統, 旣奠金甌, 乃垂黃裳, 爰捧天訓之瓊笈, 載緝 宸翰之寶贊.	오직 우리 임금께서는 본래 하늘이 내신 이로서 [단군 성조]께서 내려 주신 계통을 이어 나라 터전을 정하시고, 예복을 입으시고서 천훈이 적힌 거룩한 책궤를 받들어 비로소 친히 보배로운 예찬을 엮으셨습니다.
○三一神誥[之]序	삼일신고[의] 서
○人物, 同受三眞, 曰. 性命精. 眞性無善惡, 眞命無淸濁, 眞精無厚薄	사람과 사물이 다 같이 세 가지 참함을 받았으니 이는 성품과 목숨과 정기다. 참성품은 착함도 악함도 없고, 참목숨은 맑음도 흐림도 없고, 참정기는 후함도 박함도 없다.
○始克	비로소~하다.

---

46) 위의 책, 391~392쪽.
47) 위의 책, 391~392쪽.

○建極垂教, [使衆]反妄歸眞, [九夷乃化] 羣祥同春, 祥露彩暾, 普天涵煦, 覆幬實中	나라를 세우고 교화를 펴시니, [뭇 사람들로 하여금] 가달을 돌이켜 참에 이르리. [구이를 화합하게 하여] 온갖 것 모두 다 봄빛이로다. 상서론 이슬 눈부신 햇빛이, 온 누리에 젖고 쬐니, 온 누리를 싸고 덮었네.
○天統十[二]年 三月三日 盤安郡王 臣 野勃 奉勅謹序	천통12년 3월 3일 반안군왕 신 야발은 명을 받들어 삼가 서문을 지어 올립니다.

※ [ ]안은 『삼일신고』와 일치되지 않는 삽입 글자

다음으로 건흥 8년(서기 826)에 황조복(皇祚福)이 썼다는 「단기고사 중간서(檀奇古史 重刊序)」[48]는 『화사유고』를 통해 세상에 처음 공개되는 것인데, 내용은 「단기고사서」와 흡사하다.

<표 3> 「단기고사 중간서」와 황조복「단기고사서」 비교

대야발의 檀奇古史 重刊序(710)	황조복의 檀奇古史序(826)
-	대야발이 단기고사를 지은 경위 소개
당나라 소정방과 설인귀가 고구려와 백제를 침략하여 국서고를 파괴하고 단기고사와 고구려·백제 사서를 불태운데 대한 통한.	당나라 소정방과 설인귀가 고구려와 백제를 침략하여 국서고를 파괴하고 단기고사와 고구려·백제의 사서를 불태운데 대한 통한.
임금의 명을 받들어 「삼일신고서」를 짓고, 『단기고사』를 편찬함.	태조 고왕이 즉위하여 대야발에게 『단기고사』와 고구려·백제의 역사를 편찬케 함.
『삼일신고』 진리훈 및 신인 단군 성조의 대도 예찬	-
명을 받든 지 13년간 『단기고사』 편찬 과정 및 보존에 대한 기약	명을 받든 지 13년간 『단기고사』 편찬 과정
-	후래 독자에 대한 기대와 부여족의 광복 염원
천통12년 3월 3일 반안군왕 신 야발 봉칙근서	건흥8년 4월 그믐 산양 황조복 식

이와 같은 정황들을 종합해볼 때 원 「단기고사서」는 대종교 경전인 『삼일신고』를 보고 지어낸 것이 분명하다. 그 다음 1949년 출간 시

---

48) 위의 책, 389~390쪽.

에 교열자에 의해「단기고사 재편서」로 바뀌면서 내용도 첨삭된 것으로 보인다.

그러면 대종교와 관련 있는 교열자는 누구일까?

사학연구협회의 교열 담당이던 황중극(1887~1952)은 베이징대 사학과를 나왔다는 점을 제외하고는 종교 분야에 관여했을지 여부가 불확실하며 구체적인 역할을 알 수 없다.

『단기고사』 공동발간자인 김두화는 1925년『종교대전(宗敎大典)』[49]을 집필하면서 10개의 종교 중 대종교를 첫편에 배치하고 단군의 역사와『삼일신고』풀이를 실었던 점이 주목된다. 대종교단에서『천부경』을 공인한 것이 1975년임에 비하여, 김두화는「단군의 교화」편에서 "檀君이 天符經과 三一神誥로써 三千團部를 親訓"[50]하셨다 하여 일찍이『천부경』과『삼일신고』를 대종교의 경전으로 파악했었다.

『단기고사』 교열자인 이시영은 자신의 저술이었던『감시만어』(1934)에서『천부경』을 소개한 바 있었다.[51] 앞서 밝힌 대로『천부경』은 대종교단에서 뒤늦게 공인되었기 때문에,『천부경』을 제외하더라도『삼일신고』경구를 서예로 남긴 작품[52]이나, 교단 내에서 주요 직책을 맡았던 점에서 독실한 대종교인으로 보는 것은 무리가 없다. 이처럼 김두화와 이시영은 대종교 교리에 밝은데 비하여, 이관구는 교리보다 역사에 관심이 많았던 인물로 파악된다. 이관구의 필사본「대각교경」은「삼일신고서」와 비교해 볼 때 탈자가 4곳, 오기가 3곳 보여서 원문 대조를 면밀히 하지 않았던 점도 유추된다.

『단기고사』는 조선복음사에서 1949년 11월 3일에 초판, 12월 3일에 재판이 발간되었고, 이듬해인 1950년 5월 1일에 국립경찰전문학교

---

49) 김두화,『宗敎大典』, 朝鮮圖書, 1925(※ 연세대 도서관 소장).
50) 위의 책, 3쪽.
51) 정욱재,「李始榮의 感時漫語 硏究」,『한국사학사학보』4, 한국사학사학회, 2001, 89쪽.
52) 대종교총본사 소장.

내 경찰교양협조회 명의로도 간행되었다. 국립경찰전문학교 제2대 (1948.1.22.~2.21) 함대훈(1907~1949.3.21) 교장이 이관구와 같은 황해도 송화인으로 연고가 있어서 추진이 가능하였는데 1949년 재직 중 병사하여 제6대(1950.4.27~7.21) 김상봉 교장 재임 시에 발간되었다. 그는 민족의식 고취 목적으로 『단기고사』 1만 5천부를 발간하여 일선 경찰관 및 각 지방 유지들에게 널리 배포하였다.[53]

1949년 초판보다 경찰교양협조회본이 중요한 이유는 부록에 "원본발췌(原本拔取)"라는 한문 원본이 일부나마 수록되어 있기 때문이다. 비록 2매의 발췌본이지만 『단기고사』 제1편 필사본은 경찰교양협조회본과 차이 나고, 1949년본과도 약간 다르다. 『단기고사』 제1편 필사본에서는 환웅이 '천부경과 신리(神理)'를 설교하였고 단군이 '경신교(敬神敎)'를 창립하고 삼일신고를 베풀었다고 하였는데, 1949년본에서는 환웅이 천부경만 설교하였고 단군이 '대종교'를 창립하고 삼일신고를 천하에 포고하였다고 하며, 경찰교양협조회본에서는 환웅이 천부경을 설교하였고 단군이 '경천교'를 창립하고 삼일신고를 천하에 포고하였다고 하였다.

『단기고사』 (1950)

---

53) 경찰전문학교, 『警察敎育史』, 경찰전문학교, 1956, 68쪽.

IV. 맺음말

황해도 출신 독립운동가 이관구는 광복 후 서울에서 사학연구협회 활동을 통해 적지 않은 저술을 남겼다. 비밀결사 성격상 드러나기 힘든 사건과 일화, 고락을 같이 했던 동지들에 대한 기록이 이관구의 말년 저술을 통해 세상에 드러날 수 있었다. 그는 1945년부터 1949년까지 4년 간 정치 활동(신민당·민일당 당수, 단족통일당 총재)과 군사 활동(대한광복의용군 사령, 북로군판사처장, 건군협진회 비서장), 사회 활동(전재동포구제회 회장, 육충사보호유림회 회장, 광복회 외무국장, 성도중학교 후원회 이사)을 활발히 하였으나, 기대만큼의 큰 성과를 이루지 못하였다.

이관구의 주목할 만한 성과는 사학연구협회를 조직하고 그 회장으로서 연구와 출판 활동을 통해 이룩한 성과물에서 찾을 수 있다.

이관구가 필사한 대야발의「단기고사 중간서」과 황조복의「단기고사서」를 분석한 결과, 전자의 경우 1949년 출간된『단기고사』의 내용과 차이가 있으며, 구체적으로 대종교 경전『삼일신고』(1912)를 23.4% 차용한 정황이 드러나『단기고사』초고의 일부로 사료되었다.

『단기고사』는 본래 모본이 있었던 것으로 여겨지지만, 1949년 초판을 준비하는 과정에서『규원사화』의 영향 그리고 사학연구협회 소속 대종교 신자인 이시영 내지 대종교 교리에 해박한 김두화 등의 교열을 거치면서 대종교 색채가 가미된 것으로 보인다.

광복 이후 1979년 재야사서『환단고기』의 출현 전까지 30년의 공백기간 동안 이관구가 1949년도에『단기고사』를 출판하고, 나아가 국립경찰전문학교를 통해 통해 일선 경찰관 및 각 지방 유지들에게 널리 배포되어 민족의식 고취에 기여한 점은 의의가 있다. 비록 그렇더라도 독립운동가로서 이관구의 위상과 별개로 향후 그가 남긴 작품에 대해 냉철한 서지 비판이 더 필요할 것으로 판단된다.[54]

---

54) 이관구가 지은 『홍경래전』(이왕무, 「華史 李觀求의 『洪景來傳』 연구」, 『퇴계학논총』 22, (사)퇴계학부산연구원, 2013 참조)의 문장력과 상상력, 그리고 김주현 교수의 「단기고사 중간서」 비판 연구를 종합해 볼 때 『단기고사』 초고 집필 역시 이관구가 주도했을 가능성이 농후하다고 사료된다.

【참고문헌】

<원사료>
『동아일보』, 『조선일보』.
김교헌 편수 겸 발행, 『三一神誥』, 대종교본사, 1912.
김두화, 『宗敎大典』, 朝鮮圖書, 1925.
대야발/김두화·이화사 역, 『檀奇古史』, 경찰교양협조회, 1950.(※필자 소장본)
화사이관구선생기념사업회, 『華史遺稿』, 경인문화사, 2011.
이관구/이충구·김규선·조준희 편역, 『義勇實記』, 아라, 2013.

<단행본>
경찰전문학교, 『경찰교육사』, 경찰전문학교, 1956.
박영석, 『화사 이관구의 생애와 민족독립운동』, 선인, 2010.

<논문>
김주현, 「"단기고사" 중간서의 저자 문제」, 『어문논총』 48, 한국문학언어학회, 2008.
박미라, 「단기고사의 판본과 문제」, 『선도문화』 6, 국학연구원, 2009.
박 환, 「대한광복회에 관한 새로운 사료 의용실기」, 『한국학보』 44, 일지사, 1986.
박 환, 「화사 이관구의 민족의식과 항일독립운동」, 『숭실사학』 23, 숭실사학회, 2009.
이왕무, 「華史 李觀求의 『洪景來傳』 연구」, 『퇴계학논총』 22, (사)퇴계학부산연구원, 2013.
이충구, 「화사 이관구의 생애와 학문」, 『한중철학』 8, 한중철학회, 2002.
정욱재, 「이시영의 감시만어 연구」, 『한국사학사학보』 4, 한국사학사학회, 2001.
정욱재, 「화사 이관구의 『신대학』 연구」, 『한국사학사학보』 10, 한국사학사학회, 2004.
정욱재, 「한말·일제하 유림 연구 일제협력유림을 중심으로」, 한국학중앙연구원 박사학위논문, 2009.

【부록1】대야발,「단기고사서」필사본

檀奇古史序「단기고사서」

○ 伏惟 臣嘗痛恨於唐將蘇定方, 薛仁貴者, 彼等 襲滅高句麗, 百濟, 破國書庫而焚檀奇古史及麗濟遺史故也.

신이 엎드려 생각하건대, 당나라 장수 소정방과 설인귀에게 원한이 사무치는 것은 저들이 고구려와 백제를 습격하여 멸하고, 국서고를 파괴하고 단기고사와 고구려・백제의 유사들을 모두 불태워 버렸기 때문입니다.

○ 是以 臣切欲復編國史, 叅考古之石史及遺蹟, 而略定其統序也. 惟我聖上基下以天縱之姿克紹, 檀祖之系統, 旣奠金甌, 乃垂黃裳, 爰捧天訓之瓊笈, 載緝 宸翰之寶贊.

이에 신이 국사를 다시 편찬하고자 옛 역사와 유적을 참고하여 그 줄기와 서문을 대략 정하였습니다. 오직 우리 임금께서는 본래 하늘이 내신 이로 단군 성조께서 내려 주신 계통을 이어 나라 터전을 정하시고, 예복을 입으시고서 하늘 말씀이 적힌 거룩한 책궤를 받들어 비로소 친히 보배로운 예찬을 엮으셨습니다.

○ 命臣作三一神誥之序, 是年又下勅使臣, 編纂檀奇古史及麗濟遺史, 臣奉命而募集其可證之遺事, 刪疑取實, 述而不作, 記而不論始克成篇.

신은 삼일신고 서문을 지으라는 명을 받들었고, 올해는 또 신에게 명을 내리시기를, "단기고사 및 고구려・백제의 사서를 편찬하라"고 하시니, 신은 삼가 받들어 그 증거할 만한 남은 업적을 모으고, 의심

가는 것을 없애고 사실만을 취하여 술이부작의 정신으로 기록함으로써 문제없이 비로소 글을 완성하였습니다.

○ 嗚呼, 此書豈其易言哉. 盖自神檀祖開國以及扶餘奇子兩朝及高句麗朝, 聖子神孫, 繼繼承承, 重熙, 累治, 式至于聖朝神政一致, 其治天下之大經大法, 皆載此書而燦然復明於世. 淺見薄識豈是以盡發蕩. 奧哉我神檀祖以天下之大聖修, 天下之大德行, 天下之大政得, 天下之大心得, 其心則大德與大政固可得而行也.

오호라! 이 책이 어찌 쉽게 되었다 말하겠습니까! 무릇 신인 단군 성조의 나라가 개국된 이래, 부여와 기자 양 나라와 고구려 시대에 이르기까지 성스럽고 신령한 자손이 대대로 계승하고 거듭 빛내고 두루 미쳐 성조와 신정이 일치가 되었고 그 다스림이 천하의 큰 경전과 큰 법으로서 모두 이 책에 실려 찬연히 세상에 다시 빛났습니다. 좁은 소견과 옅은 지식으로 어찌 깊고 넓은 뜻을 다 알겠습니까.

무릇 우리 신인 단군 성조께서는 천하의 큰 성스러움을 닦고, 천하의 큰 덕을 행하고, 천하의 큰 다스림을 얻고, 천하의 큰 마음을 얻어 그 마음이 곧 큰 덕과 큰 다스림을 고루 하여 가히 얻고 행하였습니다.

○ 何者, 人物, 同受三眞, 曰, 性命精. 眞性無善惡, 眞命無淸濁, 眞精無厚薄. 唯衆迷妄失眞, 不知其所返. 神檀祖以天下之大道, 建極垂敎, 使衆反妄歸眞, 九夷乃化羣祥同春, 祥露彩暾, 普天涵煦, 覆幬寰中. 實千萬古, 無疆之景休也.

어떤 사람은, "사람과 사물이 다 같이 세 가지 참함을 받았으니 이는 성품과 목숨과 정기다. 참성품은 착함도 악함도 없고, 참목숨은 맑음도 흐림도 없고, 참정기는 후함도 박함도 없다." 하였습니다. 오직 뭇 사람들은 가달에 미혹되어 참함을 잃어버리니 그 이른바 반대 됨을 알지 못합니다. 신인 단군 성조께서 이에 천하의 큰 도로써 나라를 세우고 가르침을 베푸니, 뭇 사람들을 가달을 돌이켜 참함에 이르게 하고, 구이를 화합하게 하여 상서로움이 하늘에서 내려와 큰 밝음이 가득하여 온 누리를 이롭게 하였습니다. 실로 아주 오랜 옛날 강역이 없었던 경사요 훌륭함입니다.

○ 臣自奉勅十有三年以來, 夙夜憂懼, 恐付託不效, 輪回各地而考諸古碑與石室藏書及散史以取之往年入于突厥而査考古蹟以稱, 此書, 奉呈原本而刻之于板藏於國書庫, 因之以版本使敎國民爲助史學智識之萬一焉.

신은 명을 받든 지 십삼 년 이래 밤낮으로 근심하고 걱정하면서 부탁받은 성과가 없을까봐 두려워 각지에 가지 않은 곳이 없었고, 옛 비석을 고찰하고 석실 장서와 흩어진 사료들을 좇아 돌궐까지 들어가서 옛 사적을 찾아보고 나서야 이 글을 지었습니다. 원본은 나무판에 새겨 나라의 서고에 넣고, 또한 여러 책을 복사하여 백성들을 가르치게 하였으니, 이 글을 보고 역사에 대한 지식을 넓히는데 도움을 주도록 하겠습니다.

天統十二年 三月三日
盤安郡王 臣 野勃 奉勅謹序
천통12년 3월 3일
반안군왕 신 야발은 명을 받들어 삼가 서문을 지어 올립니다.

檀奇古史序

伏惟臣嘗痛恨於唐將蘇定方薛仁貴者彼等襲滅
高句麗百濟破國書庫而焚檀奇古史及麗濟遺史
故也是以臣切欲復編國史恭考古之石史及遺蹟而
略定其統序也惟我聖上陛下以天縱之姿克紹
檀祖之系統旣眞金甌乃垂黃裳曼捧天副之瓊箋載
緝宸翰之寶贊命臣作三一神誥之序是年又下勅使
臣編纂繁檀奇古史及麗濟遺史臣奉命而蒐集其可
澄之遺事剛毅敢實述而不作記而不論始克成篇嗚
呼此書豈其易言哉盡自神檀祖開國以及扶餘奇子
兩朝及高句麗朝聖子神孫繼﹅承重熙累洽式至于
聖朝神政一致其治天下之大經大法皆載此書而燦然
復明於世淺見薄識豈足以盡發蘊奧哉我 神檀祖
以天下之大聖俺天下之大德行天下之大政得天下之大心

得其心則大德與大政固可得而行世何者人物同受三
真曰性命精真性無善惡真命無清濁真精無厚薄
維衆迷妄失真不知其所返 神檀祖乃以天下之大道
建極垂教使衆反妄歸真九夷乃化舉祥回春祥露
彩瞰普天涵照覆幬蒙中寳千萬古無疆之景休世居
自奉勅十有三年以來夙夜憂懼恐付託不敷輪囬名地兩
考諸古碑與石室藏書及散史以取之往年八于突厥而
查考古蹟以補此書奉至原本而刻之于板藏於國書庫
因之以版本使教國民為助史學智識之萬一焉
天統十二年三月三日

盤安郡王呂 野勃 奉勅謹序

【부록2】 황조복,「단기고사 중간서」필사본

檀奇古史重刊序「단기고사 중간서」

○ 檀奇古史, 何爲而作也. 吾國初, 大文豪野勃先生, 憂國史之泯沒於世而作也.

단기고사는 어떻게 지어졌는가. 우리 나라 초 대문호 야발 선생께서 세상에서 국사가 민몰됨을 걱정하여 지은 것이니라.

○ 盖自 檀君聖祖 開國以來, 聖子神孫繼々承々, 重熙累洽, 賢相良佐輩出, 文人詞客踵起. 國政之善, 不善, 風俗之美, 不美少, 無遺漏. 皆記於史, 詠於詩, 贊於誦, 至於麗濟之季世, 新羅, 陰抱統合三韓之志, 不斷謨之圖之 然只以獨力終, 無勝筭, 故乃請兵於唐. 唐朝則有宿怨欲雪, 其耻而覬間, 百濟, 高句麗, 猶有不足之心, 使蘇定方, 薛仁貴等, 破國書庫而焚檀奇古史及麗濟遺史. 新羅亦欲顯自國殘存於世乎, 其史之泯沒, 莫其時若也.

무릇 단군성조께서 나라를 여신 뒤 성스럽고 신령한 자손이 대대로 이어져 거듭 빛내고 두루 미쳐 어진 국상과 좋은 신하들이 배출되고, 문인, 시인이 뒤따라 일어났다. 국정이 잘되고 풍속이 아름다워 그렇지 않음이 적어서 새어 나가지 않음이 다 역사로 기록되었고, 시로 읊어졌고, 노래로 찬양되었다.

고구려·백제 말엽에 이르러 신라는 삼한을 통합하려는 뜻을 품고 끊임없이 계책을 세웠으나 스스로의 힘으로 승산이 없는 까닭에 이내 당나라에 군사를 요청하였다. 당나라는 그 치욕을 씻고자하는 숙원이 있어서 백제와 고구려의 틈을 엿보았다. 그런데 오히려 부족한 마음이 있어서 소정방과 설인귀 등으로 하여금 국서고를 부수고 『단기고사』와 고구려 백제의 남은 역사서를 불에 태우고, 신라 역시 자국을 드러내고자 하니, 그 역사가 민몰되고 그 시대가 저물었다.

○ 天運循環, 無往不復. 吾太祖高王, 應天順人而登寶位, 先憂夫歷史之泯滅, 命野勃而編纂檀奇古史及麗濟遺史. 先生受命以來夙夜憂懼恐, 付託不效以傷, 御命故十有三年間. 傾心主力, 始克成篇以明. 夫相傳之系統, 盖其據之也確故, 其編之也正, 其考之也詳, 故其續之也符, 至於上書等篇, 迥脫奴隷之累態以示, 嚴然, 獨立之思想, 使後之讀者神氣, 猶爲之旺. 大文豪之編纂手法, 非俗儒之所能及也. 余一讀, 神氣猶爲之旺, 再讀, 愈爲之旺, 如謁千載列聖之前, 故自不勝活潑之心, 以爲重刊. 將使以後之讀者, 一讀而神氣爲之旺, 再讀而神氣愈爲之旺, 爲則能使吾扶餘族, 可以光復古聖代之版圖, 而王天下可計日而待也.

천운은 순환하여 가고 돌아오지 않음이 없는지라. 우리 태조 고왕은 하늘에 응하고 순리를 따르는 분으로 왕위에 올라 우선 역사가 민멸됨을 근심하여 야발에게 명하여 『단기고사』와 고구려, 백제의 유사를 편찬하게 하였다.

선생은 명을 받들어 밤낮으로 걱정하고 두려워하였지만, 부탁한 성과가 나오지 않아 애태웠다. 어명을 받든 지 13여 년 간 마음을 기울이고 힘을 다하여 비로소 글을 완성하여 빛내었다. 무릇 서로 전해오는 계통이 모두 그 근거 확실하기 때문에 그 편이 바르고, 그 고찰함이 상세하기 때문에 그 뒤에 이어짐이 부합되었다. 엄연히 독립사상을 보여 탈 노예적인 여러 모습은 상서 등 책과 판이하다.

뒤의 독자들로 하여금 신기(神氣)가 오히려 왕성하여 대문호의 편찬하는 수법과 능력이 미친 바가 세속적 선비가 아닌 바였기에, 내가 한번 읽으니 신기가 오히려 왕성하고, 두 번 읽으니 더욱 왕성해져,

천년 여러 성인들 앞에 있는 것 같았다. 그러므로 스스로 이기지 못함이 활발해 지는 마음으로 중간하였다. 장차 후대에 읽을 독자들이 한번 읽으면 신기가 왕성해지고, 두 번 읽으면 신기가 더욱 왕성해져서 우리 부여족이 가히 옛 성스러운 시대의 판도를 광복할 것이니, 날을 헤아려 천하의 왕을 기다림이 가하다 하겠다.

建興八年 四月晦日 山陽 皇祚福 識
건흥8년 4월 그믐에 산양 황조복 씀

檀奇古史重刊序

檀奇古史何爲而作也吾國
國史之泯沒於世而作也蓋自檀君聖祖開國以來聖
子神孫繼〇承〇重熙累洽賢良佐輩出文人詞
客躍起國政之善不善風俗之美不美少無遺漏皆
記於國史詠於詩贊誦至於麗濟之季世新羅陰
統合三韓之志不斷謀之圖之然只以獨力終無勝
筭故乃請兵於唐朝則有宿怨欲雪其恥而覬間
者久矣會應其請而大發兵與新羅合勢幷力破國
百濟高句麗猶有不足之心使蘇定方薛仁貴等併滅
之書庫而焚檀奇古史及麗濟遺史新羅亦欲顯自國
之榮名以抹殺麗濟遺史爲行政之一目其歷史宣可
殘存於世乎其史之泯沒莫其時若也天運循環無往
不復吾太祖高王應天順人而登寶位先憂夫歷史之

泯滅命野勃而編纂檀奇古史及麗濟遺史先生受命以來夙夜憂懼恐付託不效以傷御命故十有三年間傾心注力始克成篇以明夫相傳之系統盖其據之也確故其編之也正其考之也詳故其續之也符至於上書等篇逈脫奴隷之累態以示嚴然獨立之思想使後之讀者神氣倜爲之旺大文豪之編纂手法非俗儒之所能及也余一讀神氣倜爲之旺如謁千載列聖之前故自不勝活潑之心以爲重刊將使以後之讀者一讀而神氣倜爲之旺再讀而神氣愈爲之旺能使吾扶餘族可以光復古聖代之版圖而王天下可計日而待也
建興八年四月晦日 山陽皇裕福 識

[부록3] 『단기고사』 제1편 발췌 필사본

檀奇古史
第一編
太古史
前檀朝朝鮮
總論

欽苦稽檀君曰生倫是爲朝鮮開國始祖
蓋自前世扶餘族散居於太白山附近地帶人物之生林
林義,於是神人桓仁首出寬仁慈愛有大度始建家屋制
衣服以行部族政治子桓雄英哲文明以承父命弘濟衆
生率風伯雲師及雷公等眞丁吉林天坪定禮儀制婚姻持
天符經及神理而設教四方聽講者雲集成市故曰神市皇
子桓倫神聖明哲立而爲王遂受九夷之推戴爲天帝是爲
國祖檀君義乆天帝之娶非西岬(哈爾濱)河伯之女(神熊氏爲妃)
生子扶屢義仌之朝鮮開國始此

建國及神政

第一世檀帝名壬儉在位百五十年爲王者五十七年爲帝者九十三年

檀君姓桓名壬儉第一世檀帝也桓雄之子桓仁(桓因)之孫生而神聖明哲仁愛慈悲道通天地德洽四海以親九夷九夷乃化協和萬方黎民於寰是雍

創立敬神敎以三一神誥布德於天下用三百六事之神政諄諄熊敎誨萬民

德配天地明並日月智如天神信如四時就之如日望之如雲

于時萬民籲會于天坪十月三日推戴爲天帝爲定丁吉林平壤國號朝鮮

延尊王考公爲天一皇考立長子扶婁爲太子封紫府仙人(廣成子)爲桓夫帝(廣明王)太傅繁府仙人有道天之智起中華黃帝軒轅嘗受業於其門典蠻无同門新羅爲帝後來稟於紫府門下敎受內皇文而歸內皇文者中華道德之核心也以兒軌厭之道治平者也

乃命高矢田汝作司農敎民稼穡搞時百穀在勤勸周優農民野饒先以一起飯後於空中而說曰高矢乘者

단군교의 누명과 대종교의 친일 문제

조 준 희

Ⅰ. 들어가는 말
Ⅱ. 단군교에 대한 왜곡과 진실
    1. 교명 변경의 원인
    2. 박영효 등이 입교하여 자유롭게 포교 활동?
    3. 단군교의 소멸?
    4. 단군교 역사 왜곡의 원인
Ⅲ. 대종교에서 감춘 친일 행각의 비밀
    1. 초대 도사교 나철이 만난 마쓰무라의 정체
    2. 2세 도사교 김교헌 행적의 의문
    3. 친일 거두 윤덕영의 입교와 교당 지원
    4. 3세 도사교 윤세복과 황국신민 서사
    5. 김규환의 변절과 친일 행적
    6. 단군교 경전과 성과를 가로챔
Ⅳ. 나가는 말

I. 들어가는 말

근대에 단군을 교조로 받들고 종교화한 단체는 대종교와 단군교가 대표적이다. 그런데 국내 학계에서 "일제강점기 대종교는 독립운동을 했고, 단군교는 친일을 했다"는 인식이 만연해 있다. 과연 그럴까?

지난 2013년 11월 1일 서울시문화재위원회 표석분과위원회 제3차 회의에서 표석(標石) 정비 사업 중에 하나로 단군전터 표석에 관한 아래 철거 안이 상정되어 충격을 준 바 있었다.

> 단군전터라는 건 개인이 그냥 했던 신흥종교 비슷한 것으로 금천구에 아주 찾아가기도 힘든 조그만 연립주택 두 동짜리 앞에 있어요. 그래서 이건 철거해도 아무도 이의제기하지 않을 것 같고 가치가 없다 이렇게 판단했고요.

일제 때 강제 해산되고, 80년대에 건물마저 헐려 표석만 남은 것조차도 "아무 가치가 없으니 먼저 철거하자"는 학자들의 논의였다. 필자와 뜻있는 금천구민들이 철거반대의견서와 진정서를 제출하여 천우신조로 겨우 철거를 막았다.

위의 학계와 기관 문제는 역사 이해 부족에서 비롯된 것으로, 이에 본고에서는 단군교에 대한 왜곡과 진실을 밝히고, 반대로 대종교의 감춰진 비밀을 드러내 균형 있는 시각을 마련하고자 한다.

II. 단군교에 대한 왜곡과 진실

1. 교명 변경의 원인

『한국민족문화대백과사전』'단군교' 항목의 초고[1]를 보면 "1910년 경술국치를 당하자 7월에 교명을 대종교로 바꾸었다. 그 이유는 일제의 민족종교 말살정책을 예견하고 직접적인 충돌을 피하고자 했던 점과 교단 내부의 친일 세력을 제거하고자 했던 점 때문이었다"라고 되어 있었다.

대종교의 교명 변경 원인이 "민족종교 말살정책"이나 "친일 세력 제거" 때문이라는 이유는 근거 없는, 집필자의 상상이다. 우선 '교단 내부의 친일 세력'이란 나철과 분립한 정훈모 일파를 지칭하는 것으로 보이는데, 정훈모는 결코 친일파가 아니기 때문에 틀린 말이다.

그리고 『황성신문』 1910년 9월 8일·9월 9일자, <광고>에는 "古經閣 敎命을 奉承ᄒ와 本 檀君敎ᄂ 本名 倧敎로, 紀年 開極立道ᄂ 本紀 天神降世로 發表ᄒ오니, 兄弟姊妹ᄂ 諒悉ᄒ심. 天神降世 四千二百四十三年 庚戌 八月初一日 大倧敎 白"이라고 기록돼 있다. 교명 변경은 정확히 1910년 음력 7월 30일에 교단 내에 발포되었고, 대외적으로 음력 8월 1일에 기사화된 것인데 기사대로 "고경각 교명" 즉 백봉 교단의 명령을 받고 바꾼 것이다.

2. 박영효 등이 입교하여 자유롭게 포교 활동?

이강오가 지은 『한국신흥종교총감』 347쪽에는 "당시의 친일파인 민병한, 박영효 정두화 등과 결탁하여 조선총독부에 단군교로 공인

---
1) 2015년 8월 필자의 제언을 받아들여 현재 수정된 상태다.

을 얻어 자유로운 종교 활동을 도모하였다"고 했다.『한국민족문화대백과사전』집필자는 이를 인용하여 "당시의 친일파 각료였던 박영효(朴泳孝)・정두화(鄭斗和)・민병한(閔丙漢) 등을 입교시킴으로써 조선총독부의 공인 하에 자유롭게 포교활동을 하였다"며 '결탁'을 '입교'로 바꾸었다.

첫째, 박영효는 단군교 입교 기록이 없고, 1931년 10월 단성전을 유지 관리하기 위한 단군신전봉찬회가 발족되자 고문으로 선출되었던 것에 불과하다. 즉, 1910년도부터 시작한 단군교 포교 활동과 30년대 박영효의 참여는 시기적으로 관계가 없다. 그런데 봉찬회마저 친일이라면 단군 신앙 운동이 사회적으로 확산되는 것을 우려한 총독부가 봉찬회를 해산시켰다는 사실[2]과도 모순된다. 더욱이 봉찬회에는 지석영을 비롯하여 유진찬, 강기원과 같은 대종교인들도 참석하였다.

둘째, 민병한은 물론 1909년에 조직된 신궁봉경회 임원(총무부 찬성의장)이었음이 확인되지만 이 단체는 "한국인이 주장한 단군교의 설에 의거하여 추진"된 것이고,[3] 대한제국 정부의 재정 지원으로 설립되었는데(고종 후원)[4], 단지 임원을 맡았다는 이유만으로 친일로 매도하는 것은 바람직하지 않으며, 또한 일제강점 전에 김재순(金在珣)이 신궁경의회라는 단체를 만들어 분열된 상태였다.

셋째, 정두화(鄭斗和)는 본래 대종교 신도였으며, 신규식과도 친분이 있었다.[5]

---

[2] 삿사 미츠아키(佐佐充昭),『한말・일제시대 檀君信仰運動의 전개:大倧敎・檀君敎의 활동을 중심으로』, 서울대 박사학위논문, 2003, 167쪽.
[3] 위의 논문, 43쪽.
[4] 『황성신문』, 1906.9.15일자, 恩賜神宮, "再昨日 萬壽聖節에 大皇帝陛下게읍셔 神宮奉敬會中으로 金二十元을 恩賜ᄒ읍시고 兼ᄒ야 贊成員 中 李根培 朴元根 嚴仁永 金宅宗 諸氏도 幾十元式 贊助ᄒ야 自本日 上午 八時로 下午 十二時ᄭ지 懸燈奏樂ᄒ고 會員千餘名이 齊集ᄒ야 三呼萬歲 ᄒ얏다더라"
[5] 삿사 미츠아키, 앞의 논문, 167쪽.; 조준희,「倧門榮秩:대종교인 명부(1922)」,『한국민족운동사연구』72, 한국민족운동사학회, 2012, 288쪽.

여기서 박중양이 일으킨 대종교 공주시교당 사건을 다시 보자.

1911년 2월 충청남도 장관 박중양이 총독부에 대종교 사건 관련 사립명화학교를 고발하면서 질의한 내용에 대해 일제 측의 답변은 다음과 같다.

> …지금 보고서에 덧붙여진 인쇄물을 열람하니, 대종교라 칭하는 것은 단군교의 變名인 것으로 보이는데, 최근 『단군교진리문답』이라는 제목의 서적을 출판하는 일을 경무총감부에 신청하였던 적이 있던 것을 보면, 종래의 단군교는 2파로 분열하여 대종교에 속하는 것과 여전히 단군교에 속하는 것 2파로 분립한 것이라고 생각할 수 있습니다.
> …본건 충청남도장관 질의의 요지는, 대종교·단군교는 공인되고 있는지 아닌지에 있습니다. …대종교 또는 단군교라고 칭하는 것은 종래 한국정부에서 적극적으로 그것을 종교로 인정한 사실이 없을 뿐만 아니라, 또 소극적으로 그것을 종교로서 감시하거나 혹은 보호하거나 한 흔적이 없다는 것을 보면, 그것을 종교로 공인한 적이 없음이 명확합니다. 그 때문에, 장래에 위와 같은 冠稱으로 표방하는 단체를 종교로 시인하여 다른 기성 공인 종교, 즉 신도, 불교, 기독교와 동일한 취급을 할 사유가 있는지 아닌지에 대해서는, 또한 자세한 연구가 필요하다고 사료되므로, 충청남도장관에 대해서는 과거와 현재의 사실로써 회답을 주어도 가능할 것이라고 생각합니다. 이것이 본안을 붙여, 적절한 판단을 기다리는 바입니다.

박중양이 대종교의 사상에 대해 멸시적인 시각과 격한 표현을 써가며 폄하한데 반하여, 일본 측은 오히려 감정을 배제하고 관망하면서 대종교와 단군교에 대해 조심스럽고 냉정한 판단을 내리고 있는 점이 대비된다. 대종교에 대한 일제의 종교 탄압은 1911년 '종교취체항'에서부터 시작하여 1915년 '종교통제령'에 이르러 가혹해졌다.

일제 강점 하에서 단군을 숭봉하더라도 독립운동 등으로써 법을 어기지 않으면 관망했던 것으로 보는 것이 마땅하다. 따라서 단군교가 친일파를 입교시켜 자유롭게 포교했다는 주장은 당시 상황을 간과한 어설픈 논리다.

한편 단군교를 연구한 삿사는 단군교의 친일성만 무리하게 강조하다가 실수를 범했는데, 결정적으로 단군교 정진홍(鄭鎭洪, 1894~1951)과 친일파 정진홍(鄭鎭弘, 1855~1926)[6]이 동명이인으로 한자도 다른 인물인 점까지 파악하지 않은 채 단군교 정진홍을 친일파로 잘못 단정한 것이다.[7] 단군교 정진홍은 정훈모의 장남임을 앞서 논문에서 밝혔다. 정진홍과 함께 언급된 조성구는 민족출판사 을유문화사 고 정진숙 회장의 장인어른이다. 종교의 구제 목표를 이해하지 않고 친일파가 입교했다고 종단 전체를 친일이라는 주장은 무리며, 의도적이고 과장된 설명을 경계해야 할 것이다.

3. 단군교의 소멸?

> 자금문제로 신도들이 교주를 고발하는 사건이 일어나고, 서서히 일제의 탄압이 가해지자 시흥의 본부가 폐쇄되고, 교주 정훈모가 사망하면서 각 지부는 독자적인 행동을 취하게 되었다. 그 뒤 단군교는 와해상태에 빠져 소멸되었다.

『한국민족문화대백과사전』 집필자가 위와 같이 "신도들이 교주를 고발하는 사건이 일어났다"고 서술한 내용은 이강오의 『한국신흥종교총감』, 318쪽, 347쪽을 그대로 베낀 것이다.

그런데 이강오 책의 해당 원문 각주에는 출처가 없다. 당시 신문에도 이 내용은 나오지 않는다. 『단군교부흥경략』에 전재주는 일반교

---

[6] 친일인명사전편찬위원회, 『친일인명사전 : 친일문제연구총서 인명편3』, 민족문제연구소, 2009, 507쪽, '정진홍(鄭鎭弘) 1855~1926 중추원 참의'
[7] 삿사 미츠아키, 앞의 논문, 171쪽.

인이 아니라 시교과장이었으며 만몽산업을 개척하고자 출장하였으나, 기본금이 확립치 못하여 사업을 정폐하였다고 기록돼 있다. 만일 전재주가 사기로 고발하는 내분이 생겼다면 단군교의 공식 기록인 『단군교부흥경략』에 이름을 언급할 하등의 이유가 없다. 따라서 본 구절은 이강오와 집필자의 착오다.

이 소설 같은 내용이 만들어진 원인은 먼저 대종교단 측이 단군교의 폐교에 대해 아래와 같이 억측으로 기술했던 사실에 있다.

> 단군교로 분립한 정훈모는 그 후 식도원주(食道園主) 안순환(安淳煥)의 재정후원으로 경기도 시흥읍에 단군교 본부를 옮기고 시설활동을 하던 중 개천4386년 기사(서기1920)에 전각(殿閣)까지 신축하고 일시 활세(活世)를 보이더니 미구(未久)에 교내(敎內)의 파쟁 불화(不和)와 경리부정 등 운영상 결함으로 일정(日政) 당국에게 폐교되었고 해방 후 시흥(始興) 일원의 그 교도들은 대종교 안양시교당 솔하(率下)에 들어오고 말았다.[8]

역사적으로 정확한 사실은 일제가 1936년 음력 6월 10일(양력 7.28) 단성교시교부 해산령을 내려 해산된 것이다.[9] 정훈모는 총본부를 서울로 옮겨서 유지해보려다가 재기를 하지 못하고 1937년에 완전히 해산되었다. 더 상세한 내막은 앞의 「단재 정훈모의 생애와 활동」에서 다루었다.

4. 단군교 역사 왜곡의 원인

단군교에 대한 역사 왜곡은 제일 먼저 대종교단에서 자신들의 역사

---

8) 대종교종경종사편수위원회, 『대종교중광육십년사』, 대종교총본사, 1971, 158쪽.
9) "六月初十日 七月二十八日 因當局令提出, 檀聖敎(檀聖殿 혹은 檀君敎의 오기로 보이나 원문 그대로 둠-필자 주)施敎部,解散屆始興本部亦同日解散云"(尹孝定, 『雲庭日史 外』, 1984, 115쪽)

기술을 위해 『대종교중광육십년사』(1971)를 집필하면서 나철을 유리하게, 정훈모를 불리하게 편집하여 왜곡의 단초를 제공한 것이다.

그 다음 종교학자 이강오는 『한국신흥종교총감』을 집필하면서 대종교에 대해서는 독립운동 단체로, 단군교에 대해서는 친일 단체로 대비시키게 되었다. 1990년도에 『한국민족문화대백과사전』 단군교 항목이 집필하면서 한 종교학자가 이강오 자료를 비판 없이 그대로 옮기고 상상력을 더하여 오류가 그대로 옮기게 되었다. 이강오 책에 기초하여 단군교에 대해 친일에 초점을 맞춘 시각의 논문이 일본 종교학자 삿사 미츠아키에 의해 발표되었다.

『한국민족문화대백과사전』은 다시 네이버 등과 정보 제휴를 하면서 인터넷 상에 오류 내용이 널리 확산되는데 일조한 것이 전말이다. 『한국민족문화대백과사전』의 단군교 항목은 지금도 종교의 기본인 경전과 의례 체계를 고의적으로 다루지 않았고, 정훈모가 의병의 자제라는 점도 빼놓았다.

단군교에서는 이유형, 서창보 등이 정훈모를 축출하면서 일시 장악하는 등 내분이 있었고, 출판물에도 문제가 생겼다. 『단군교총본부일기』(1914)와 「단군교총본부종령」(이유형, 1913)이 그러하다. 이 책자들은 단군교의 공식 기록이 아니기 때문에 이를 단군교 자료로 인용하는 데는 주의를 요한다. 당시 정훈모는 이유형에게 밀려나 낙향하여 재기를 다짐하면서 「단군교종령」(정훈모, 1913)을 써두고 있었다. 당시 정훈모가 구상한 조직 체계는 이유형이 만든 체계와 다르다. 이러한 복잡한 내막을 알지 못하고 이유형의 독단적인 활동을 단군교 전체로 인식하는 시도도 문제다.

III. 대종교에서 감춘 친일 행각의 비밀

1. 초대 도사교 나철이 만난 마쓰무라의 정체

마쓰무라 유노신(1852~1921)

나철의 4차 도일 시 물심양면으로 호의를 베풀었던 마쓰무라 유노신(松村雄之進, 1852~1921)은 누구일까? 그는 일본 후쿠오카 구루메시 출신 우익 인사지만[10] 일본 측 우익 관련 단행본과 한국의 일본 우익 연구물에도 좀처럼 정체가 드러나지 않는 인물이다.[11] 필자가 일본 후쿠오카에 건너가 마쓰무라 묘소에 직접 가서 확인하고 대만과 일본 문헌을 살핀 결과, 그는 1895년 5월 31일 대만 신죽지청장(新竹支廳長)으로 부임한 뒤 1896년 4월 21일 운림지청장(雲林支廳長)으로 전임하였다. 6월~7월 간 대만 내 항일투사를 비롯한 주민 1만 명을 학살한 '운림대도살(雲林大屠殺) 사건'이 일어나는데, 마쓰무라가 그 지휘관이었다. 잔악무도했던 대만 운림대도살 사건은 한국에 전혀 알려져 있지 않다.

한 가지 덧붙인다면 나철이 일본에서 만난 개화파 망명객 육종윤(陸鍾允, 陸鍾胤, 1863~1936)은 본래 김윤식의 문인으로, 나철과 절친한 사이였다. 그러나 그는 한일병합조약문을 기초한 이로 기록돼

---

10) 葛生能久,『東亞先覺志士記傳』, 黑龍會出版部, 1936, 507~509쪽.
11) 김채수,『일본우익의 활동과 사상 연구』, 고려대학교출판부, 2008 및 石瀧豊美,『玄洋社』, 海鳥社, 2010에도 언급이 없다.

있다.[12]

2. 2세 도사교 김교헌 행적의 의문

1) 송병준 모함설의 진실

대종교 2세 도사교 김교헌은 1906년 동래감리 겸 부산항재판소판사와 동래부사로 재직할 때, 통감부의 비호 아래 자행된 일본인들의 경제 침략을 징치하다 일본인들의 횡포와 매국노 송병준의 무함까지 더해져 관직에서 추방되었다고 한다.

> 1906년 東萊監理兼 釜山港裁判所判事로 移任하고 관제개정으로 東萊府尹으로 임명되었는데, 利權에 혈안이 된 日人들의 발호가 심하였다. 이에 宗師는 그 중에 尤甚한 것을 懲治하고 그 利權을 압수하도록 단호히 조치하였다. 그러나 이때가 어느 판국인가, 이미 乙巳保護條約으로 자주권을 상실하고 日人 統監府 지배하에 놓이게 된 마당에 焉敢生心 도저히 가당치 않은 조치임을 宗師로서도 십분 숙지하였으리라는 것은 의심할 여지가 없는 일이다. 예상했던 대로 곧 統監府의 압력을 받은 중앙정부는 부득이 宗師에게 조치를 철회하고 손해를 배상하도록 까지 下命하게 되었고, 더욱 가관인 것은 매국노 宋秉畯의 誣陷까지 더해져 면직 당하게 되었다.[13]

그런데 이는 사실과 다르다. 그는 1907년 8월 태복시 터 공용부지를 일본인에게 팔다 걸리고 10월 참서관 최덕(崔悳)과 갈등했던 '목장지(牧場地) 계권(契券, 계약서)' 사건의 책임자로서 1908년 1월 17일자로

---

12) "이 조서는 도망하여 일본에 있는 전 외부교섭국장 육종윤(육종윤은 을미년에 김홍집·유길준의 무리로서 일본으로 망명했다가, 일본 자작 아무개의 양자가 되었다)이 초고를 지어서 온(8월 29일 합방의 조서 및 일본 황제의 조서, 데라우치 마사다케가 우리 국민에게 널리 알리고 깨우치는 글도 모두 육종윤이 지은 것이다) 것이다."(정교/조광 편·김우철 역주, 『대한계년사』 9, 소명출판, 2004, 226쪽)
13) 김정신, 「金敎獻 民族史學의 精神的 背景」, 『국학연구』 4, 국학연구소, 1998, 6쪽.

해임된 것이 확인된다.[14] 해임 결재권자가 송병준이었을 뿐 김교헌 자신의 행정 실수로 해임된 것이지, 항일이나 무고와 전혀 상관 없다.

2) 러일전쟁 공로 훈장 및 일한합방기념탑

놀라운 사실은 러일전쟁 협력 한국인 서훈자 명단에 김교헌이 들어 있다.[15]

『주한일본공사관기록』에 그 공적이 자세히 나오는데, 김교헌은 옥구감리 시절 한국에 주둔한 일본 군대에게 현지에서 마량과 식량 등 매입하고 운반하는데 있어서 알선과 편의를 제공했던 공로를 인정받아 1908년 일제로부터 훈4등 서보장(瑞寶章)을 받았다.

더더욱 충격적인 사실은 그가 합방에 찬성해서 극우 단체 흑룡회가 기념탑의 동판에 새겨주었다는 사실이다. 흑룡회는 1910년의 한일 병합 조약 체결로 대한제국과 일본 제국이 한 나라가 된 지 25주년이 된 것을 기념하며 1934년 도쿄 메이지신궁 부근에 일한합방기념탑(日韓合邦記念塔)을 세웠다. 탑에 안치된 동판에 '합방 공로자' 413명의 이름이 새겨졌는데, 김교헌 포함 한국인 353명이 수록되어 있다.[16] 탑은 1975년 경 해체되어 동판이 현재 도쿄 오메(青梅)시 다이도신사(大東神社)에 보관되었다 한다.

나아가 김교헌은 총독부의 촉탁을 받아 50엔의 월급을 받기까지 하였다.[17]

---

14) 『대한매일신보』, 1907.8.18일자, 「팔아먹은 죄」, "동래부 부평동에 잇ᄂᆞᆫ 태복스 긔디를 년전에 농상공부의 소용으로 붓치엇더니 해부윤 김교헌 씨가 그 긔디를 일본인의게 풀아먹은 일이 탄로되야 쟝차 면관ᄒᆞᆫ다더라", 1907.10.1일자, 「부윤롱간」.;『황성신문』, 1907.8.19일자, 「論訓萊尹」, 1908.9.12.일자, 「究跡怨懲」.
15) 『친일반민족행위진상규명 보고서』Ⅲ-1, 친일반민족행위진상규명위원회, 2009, 473쪽, 〈부록〉 서보장 서훈자 명단: 훈4등.
16) 〈합방찬성의 상서를 한 진신유생(縉紳儒生)〉 명단에 '소론 김교헌'으로 기록돼 있다(『친일반민족행위관계사료집』2, 친일반민족행위진상규명위원회, 2007, 149쪽).
17) 강덕상, 『現代史資料』25(7쇄), みすず書房, 1990, 8쪽.

3. 친일 거두 윤덕영의 입교와 교당 지원

1922년 음력 3월 18일 대종교에서는 공식적으로 거물급 친일파 6인 — 심종순(沈鍾舜, 1857~?), 이규환(李圭桓, 1858~1931), 민병석(閔丙奭, 1858~1940), 이재곤(李載崑, 1859~1943), 유진찬(兪鎭贊, 1866~1947), 윤덕영(尹德榮, 1873~1940)이 참교(參敎)의 교질을 지수하였다. 아래 대종교 교인 명부인 『종문영질』(1922)에 친일파들의 기록이 보인다.

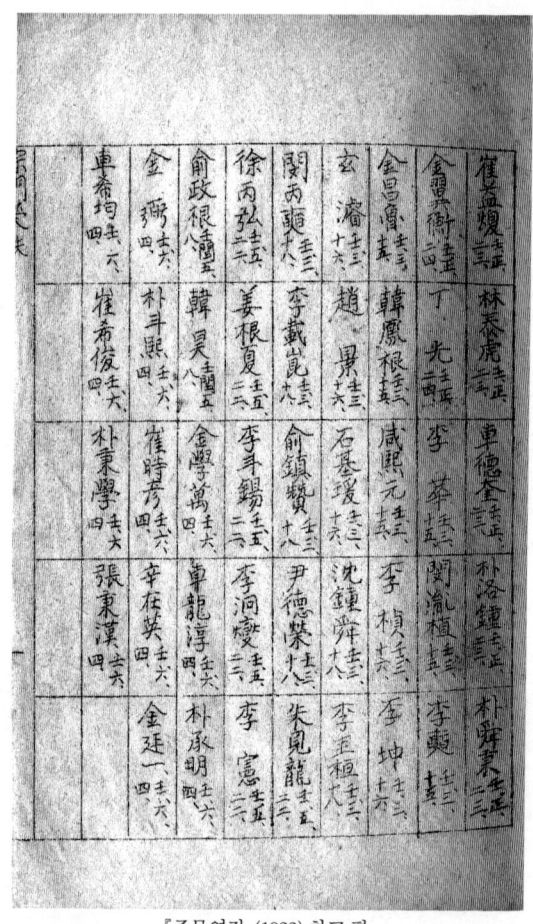

『종문영질』(1922) 참교 편

심종순부터 윤덕영은 모두 같은 날(1922.3.18)에 참교 교질을 받았다.

1921년 말부터 대종교 남도본사는 가회동에서 계동 101번지로 옮겨 1928년까지 유지된다. 계동 101번지는 바로 윤덕영 소유 대저택이다.[18] 대종교는 윤덕영 등 거물급 친일파를 입교시키는 대가로 대종교 남도본사 건물까지 제공받은 것이다.

그러나 대종교 남도본사는 결국 계동파와 재동파로 갈리고, 일부는 일원도문(一元道門)을 창시하는 분열의 지경에 이르렀다.[19] 친일파의 비호 아래 교당 운영한 사실을 감춘 대종교가 과연 친일 논란에서 자유로울 수 있는가? 단군교 행사에 참가했던 박영효와 대종교 신도인 윤덕영을 비교해 보자. 대종교는 단군교를 비난할 자격이 있는가?

4. 3세 도사교 윤세복과 황국신민 서사

1933년 3월 15일 어천절(御天節)에 윤세복은 대종교 포교의 재기와 교세 확장을 위하여,

> …時局의 情勢는 더욱 變遷되고 갈 데 올 데가 없는 오늘날, 나는 한배검의 黙示를 받고 自身巡敎의 길을 떠나는데, 만일 彼當局의 諒解를 얻으면 "國雖亡이나 道可存이라"하신 神兄의 遺志를 奉承할 것이오, 또 不如意하면 나의 一身을 희생하여 先宗師의 付託하신 大恩을 갚겠노라.

고 선언한 뒤 총본사를 밀산(密山) 평양진(平陽鎭) 신안촌(新安村)에 임시 이전시키고, 이튿날 시교의 길을 떠났다.[20] 그리하여 그는 1934년 1월 하얼빈에 도착해 관동군특무기관장 오카다 다케마(岡田猛馬),

---

18) 진나이 로쿠스케(陣內六助) 편, 『경성부관내지적목록』, 1927, 355쪽.
19) 『시대일보』, 1925.10.21일자, 「檀君崇拜의 一元道門 創設」.
20) 『대종교중광육십년사』, 앞의 책, 444~445쪽.

하얼빈총영사 사토 쇼시로(佐藤庄四郞) 등 일제에 협조하기로 하여 대종교 재만시교권 인허신청을 하고서 1934년 3월 2일에 하얼빈시 안평가(安平街)에 경남 함안 출신 김서종(金書鍾, 1893~1943)을 총무원장으로 하는 하얼빈 대종교선도회(大倧敎宣道會)를 설치했다.[21] 동년 6월 중순에 총본사를 영안현 동경성으로 이전하고 9월에 마침내 일

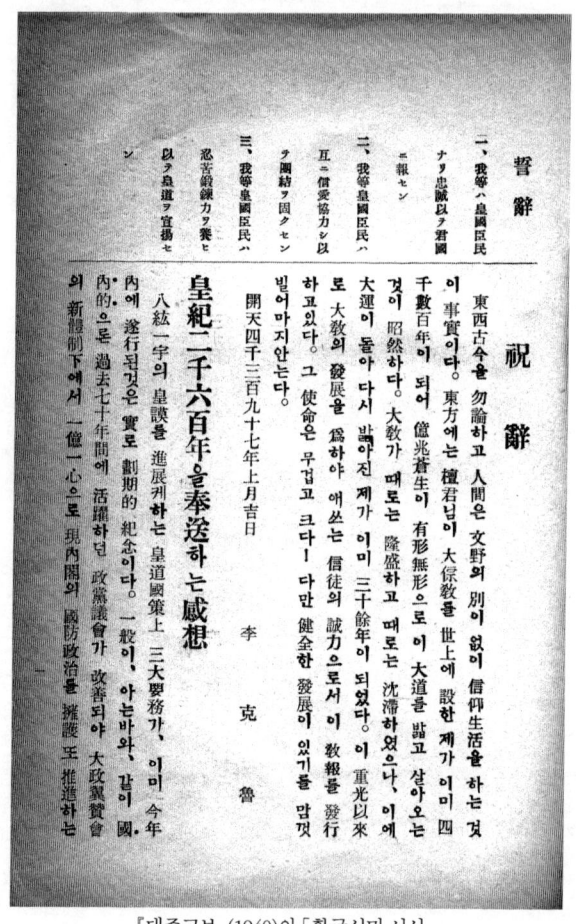

『대종교보』(1940)의 「황국신민 서사」

---

21) 위와 같음.

본총영사의 포교 허가를 얻었다.[22] 하얼빈 대종교선도회에서는 하얼빈 방송국을 통해 오족협화(五族協和)와 종교(宗敎)의 힘이란 주제로 방송하기도 하였다.[23] 주지한 바 '오족협화'란 일제 괴뢰국인 만주국의 건국이념이다.

대종교의 만주국에 대한 협조는 방송이나 강연에 그치지 않고 출판물(『대종교보』, 1940)에도 「황국신민 서사」를 첫 장에 실었다. 비타협적 민족주의 단체로만 알려져 있던 대종교의 어두운 이면사라 하겠다.

윤세복이 만주국과 타협한 점에 대해 한 대종교인의 고백이 의미심장하다. 광복 이후 대종교단에서 공식 간행된 『임오십현순교실록』에서 단산(旦山) 양세환(梁世煥)은 윤세복의 판단이 "일대 착오"라고 평하며 "일시 화북으로 피난하여 십 수 년만 고행을 더 하였더라면…"이라며 아쉬움을 토로하고 있다.

> 그런데, 도형(道兄)의 차거(此擧)가 일시 착각(錯覺)이 아니든가 생각된다. 왜냐하면, 본대 국제상(國際上) 신의(信義)는 지킬 줄도 모르고 한갓 조삼모사(朝三暮四)의 정술(政術)만을 시뢰(是賴)하는 일본당로자(日本當路者)의 양해를 구하여, 소위 합법운동(合法運動)을 도득(圖得)함은 근본적(根本的) 착오(錯誤)인즉 차라리 일시 화북(華北)으로 피난(避難)하여, 십수년만 고행(苦行)을 더 하였더면, 임오교변(壬午敎變)도 없고 해방 후(解放後)에 대교(大敎)의 시전(施展)이 용이치 않았을까?
> 그러나 난관(難關)을 만난 당사자(當事者)로서 장래를 예측키도 어렵거니와, 또한 운명(運命)으로서 당착(撞着)되는 인간사(人間事)를 어찌할 수 없는 것이다. 그렇지만 이미 삼대불행(三大不幸)이 있었으므로 일대착오(一大錯誤)가 생겼고, 또한 일대착오로 말미암아 임오교변(壬午敎變)이 있은 것만은 사실이다.[24]

---

22) 위의 책, 445, 508, 765쪽.
23) 위의 책, 512~513쪽.
24) 양세환, 「임오교변」, 『임오십현순교실록』, 대종교총본사, 1971, 16~17쪽.

5. 김규환의 변절과 친일 행적

김규환(金奎煥, 1890~1941)은 비밀결사 대동청년단, 만주 동창학교 및 일신학교 교사 활동 등으로 1963년 대통령표창(1990년 건국훈장 애족장)을 추서 받은 대종교인이다.

그는 1920년 대에 '김이대(金履大)'로 개명을 하여 학계에서 김규환과 김이대가 동일 인물인지 잘 모르고 있는 실정이다. 김이대 흥사단 입단 서류에 개명 전 사항이 기록돼 있다. 그런데 김이대는 20년대 통의부, 정의부 등 독립운동 단체에서 활약하였지만, 1931년 만주사변을 계기로 행적이 달라진다. 『독립운동사 제5권 : 독립군전투사(상)』 제9장 「독립군의 재편성」, 각주4), 433쪽에는 다음과 같이 '변절자'로 나온다.

김이대(金履大: 만주 사변 후 변절)

위의 내용은 김승학이 펴낸 『한국독립사』에 근거한 것으로 판단되는데, 『한국독립사』에는 아래와 같이 적혀 있다.

'광한단' 편 - "부위원장 김이대(변절)"
'통의부' 편 - "학무부장 김이대(변절)", "행정위원장 김이대(만주사변 후 변절)"

김이대의 '변절'에 대해 구체적으로 『삼천리』 8권 1호, 1936, 「滿洲와 北中國의 白衣風雲兒群」 기사에 아래와 같이 나온다.

金履大-氏는 한동안은 운동의 거물로서 XX府의 한사람으로 잇섯스나

사변 이후에는 귀순하야 協調會委員會長의 職을 마텃다고 한다.

'協調會'는 간도협조회와 다른 친일 단체로 여겨지는데, 같은 잡지 기사의 위단에 이대훈이 하얼빈에 '협조회'를 창설했고 서기장으로 있다고 아래와 같이 적혀 있다.

> 李大勳—氏는 한동안 熱熱한 의기의 人으로 ○○사변 이후 四圍의 정세가 뜻과 갓치 안흠을 깨달앗든지 지금에 와서는 反日滿의 조선인 귀순을 목적으로 하는 단체 '協調會'를 창설하고 그 會의 書記長으로 잇스면서 또 최근에 와서는 哈爾賓에 머물너 잇서 '協調農場'을 경영감독하는 중이라 한다.

김이대의 협조회가 일제 강점기에 만주 지역에서 항일 세력에 대한 정보수집 및 선무공작을 목적으로 결성된 단체인 '협조회'가 다른 단체인지 같은 단체인지 좀 더 조사가 필요하고, 이대훈의 하얼빈 협조회 간 관계도 명확하지 않다.

그런데 김승학의 회고록 『망명객행적록』에는 "김이대가 만주국 일본영사관 선무반 책임자이며, 자신에게 선무반에 참가하라고 회유했다", "선무반이 환인현 일본영사관 소속이고, 독립군 귀화"라는 목적도 명확히 기록돼 있다.[25] 본문에 김모, 김검군으로 김이대의 호인 '劍君'으로 적혀 있어서 지금까지 학계에서 '선무반 책임자 김검군'이 누구인지 알아본 이가 없었던 것으로 사료된다.

친일 단체의 일반 회원도 아닌, 간부 급 인사였기 때문에 그 행적에 대한 면밀한 조사가 반드시 필요한 인물이다. 확실한 것은 만주 독립군 귀화에 앞잡이 역할을 했던 인물이 대종교인이었고, 같은 대종교인이자 독립운동가였던 김승학이 증인이라는 점이다.

---

25) 김승학, 『망명객행적록』, (사)희산김승학선생기념사업회, 2011, 159, 163쪽.

6. 단군교 경전과 성과를 가로챔

현재 대종교의 경전은 크게 신전・보전・보감 3종류로 나뉘는데 『천부경』・『삼일신고』・『참전계경』의 3대 경전을 신전으로, 『신사기』 및 나철・서일・윤세복의 저작을 보전으로, 그 외 김교헌의 倧史와 나철의 유서 등을 보감으로 분류한다.[26] 그런데 『천부경』 등 대종교의 3대 경전은 대종교 고유의 체계가 아니라 모순되게도 1910년에 대종교 초대 도사교 나철(1863~1916)과 분립한 단군교 교주 정훈모 (1868~1943)가 만든 체계다.

그런 정훈모에 대한 대종교단의 입장은 아래와 같다.

> 동 단군교에서 발간한 '단군교부흥경략'에 "경술 추(秋)에 지(至)하여 나철이 졸지에 교명을 대종이라 개명하므로 정훈모는 절대 불가함을 주창하고 단군교명을 준수한다" 운운함은 대교를 배반하고 출교당한 불만과 분기심에서 토로한 구실에 불과함은 자명한 일이다.[27]

남이 세운 경전 체계를 아무 말도 없이 가져다 쓰고, 그 주역에 대해 비난한 언행을 보노라면 사자성어 '감탄고토(甘呑苦吐, 달면 삼키고 쓰면 뱉는다)'가 떠오른다.

---

[26] "倧經・倧史는 三化大經으로서 조화경인 天符經, 교화경인 三一神誥, 치화경인 八條大誥와 參佺戒經을 神典으로 하고, 神事記, 神理大典, 會三經, 三法會通 그리고 眞理圖說을 寶典으로 하며, 歷代先哲의 名著를 寶鑑으로 한다." (『대종교홍범』 제7조, 대종교총본사, 2010)
[27] 『대종교중광육십년사』, 앞의 책, 158쪽.

Ⅳ. 나가는 말

지금까지 단군교의 누명과 대종교의 친일 행각을 각각 살펴보았다.

기존 세간의 논리대로 정훈모의 단군교가 친일이면 같은 조건에서 나철의 대종교도 친일이 됨을 확인하였다. 즉 단군교에 가해진 가혹한 잣대로 말한다면 대종교 초대 교주는 일본 우익(대만인 학살 주범)과 교류하였고, 대종교 2세 교주는 러일전쟁과 한일합방에 찬성했고 총독부로부터 급여를 받았으며, 3세 교주는 만주국에 협조하였으니 교주들이 친일파고, 윤덕영 등 친일파도 입교하였고 교당 제공에다 돈까지 받았으므로 대종교도 마찬가지로 친일 혐의에서 벗어날 수 없는 종단인 셈이다.

지금까지 이강오 등 몇 몇 학자들의 신중치 못한 집필로 인해 인터넷 상에는 주위 담기도 힘든 오류가 퍼지는 결과를 초래하였다. 일본의 논리에 휘말려 면밀히 연구하지 않고 '대종교는 독립운동, 단군교는 친일'이라는 목적성 연구로 논리를 전개하거나 함부로 글을 쓰며 우리나라 사람들끼리 서로 헐뜯는 행태는 이제 자제되어야 할 것이다.

모든 인물은 공과가 있으며 양쪽 측면을 고루 연구하여야 한다. 친일로 낙인해 놓고 그것에 짜 맞추어 평가를 하는 것은 바람직하지 않다. 현재도 학계에서는 물론, 집필자들과 극소수 네티즌이 그러한 언행을 지속하고 있다. 한 대종교 연구자(이 모)는 사석에서 필자에게 정훈모가 조선유교회 기관지인 『일월시보』와 관련 있기 때문에 친일이라고 하였다. 그래서 고서점에서 『일월시보』를 구입하고 열람한 결과 『일월시보』와 아무 관계도 없고, 또 『일월시보』 내용 자체도 유교 성향으로만 채워졌고 친일 글은 보이지 않았다. 총독의 친필 격려

문이 실렸다고 친일이면「황국신민 서사」가 담긴 기관지를 낸 대종교와 조선어학회[28]도 친일 단체여야 한다.

교세가 기울어도 독립운동 공로로 버텨온 대종교는 이제라도 과오를 인정하고 나철과 함께 백봉 교단과 조우하고 도맥을 전수받은 유일한 인물인 정훈모를 동등하게 인정하고 받아들여야 할 것이다. 국제 관계 속에서 자성과 정체성 자각이 필요하고, 백봉의 포명과 나철-정훈모의 중광 초기로 돌아가 그들이 선양했던 국조 단군, 그리고 협심으로 이루어낸 개천절의 민족사적 가치를 조명하는 것이 중요하다고 생각한다.

끝으로『규원사화』·『단기고사』·『환단고기』의 3대 재야사서는 명백한 위서인데, 이를 역사서로 착각하고 종단과 정치권까지 가세하여 그 폐해가 확산되고 있는 상황이다.『환단고기』의 경우 이유립의 종교 성향을 인식하지 않으면 역사학적 접근만으로 분석에 한계가 있고 종교학적, 철학적 연구가 병행되어야 입체적으로 파악할 수 있다. 위서 논란에 종지부를 찍을 수 있도록 필자는 본서 출간을 계기로『환단고기』의 심각성을 인지하는 이들과 연대를 제안하는 바다.

---

[28] 김철,「갱생의 도 혹은 미로:최현배의『조선민족 갱생의 도』를 중심으로」,『민족문학사연구』28, 민족문학사학회·민족문학사연구소, 2005, 349~351쪽.

단재 정훈모 연보

1868년	11월 19일	충남 홍성군 결성면 성남리에서 출생
1894년	9월 16일	장남 진홍(鎭洪) 출생(1894~1951)
1899년	12월 10일	희릉(禧陵) 참봉 임명(~12.12)
1900년	8월 2일	차남 진한(鎭漢) 출생(1900~1958)(출계)
1901년	10월 10일	천릉도감 감조관(遷陵都監監造官) 임명(~11.18)
1902년	8월	충남 유생 이창서 등과 「헌의서(獻議書)」 올림
1902년	10월 30일	「명성황후 감모비(明成皇后永世感慕碑) 통문」 각 처에 발송
1903년	10월 상순	전북 내장산 벽련암 방문 뒤 차운시 남김
1904년	5월 15일	「배일의거 통유문(排日義擧通諭文)」에 연서
1905년	6월 27일	해주 승첩비각 수리 건으로 시상(정삼품) 받음
1906년	5월 31일	평북 용천군수 임명
	9월 29일	충북 영춘군수 임명(~1907.11.2.)
	12월 25일	대한자강회 입회
1907년	2월	광무사 결성 발기인으로 참여
1908년	11월 12일	나인영·오기호·이건과 함께 도일(渡日) 외교 참가
1908년	12월 21일	삼남 진철(鎭澈) 출생(1908~1967)
	12월 31일	도쿄 가이헤이칸(蓋平舘)에서 백두산 두일백 도인으로부터 영계식과 도맥 받음
1909년	1월 15일	나인영과 단군교 중광

1909년	10월 3일	개극절(후의 개천절) 행사 주관
1910년	8월 15일	단군교 북부지사교에 임명
1910년	9월 10일	양력 10.12 단군교 분립(단군교명 고수를 명분으로 나철과 결별)
1910년	9월 21일	단군교 도교장(都敎長)에 추대
		『단군교 진리문답』 집필 및 출판허가 신청
1911년		『성경팔리(聖經八理)』 출판허가 신청
1912년	9월 8일	이유형의 전 일진회원 대동한 교주 축출 및 교단 장악으로 낙향
1913년	7월 31일	고향에서 『단군교종령(檀君敎宗令)』 제정
1915년	7월 7일	대종사(구 종교사)로 추대
	8월 9일	『단군교교약장(檀君敎敎約章)』 출간
1917년	1월 2일	부친 정인희 서거
1918년	3월 25일	일본 가고시마 단군신사에 「송녹아도서(送鹿兒島書)」 발송
	4월	평양지부 낙성식 참석
1919년	12월 28일	모친 경주이씨 서거
1920년	12월 12일	단군교청년회 창립
1921년	3월 15일	단군교 기념제 거행(충신동 본부)
	9월	「한국인민치태평양회의서(韓國人民致太平洋會議書)」에 연서
	10월 17일	『성경팔리(聖經八理)』 출간
	11월 12일	『단탁(檀鐸)』 창간호 출간
1923년	10월 3일	개천기념대제 거행(동숭동 본부)
1924년	2월 28일	『광화김처사법언록(光華金處士法言錄)』 출간

		(김용배 저/정진홍 편집 겸 발행/정훈모 서문)
	3월 31일	『김선생염백기(金先生廉白記)』 출간(정진홍 명의)
	7월	『주천향약(朱川鄕約)』 출간(정진홍 명의)[1]
1926년	11월 19일	순한글 『셩경팔리』 출간
1927년	1월 18일	단군천조 대성전 기성회(檀君天祖大聖殿期成會) 발기회 개최
1929년	12월 26일	안순환, 정훈모를 찾아와 시흥 단군전 건축 제안
1930년	3월 2일	성전건축발기회 개최
	10월 3일	단성전 낙성식 및 단군 소상 봉안식 개최(경기 시흥군 동면 시흥리 17)
	12월	곡부성묘위안사(曲阜聖廟慰安事), 「전선유림상연성공위문서(全鮮儒林上衍聖公慰問書)」에 이상천(李相天)과 단성전 공동대표로 서명[2]
1934년	4월 1일	『정문익공유고(鄭文翼公遺稿)』 출간
	9월 22일	『단재만묵(檀齋謾墨)』 출간(정진홍 명의)
1935년	5월 15일	『천을선학경(天乙仙學經)』 출간
1936년	5월 26일	서울시 종로구 효제동 184번지에 정착
	7월 28일	일제, 단성전 시교부 해산령 및 평양 지부 폐쇄
1937년	6월 28일	『단군교부흥경략(檀君敎復興經略)』 출간(정진홍 명의)
1943년	4월 9일	86세로 조천. 경기도 시흥에 안장
1969년	5월	충남 홍성 선산으로 이장

---

1) 2015.5.1 고서점에서 발견. 판권지상 발행소는 "全北 龍潭郡 朱子川 臥龍庵"으로 되어 있음.
2) 『曲阜聖廟慰安事實記』, 鹿洞書院, 1931, 11쪽.

2004년	9월	조준희, 정훈모 선생 행적 추적→『정문익공유고』 발견, 동래정씨 문익공파 확인
		동래정씨 족보 기록 발견
	10월 16일	일본 도쿄 가이헤이칸(현 다이에이칸) 답사 및 나철-정훈모 추모례
2005년	6월 15일	충남 홍성 시곡마을 정훈모 선생 일가 묘소 발견
	7월 2일	증손 정상학 선생 영종도 자택 방문(교지 등 유품 확인)
	7월 5일	손자 정달영 선생 회사 방문
	7월 8일	정달영 선생 소개로 을유문화사 정진숙 회장 회장실 방문
	7월 23일	손부 권태영 여사 댁 1차 방문(예식서 등 유품 확인)
2010년	2월 24일	손부 권태영 여사 댁 2차 방문(정자관 등 추가 유품 확인)
	2월 25일	후손 정인영 선생 대담 및 금천문화원 방문
	3월 15일	증손 정상학 선생 댁 2차 방문(유품 분류)
	4월 14일	정훈모 선생 손부 소장 유품 일체 서울역사박물관에 기증
	4월 21일	경기대 도서관 방문(『단군교교약장』 촬영)
2012년	4월 20일	(사)단군봉찬회 송호수 박사 자택 봉안 단군교 단군 소상 확인
2013년	11월 1일	일본 가고시마 옥산신사(玉山神社) 답사
		같은 날, 서울시문화재위원회 표석분과위원

		회 3차 회의에서 표석(標石) 정비 사업 중에 하나로 "시흥4동 단군전 터는 아무런 가치가 없으니 철거하자"는 안건 상정
	11월 29일	위 회의록 우연히 열람. 오후 2시 단군전 터 긴급 답사, 시흥4동 주민센터, 금천구청, 금천문화원에 위 사실 알렸으나 무관심. 다시 금천구청 인터넷 민원 신청, 코리안스피릿 윤한주 기자 및 단군 연구자 임채우 교수에게 알림
	11월 30일	금천마을신문 금천in에 제보
	12월 1일	금천마을신문 이성호 편집장과 통화
	12월 2일	오후 1시30분 금천구청 담당자와 통화, 오후 3시 금천문화역사포럼 안희찬 대표·민상호 이사와 단군전 터 관련 대담
	12월 4일	금천구 문화단체 및 주민 진정서 제출, 조준희·임채우 단군전 터 철기반대의견시 서울시에 투서(12/4, 12/5)
	12월 6일	오후 4시 서울시문화재위원회 표석분과위원회 단군전 터 재심의 결과 금천구로 관리 이관
	12월 10일	오전 10시 금천구평생학습관에서 '단군전 표석 철거논란에 따른 금천 향토문화보전과 계승 발전을 논한다'를 주제로 긴급 좌담회 개최
2014년	8월 18일	『단재 정훈모 전집』 본격 추진
	9월 1일	독립기념관 방문(『단군교교약장』 열람)
	9월 17일	국립중앙도서관 방문(『천을선학경』 등 촬영)
	10월 13일	숙대 도서관 방문(『진리문답』 스캔)

	10월 16일	서울시 단군교(대종교) 중광터 및 개천절터 표석 설치 허가
	10월 22일	고대 도서관 방문(『단군교총본부일기』 스캔)
	11월 14일	영남대 도서관 방문(『김선생염백기』 열람)
2015년	5월 1일	『단재 정훈모 전집』 전3권 출간(정달영, 출판비 전액 후원)
	6월 5일	단재정훈모기념사업회 창립, 『단재 정훈모 전집』 출판기념회 및 학술강연회 개최(조준희·이근철·임채우·유영인 4인 발표)
	12월	안국선원 앞에 '대종교 중광터' 표석 설치 원서공원 옆에 '개천절 행사터' 표석 설치
2016년	3월 9일	정상학 선생 댁 3차 방문. 정인희 선생 등 일가 유품 기증 절차 협의
	5월 25일	「단군교시교문(檀君敎施敎文)」 구입
	7월 14일	홍성 홍주성역사관에 정인희 선생 일가 유품 기증 완료

단재 정훈모

정진홍—최정숙 여사 부부

○ 정훈모(鄭薰謨, 1868~1943): 충남 홍성 출신 종교사상가. 호는 단재(檀齋), 본관은 동래. 을미 홍주의병 선봉장 정인희(청양군수)의 장남으로서 관료의 길을 걷다가 1909년 나철(나인영)과 함께 단군교를 중광하고 첫 개천절 행사를 주도하였다. 1910년 교명 고수를 명분으로 대종교로 교명을 바꾼 나철과 분립한 뒤 단군교 교주로서 단군 자료 수집과 예식 정비, 포교에 힘썼다. 장남 정진홍(鄭鎭洪, 1894~1951)과 함께 일제에 의해 교단이 해체되는 시점까지 저술에 주력하여 『단군교 진리문답』(1911), 『단군교교약장』(1915), 『단탁』(1921), 『성경팔리』(1911, 1921), 『성경팔리』(1926), 『김선생염백기』(1924), 『천을선학경』(1935), 『단군교부흥경략』(1937) 등 많은 서적을 펴냈다. 민족 경전으로 알려진 『천부경』·『삼일신고』·『성경팔리(참전계경으로 잘못 알려짐)의 3대 경전 체계를 세운 장본인으로 한국종교사 서술에 있어서 빼놓을 수 없는 인물이다. 묘소는 충남 홍성 광천읍 가정리 시곡마을 선산에 안장되어 있다.